Margot Käßmann (Hg.)

In der Welt habt ihr Angst

Margot Käßmann (Hg.)

In der Welt habt ihr Angst

LVH

Bibliographische Information Der Deutschen Bibliothek
Die Deutsche Bibliothek verzeichnet diese Publikation in der Deutschen Nationalbibliografie; detaillierte bibliografische Daten sind im Internet über http://dnb.ddb.de abrufbar.

www.lvh.de

Umschlaggestaltung und Satz: Graphic Design Liselotte Lüddecke, Hannover
Umschlagfoto: Liselotte Lüddecke, Hannover
Druck und Bindung: MHD Druck- und Service GmbH, Hermannsburg
ISBN 3-7859-0905-5

Printed in Germany

Inhalt

Vorwort

In der Welt habt ihr Angst; aber seid getrost,
ich habe die Welt überwunden. (Joh 16,33)

Am Buß- und Bettag 2002 habe ich in der Marktkirche in Hannover im Rahmen eines Rundfunkgottesdienstes in der Friedensdekade eine Predigt zum Thema Angst gehalten (vgl. Anhang 9.1). Zu keiner anderen Predigt habe ich so viele Zuschriften bekommen, keine wurde in meiner Kanzlei so oft abgerufen. Mir ist daran deutlich geworden, wie viele Menschen mit Ängsten konfrontiert sind, wie viele verschiedene Facetten das Thema Angst hat und wie wenig Möglichkeiten es gibt, über Angst zu sprechen. Alle sollen immer stark, agil, belastbar sein in unserer Gesellschaft. Die großen Ängste des Lebens: Krankheit, Tod, Verlust und sozialer Abstieg werden nicht thematisiert. Leben soll doch gelingen. Ich halte es für ein großes Trauerspiel, Angst zu verdrängen, nicht über unsere Ängste zu sprechen.

Gerade unsere Kirche, Christinnen und Christen können den Mut haben, zu ihren Ängsten zu stehen. So bin ich gern auf die Anregung des Lutherischen Verlagshauses eingegangen, Texte zum Thema Angst zusammen zu stellen.

Nun bin ich keine Psychologin, keine Therapeutin und auch ansonsten keine Expertin zum Thema Angst. Ich kann mich nur aus biblischer und theologischer Sicht dem Thema nähern. Dieses Gefühl der Enge, der Beklemmung, der Bedrängnis, das, anders als die Furcht, gar nicht immer ganz konkret durch einen Anlass ausgelöst sein muss, das kennt die Bibel sehr wohl. Vor allem in den Psalmen gibt es die Bitte an Gott, vor Angst zu bewahren, Angsterleben wird vor Gott gebracht. Die Ängste der Menschen werden in der Bibel nicht banalisiert, sondern sehr ernst genommen. Schon in der Bibel wird deutlich: Angst ist nichts Abstraktes, sondern wird je ganz persönlich erlebt, erfahren und bewältigt.

Daher habe ich einige Menschen gebeten, ihre persönlichen Angsterfahrungen zu schildern, und werde das jeweils mit einigen eigenen und auch biblischen Überlegungen einleiten. Ich hoffe, das kann eine Chance für andere bieten, über ihre Ängste nachzudenken oder mit anderen darüber zu sprechen. Es hat sich gezeigt, dass unbewältigte Ängste zerstörend wirken und zur Bewältigung eben gerade auch das Mitteilen, das Gespräch gehört. Vielleicht können ja Gruppen in einer Gemeinde oder auch in der Schule oder andernorts einen solchen Text lesen und darüber ins Gespräch kommen über eigene Erfahrungen.

Bei meinen Anfragen habe ich neu gelernt, dass Angst ein geradezu intimes Thema ist. Wer über seine oder ihre Ängste spricht, zeigt sich verletzbar, ja verwundbar. Es hat lange gedauert, die Gespräche zu führen, Beiträge zu suchen, die verschiedenen Aspekte der Angst zusammen zu stellen. Im Prozess des Sammelns und Koordinierens ist mir überhaupt erst bewusst geworden, wie viele Facetten das Thema Angst hat. Es ist fast unmöglich, das umfassend darzustellen, zu unterschiedlich sind die Zugänge. Vieles fehlt, so zum Beispiel die Angst vor oder nach sexueller Gewalt. Und so sind die in diesem Buch versammelten Beiträge exemplarisch und zugleich sehr verschiedener Natur. Manche schildern distanziert, andere öffnen ihr ganz persönliches Erleben und Empfinden. Mehrere Angefragte haben nach längerem Überlegen gesagt, sie sähen sich außerstande, über die eigenen Ängste zu schreiben. Drei Beiträge wurden unter Pseudonym bzw. anonym geschrieben, weil es eben jene Angst gibt, sich zu weit vorzuwagen, sich zu verletzbar zu machen. Deshalb möchte ich an dieser Stelle allen ganz herzlich danken, die beigetragen haben. Dazu hat Mut gehört und Zeit und ein Sich-Einlassen auf das Thema, ja auf das Gefühl. Wir alle haben auf ein Honorar verzichtet. Stattdessen geht ein Euro aus dem Erlös jedes Buches an die Dornier-Stiftung, die Opfer von Angst betreut. Im Schlusskapitel zeigt ein eigener Beitrag auf, welche Arbeit dort geleistet wird.

Ich selbst habe fast alle Beiträge unbearbeitet übernommen, nur hier oder da Formulierungsvorschläge gemacht und versucht, angemessen einzuordnen und zusammen zu stellen. Jeder Beitrag hat sein eigenes Recht, finde ich, so unterschiedlich die Formen auch sind. Manche Manuskripte haben mich sehr berührt, weil sie es wagen, von persönlichen Angsterfahrungen zu sprechen, andere reflektieren grundsätzlich und besonders im Schlusskapitel den Umgang mit Angst. Dieses Buch ist nicht gedacht als ein Abschluss, ein Wegweiser oder gar ein Resümee, sondern hoffentlich der Auftakt zu vielen Gesprächen. Ich selbst mahne immer wieder die Sprachfähigkeit des Glaubens an. Sie kann aber nur entstehen, wenn wir unsere existenziellen Erfahrungen im Lichte des Evangeliums reflektieren. Im Gespräch miteinander über den Glauben wird der Glaube neu Sprachkraft gewinnen, denke ich.

Im Johannesevangelium sagt Jesus in seinen so genannten Abschiedsreden: »In der Welt habt ihr Angst; aber seid getrost, ich habe die Welt überwunden.« (16,33) So wird deutlich, dass Jesus uns nicht einfach von aller Angst befreien kann. Nein, Angst gehört zum Leben. Angst kann ja auch ein wichtiges Gefühl, eine Warnung sein. Vor allem aber ist Angst ein Zeichen der Verletzbarkeit des Lebens. Wenn Jesus als der auferstandene Christus die Welt überwunden hat, bedeutet das nicht, dass er sie als irrelevant ansieht, das ist keine Ermutigung zur Weltflucht! Aber er stellt unsere Ängste in einen weiteren Horizont. Gottes Zeit und Welt ist größer als das, was wir sehen und eines Tages bei Gott, werden alle Ängste und Sorgen aufgehoben sein in der großen Gnade Gottes. Darauf hoffen wir, ohne damit diese Zeit und Welt abzuwerten. In ihr leben wir, in ihr gilt es, mit der Angst zu leben, sie anzunehmen und doch auch so zu bewältigen, dass sie nicht Leben zerstört. Gottvertrauen, sich von Gott getragen und geborgen wissen – das ist die wohl beste Kraftquelle in der Auseinandersetzung mit Angst.

Angst vor dem Verlust eines lieben Menschen

Wir sind von allen Seiten bedrängt, aber wir ängstigen uns nicht. Uns ist bange, aber wir verzagen nicht. (2. Kor 4,8)

Die größte Angst, die wir im Leben haben, ist wohl die Angst vor dem Tod. Sie ist übermächtig, sie wird deshalb in unserer Gesellschaft meist radikal verdrängt, weggepackt in irgendeine Schublade. Und doch gehört der Tod zum Leben dazu. Wie wäre ein Leben ohne Sterben? Da gäbe es Kindheit, Jugend, Erwachsenenleben und ein wohl ewiges Alter? Nein, die meisten träumen ja von ewiger Jugend. Aber wäre das nicht eine absurde Realität, ewig jung sein? Da gibt es dann keine Reife mehr, keine Weisheit des Alters. Wozu sollten eigentlich Kinder geboren werden, wenn einfach auf Dauer genügend Menschen die Erde bevölkern? Zum Rhythmus, der das Leben prägt, gehört wie die Geburt auch der Tod.

Dorothee Sölle hat in ihrem Buch »Mystik des Todes«, vor dessen Fertigstellung sie selbst gestorben ist, auf wunderbare Weise gezeigt, dass die Verdrängung des Todes in unserer Zeit wohl nur ein Symptom der Zerstörung aller Rhythmen ist. Sommer und Winter wird verkehrt, wenn wir mitten im Winter »in die Sonne fliegen«, Tag und Nacht sind keine Vorgaben mehr, die wir nicht durch Elektrizität oder Lautstärke verändern könnten. Alltag und Feiertag sind Grenzen, die geradezu energisch verwischt werden sollen in der Gesellschaft des ununterbrochenen Konsums. Da muss dann auch der unwiderrufliche Rhythmus von geboren werden und sterben ignoriert oder besser noch zerstört werden...[1]

[1] Vgl. Dorothee Sölle, Mystik des Todes, Stuttgart 203, S. 40ff.

Sölle versteht die Todesangst als »eines der besten Mittel des Teufels, den Menschen auf sich selbst zu verkrümmen«[2]. Deutlich wird: Beziehungslosigkeit, das ist der Tod. Und deshalb hängen eben auch der Tod und die Liebe so eng zusammen. Wenn wir einen Menschen verlieren, den wir lieben, dann kann der Schmerz schier unerträglich sein.

»Tod wo ist dein Sieg? Tod, wo ist dein Stachel«, schreibt Paulus an die Gemeinde in Korinth (1 Kor 15,55). Nein, er ist da nicht ein Beschwichtiger und Abwiegler. Er wendet sich gegen diejenigen, die die Auferstehung leugnen und unterstreicht noch einmal, dass die Geschichte Jesu nur zu verstehen ist von der Auferstehung her. Zweifel waren laut geworden, weil es dauerte mit der Wiederkunft Christi. Die Menschen waren irritiert, dass getaufte Christen starben. Sie hatten erwartet, dass es nicht lange dauern würde, bis Christus wiederkommt. »Pausieverzögerung« wird das in der Sprache der Theologie genannt. Paulus will den Tod nicht klein reden. Der Tod ist ein großer Schmerz. Da ist die Angst vor dem eignen Tod und meist noch größer die Angst vor dem Tod der Menschen, die wir lieben, des Partners oder der Partnerin, vor allem auch der Tod der Kinder. Wie sagte Mascha Kaléko: Den eigenen Tod, den stirbt man nur, mit dem Tod der anderen muss man leben.

Und wenn ein geliebter Partner stirbt? Wir wissen heute, dass es beim Trauerprozess nicht nur um Phasen geht, die fein säuberlich zu trennen wären, wie ich das einst in der Ausbildung gelernt habe. Nein, Trauer ist ein Prozess, in dem die unterschiedlichsten Gefühle und Reaktionen geradezu parallel ablaufen können. Wer trauert, benötigt Begleitung, da müssen auch Menschen da sein, die Zuhören, die nicht abwiegeln nach dem Motto: Das Leben geht weiter! Trauer braucht Zeit.[3] Karin Aulike, seit vielen Jahren Synodale in der hannoverschen Landeskirche, hat versucht die Bewältigung des Todes ihres Mannes in Worte zu fassen und zeigt sensibel eben jene Ungleichzeitigkeit:

---

2 Ebd. S. 19

3 Vgl. Kerstin Lammer, Den Tod begreifen. Neue Wege in der Trauerbegleitung, Neunkirchen 2003

Karin Aulike

Der 6. Mai 1998 war ein Mittwoch wie jeder andere: ich hatte schulfrei, mein Mann, seit einem Jahr pensioniert, hatte wegen des nasskalten Wetters auf das morgendliche Jogging verzichtet. Er hatte kurz beim Hausarzt um die Ecke vorbeigeschaut, um die Ergebnisse der regelmäßigen Kontrolluntersuchungen abzuholen. Mein Mann war herzkrank. Eine By-Pass-Operation elf Jahre vorher hatte ihm ein neues Leben geschenkt. Die Ergebnisse ließen – wie immer – keinen Anlass zur Sorge erkennen. Er hatte Brötchen mitgebracht, ein Ritual zur Feier des freien Tages. Wir saßen am Küchentisch, freuten uns über die guten Ergebnisse und wollten den Tag nutzen, um im Wintergarten den längst fälligen Frühjahrsputz hinter uns zu bringen.

Eine Stunde später war er tot.

Ich höre noch den Satz, den er zu sagen versuchte. Ich hatte ihn nicht verstanden, mich nach ihm umgedreht, in seine Richtung geschaut und, fassungslos und ohne zu begreifen, niemanden dort stehen sehen. Und mich gewundert, warum ich hinter meinem Rücken etwas zu Boden fallen hörte. Und doch sofort verstanden.

So also sieht es aus, wenn jemand stirbt, dachte es in mir, während ich versuchte, die Telefonnummer des Arztes zu wählen. Und mich wunderte, warum das erst beim dritten Versuch gelang. Und dann den Notarzt und den Rettungswagen anrief, als gelte es, einem zufällig auf der Straße zusammengebrochenen Menschen zur Hilfe zu kommen.

Inzwischen war der Arzt da. Wir versuchten vergeblich, durch Mund zu Mund Beatmung meinen Mann ins Leben zurückzurufen. Dann, nach endlosen 15 Minuten traf der Rettungswagen ein, noch einmal fünf Minuten später der Notarzt.

Da saß ich schon auf den Stufen zum Wintergarten und schaute zu, wie Elektroschock und künstliche Beatmung nichts ausrichteten. Und wusste, dass keine Macht der Welt meinen Mann würde ins Leben zurückrufen können.

Ich saß da und schaute zu.

Was denkt man in solchen Augenblicken?

Mein erster Gedanke war »Kampf«: »Du lässt dich nicht abweisen. Du fährst mit ins Krankenhaus. Du bleibst an seinem Bett sitzen, bis an sein Ende.« Ich ballte die Fäuste und legte mir die Worte zurecht.

Und gleichzeitig schaute ich zu, als würde da nicht vor meinen Augen und ohne, dass ich auch nur das Geringste zu ändern vermochte, über meine Zukunft entschieden. So oder so, es würde mein Leben verändern. Nichts würde bleiben wie bisher.

Wie oft hatte ich mich über diesen Satz geärgert. Er war mir immer hohl und theatralisch vorgekommen. Ich wollte nicht einen Mann pflegen müssen, der vielleicht im Rollstuhl sitzen würde und dem Menschen, den ich liebte und mit dem ich dreißig Jahre meines Lebens geteilt hatte, nicht mehr ähnelte. Und dessen größte Furcht es immer gewesen war, eines Tages ein Pflegefall zu sein.

Nein, ich wollte auf keinen Fall einen Pflegefall betreuen müssen. Ich wollte mein Leben, das ich mir über Jahre zwischen Freunden, Schule und Synode aufgebaut hatte, nicht neu ordnen oder ändern müssen. Und wusste doch, dass ich es würde tun müssen, wenn das Schicksal es so entschied.

Die Furcht kroch in mir hoch: »Was kommt da auf mich zu? Kann ich das schaffen?«

Das Geräusch, mit dem die Sanitäter den metallenen Arztkoffer zuklappten, habe ich noch heute in den Ohren. Es klang, als fiele eine Tür ins Schloss, die von außen nicht mehr zu öffnen war. Und ich stand davor, ohne den Schlüssel zu besitzen.

»Das also war alles, mehr bleibt nicht«, dachte ich. In einer Sekunde – ein ganzes Leben ausgelöscht. So schnell. So einfach. So gnadenlos ungerecht.

Der Arzt sprach mich an: »Wenn Sie einverstanden sind, brechen wir die Wiederbelebung jetzt ab. Sie wissen ja sicher, welche irreparablen Schäden nach zwanzig Minuten eintreten, wenn das Herz nicht mehr schlägt. Aber es ist Ihre Entscheidung...« Fragend schaute er mich an und wartete.

»Ihr habt doch schon längst entschieden«, dachte ich. »Warum hättet ihr sonst den Koffer zugemacht?« Und ich sagte: »Ich möchte keine Lebensverlängerung um jeden Preis. Vielleicht sollte es so sein. Vielleicht ist das sein Tod und ich möchte ihm den nicht nehmen.« Und schämte mich zugleich, weil ich wusste, wie sehr er sich auf seine Pensionierung gefreut hatte.

Ein kurzes Nicken, ein Händedruck, ein gemurmeltes: »Es tut uns sehr leid, Frau Aulike!« Und ich war allein.

In der folgenden Stunde hat mir geholfen, dass ich alles zu organisieren hatte. Ich war immer diejenige gewesen, die geplant und organisiert hatte. Ich rief meine Kinder an, meldete mich in der Schule ab, sagte die Ausschusssitzung ab, benachrichtigte das Beerdigungsunternehmen und den befreundeten Pastor.

Ich tröstete meine Eltern, meine Tochter und wunderte mich, warum ich so ruhig blieb. Vielleicht hat mir mein Zorn geholfen. Ich fand es ungerecht und nicht in Ordnung, dass ein Leben so zu Ende geht. Aber ich war auch wütend über die Hilflosigkeit der Helfer. Ich weiß nicht genau, was ich erwartet hatte, vielleicht einen professionelleren Umgang mit den Angehörigen. Nicht nur die Frage: »Kommen Sie zurecht? Für den Notfall haben Sie ja meine Nummer. Ich bin da, wenn Sie mich brauchen.«

Das war aufrichtig und ernst gemeint und brachte mich doch hoch. Es stärkte meinen Kampfgeist und ich beschloss, mich zu wehren.

Ich setzte durch, dass mein Mann zuhause blieb. Ich wollte nicht, dass er abgeholt und mitgenommen, sozusagen »entsorgt«, wurde. Ich erinnerte mich an die Totenfeiern meiner Kindheit: der Tote wurde im Hause aufgebahrt, die Nachbarn konnten Abschied nehmen. Später begleiteten alle den Leichenzug ins benachbarte Dorf zum Friedhof. Ein Weg, lang genug, das gemeinsame Leben noch einmal zu bedenken, Abstand und Ruhe zu gewinnen.

Und es gab die Aussegnung.

Meine Kinder hatten den gleichen Gedanken: Wir

fanden es unrecht und unwürdig, den Menschen, der Teil unseres Lebens gewesen war, einfach so aus unserem Leben verschwinden zu lassen. Wir fanden, das hatte er nicht verdient. So geht man nicht mit dem Menschen um, den man liebt!

Wir gestalteten eine Abschiedsandacht. Wir zündeten Kerzen an, schmückten den Raum, in dem er lag, mit frisch geschnittenem Flieder. Wir versammelten uns um das Bett. Wir lasen Texte aus der Bibel und erinnerten uns an unser gemeinsames Leben. Wir fanden es wichtig, ihm seinen geliebten Homer und, für alle Fällen, die alte, zerlesene griechische Grammatik mit auf den Weg zu geben. Wir fanden es richtig und es tröstete uns, dass die Katze unbedingt dabei sein wollte. Dann sprachen wir das Vaterunser und den aaronitischen Segen.

Und dann erst rief ich das Beerdigungsinstitut an. Nun konnten wir den Toten ziehen lassen.

Heute scheint mir, als hätte uns diese Stunde die Kraft gegeben, die wir brauchten. Das, was dann bis zur Beerdigung kam, war anstrengend, kostete körperliche und seelische Kraft. Aber jedes Gespräch mit Freunden, die anriefen oder die persönlich vor der Tür standen, half mir, diese Tage zu überstehen. Die immerwährende Wiederholung der Ereignisse und Umstände des Todes, das Eingehen auf die Fragen, die Trauer und Fassungslosigkeit der anderen half mir mehr, als ich vermutete. Es schaffte erstaunlicherweise Distanz und gab mir Luft zum Atmen.

In den ersten Wochen und Monaten danach bin ich fast täglich spazieren gegangen. Ich wohne auf dem Lande und bin in wenigen Schritten in der Natur. Ich bin durch die blühenden Rapsfelder gelaufen und habe die Lerchen in der Luft jubilieren hören. Die aufbrechende, zum Leben drängende Natur war ein starker Kontrast zum Tod. Die Wege waren wir oft zusammen gegangen. Sie bargen Erinnerungen und ließen den Verlust schmerzhaft spüren. Die Versuchung, sich fallen zu lassen und rückwärts gewandt zu leben, lag nahe. Aber diese blühende, am Leben explodierende Natur war zugleich ein Versprechen: Tod und Leben gehören zusammen. Das eine ist nicht ohne das andere. Neues kann nur wachsen, wenn der Blick nach vorn, in die Zukunft gerichtet ist.

Aber die Vergangenheit hat ihr eigenes Recht. Ich habe sie noch einmal Schritt für Schritt durchwandert, bin in den Ferien in unsere Urlaubsorte gefahren, nach Griechenland, Italien, in die Provence. Es war eine Reise in die Vergangenheit und es schmerzte. Aber es war richtig. Manchmal hatte ich das Gefühl, mein Mann laufe unsichtbar neben mir oder schaue mir über die Schulter.

Ich schaute Fotos an und las alte Briefe. Ich war entschlossen, nur die wirklich wichtigen Dinge aus unserem Leben zu behalten. Manches verschenkte ich, anderes verstaute ich in Kartons. Die vollständige Bibliothek der Antike steht bis heute im Bücherregal. Immer, wenn ich diese Bände sehe, wird mir schmerzlich bewusst, dass mit ihm eine ganze Welt unwiederbringlich ins Grab gesunken ist.

Das alles macht traurig und holt den Verlust neu in die Gegenwart hinein.

Ich bin oft gefragt worden, ob ich in dieser Zeit Angst vor der Zukunft gehabt habe.

Nein, richtige Angst um mich oder die Zukunft meiner Kinder hatte ich nie. Ich habe mir Gedanken gemacht, ob ich das Studium beider Kinder würde allein finanzieren können. Mir ist aber dankbar bewusst geworden, welch große Sicherheit unser soziales Netz für uns bereithält. Und welche Katastrophe dieser Todesfall zu einer anderen Zeit und in einem anderen Land bedeutet hätte.

Woher kam die Kraft, die mich gehalten hat?

Ich glaube, da spielen viele Dinge eine Rolle.

An erster Stelle stehen Menschen, die für mich da waren: meine Eltern, Freunde, Menschen, die mich angerufen, mich besucht oder mir Blumen geschickt haben. Ich habe viele sehr persönliche Brief bekommen, auch von Schülern oder Schülerinnen, denen er die Alten Sprachen und die Antike erschlossen hatte, die sich an Kursfahrten nach Rom oder Pompeji erinnerten. Sie alle stellten mir meinen Mann noch einmal vor Augen, vertraut und fremd zugleich. Es tat gut zu lesen, was er ihnen bedeutet hatte. Manchmal hatte ich das Gefühl, ein fremder Mensch wurde da heraufbeschworen mit mir fremden Zügen. Hatte ich doch geglaubt, er sei mir so vertraut, wie ich mir selbst. Ich habe mich über die Offenheit und Einfühlsamkeit der Briefe gefreut. Es war gut zu wissen, dass sein Tod auch für andere ein Verlust war.

Ich selbst bin ein dem Leben zugewandter Mensch. Ich habe ein tiefes Vertrauen in die Zukunft, das bis in meine Kindheit zurückreicht. Aufgewachsen auf dem Lande, eingebunden in die feste Gemeinschaft einer großen Verwandtschaft, hatte ich einen Ort, wo ich Wurzeln schlagen konnte. Ich komme aus keinem besonders frommen Elternhaus, aber es hat mir ein tiefes Gottvertrauen vermittelt. Die Bilder und Geschichten der Bibel haben mich seit meiner Kindheit begleitet. Es sind die Geschichten der Bewahrung und des Geführtwerdens. Selbst behütet und geliebt aufgewachsen, war in mir kein Zweifel, dass es Gott mit mir genauso gut meint wie damals mit dem Volk Israel. Die Geschichten des Alten und Neuen Testaments legten Zeugnis dafür ab. Unauslöschlich ist mir eine Religionsstunde in der Grundschule in Erinnerung. Wir bekamen Psalm 23 erzählt: »Und ob ich schon wanderte im finstern Tal, fürchte ich kein Unglück. Dein Stecken und Stab trösten mich.« Seit ich vor fast 50 Jahren diesen Vers gehört habe, weiß ich, dass mir nichts geschehen kann, wo auch immer ich bin. Für manche Menschen ist das ein naiver Kinderglaube. Mich trägt er noch heute.

Als Religionslehrerin habe ich auch berufsmäßig mit Gott zu tun. Ich bin herausgefordert, Antworten auf die sog. »letzten Fragen« zu geben. Dazu gehört immer wieder die Frage nach dem Tod und was danach kommt. Für Schüler und Schülerinnen ist das eine wichtige Frage. Viele haben die Großeltern sterben sehen, manche haben auch schon einen Elternteil verloren. Fremdes Erleben und eigenes Betroffensein sind unterschiedlich, aber ich hatte mich immer wieder mit diesem Thema auseinander setzen müssen. Der Tod war mir nicht »fremd«. Ich war darauf vorbereitet. Als er mir begegnete, war ich gewappnet.

Nein, Angst hatte ich nicht. Angst habe ich nur im Zusammenhang mit dem, was Menschen einander antun können. Nicht aber vor dem, was aus Gottes Hand kommt.

Heute glaube ich, dass der Tod meines Mannes, so, wie er war, »richtig« war. Es war sein Tod, so hatte er ihn sich gewünscht. Ich bin froh darüber, dass die Krankheit ihn und uns nicht zerstören konnte.

Von Jahr zu Jahr wird der Abstand größer und der Verlust weniger schmerzhaft. Die Erinnerung wird zu einer Anfrage an die Gegenwart: »Und du? Was ist dir wichtig? Was ist mit deinem Leben?«

Was bleibt, ist eine stille Traurigkeit und Wehmut, auch jetzt noch, nach sechs Jahren. Aber die Dankbarkeit für dreißig Jahre gemeinsamen Lebens ist stärker.

Und die Freude auf das, was vor mir liegt. Der Tod hat einen Schlusspunkt gesetzt. Aber mein Leben geht weiter. Es ist mein Leben und meine Zukunft. Ich freue mich darauf.

Karin Aulike kann zurückblicken, ihre Erfahrung kann sicher viele ermutigen. Es ist wichtig, dass wir solches Erleben, die Bewältigung von Schmerz und Verlust mitteilen, miteinander teilen.

Andere stehen mitten im Kampf um diesen Verlust. Die Angst vor einer Krebserkrankung ist bei vielen Menschen groß. Wir alle wissen, dass diese so heimtückische Krankheit uns ganz plötzlich mitten aus dem Alltagsleben zerren kann. Der Mann meiner besten Freundin war immer ein kraftstrotzender Vater, Betriebswirtschaftler, mitten in der Welt, voller Pläne, viele Urlaube, jedes Sylvester haben wir miteinander verbracht. Und dann plötzlich ein Anruf: Thomas hat Krebs. Überall schon Metastasen. Wie damit umgehen, was sagen, was tun? Wie soll die Familie das ertragen, die Töchter, wie er selbst, wie seine Frau? Dr. Almut Wiedenhöft, Kindertherapeutin schildert mitten im Prozess ihr Ringen mit der Angst, der Angst vor einer Krankheit.

Almut Wiedenhöft

Als unsere jüngere Tochter vor zwei Jahren konfirmiert wurde überkam mich Wochen zuvor ein bedrückendes Gefühl, das sich schließlich zu einer diffusen Angst ausweitete: Würde ich dieses Fest erleben? Erinnerungen lähmten mich: Meine Mutter konnte meine Konfirmation nicht mehr mitfeiern. Je mehr ich mein Leben mit dem ihren verglich umso mehr schien alles zu passen: Auch ich habe zwei Töchter; der Altersabstand ist der gleiche wie bei meiner Schwester und mir und langsam kam ich in das Alter vor dem ich mich schon immer gefürchtet hatte: Das Alter in dem meine Mutter sehr bald nach einer Krebsdiagnose starb. Diese Gedanken nahmen mich in Beschlag; ich musste öfter weinen, konnte aber mit kaum jemandem darüber sprechen. Schon gar nicht mit meinem Mann, dem solche Gedanken fremd waren, der vielmehr mit Lebensfreude und Zuversicht alles auf sich zukommen ließ. Er hätte wahrscheinlich mit dem Kopf geschüttelt, wie man überhaupt so denken kann, ohne wirklichen Anlass.

Das Fest war schön.

Ein Jahr später begann ich mir Sorgen um meinen Mann zu machen; seine Haare und Augen sahen anders aus; aber das konnte doch eigentlich nichts bedeuten. Allzu oft hatte ich in der Vergangenheit mit meinen Ängsten ringen müssen. Er, der so viel Leichtigkeit und Frohsinn verkörpert, er konnte in meinen Vorstellungen nicht von einer Krankheit bedroht werden, so eine Lebenshaltung musste in meinen Augen wie ein Schutzschild sein. Seine Familie ist schon seit Generationen kerngesund, die Großeltern erreichten ein gesegnetes Alter, alles war anders als bei mir. Meine Schwester und ich lernten früh leise zu sein, nicht so laut zu lachen, weil die Oma, die Mutter, später der Vater krank waren.

Nachdem mich mein Mann vom Hausarzt aus anrief, er müsse sogleich zu einer genaueren Diagnostik in eine Fachklinik, der Ultraschallbefund sei nicht in Ordnung, veränderte sich unser Leben. Aber – anders als ich den Umgang mit einer schweren, lebensbedrohlichen Krankheit kennen gelernt, anders als ich immer befürchtet hatte.

Schon vor der Untersuchung warteten wir mit einer unbegreiflichen Ruhe, wir tauschten Blicke aus und wussten beide, dass uns viel erwartete. Der Arzt rief nur mich in das Besprechungszimmer, die Ergebnisse seien meinem Mann nicht zuzumuten; fragte, wie alt er sei. Das sprach für sich, dennoch bestand ich darauf, dass wir gemeinsam informiert würden.

Danach übernahm das mein Mann. Er rief unsere große Tochter im Studienort und danach seine Eltern an, sprach mit unserer jüngeren Tochter, als sie aus der Schule kam, weinte mit ihr, sprach mit seinem besten Freund.

Nein, er wolle nicht sogleich in eine Klinik, erst wolle er nachdenken, mit uns sprechen, einiges klären. Dann erst. Welche Ruhe, welcher Mut. Er bestand an diesem Wochenende auf gemeinsame Mahlzeiten, die ich kaum aushielt, die aber immer wieder der Anlass für einen Austausch waren. Manchmal lachten wir sogar. Am Abend vor dem ersten längeren Aufenthalt in der Fachklinik saßen wir zusammen und redeten lange miteinander. Über Themen, für die es bis dahin kaum Zeit gab, die einfach gelebt wurden, die jetzt bedeutender für uns beide wurden und wir weinten das erste mal zusammen. So fühlte schließlich auch ich mich vorbereitet auf die kommende Zeit.

Oft war ich bei den Gesprächen mit den Ärzten und Ärztinnen dabei. Neben dem gesprochenen Wort beobachtete ich jede Regung, jedes Räuspern, besonders Blicke, die manchmal mehr vermittelten als das Bemühen, die Krankheit so zu erläutern, dass der Patient die Hoffnung und den Lebensmut nicht verliert. Schon bald wurde deutlich wie unterschiedlich wir all diese Informationen hörten, verstanden und verarbeiteten. Mein Mann war eher erleichtert, der Tumor war gefunden, was anfangs nicht so einfach erschien und nun konnte etwas getan werden. Es konnte überhaupt etwas getan werden, auch das war in den ersten Tagen noch fraglich, wenigstens einige Wochen konnten wieder geplant werden.

Und ich. Ich hielt den Atem an. Zwischenzeitlich hatte ich so viele Freunde angerufen, auch Experten, hatte Fragen gestellt und oft klare Antworten bekommen. Sehr klare Antworten, die mich zu Hause erzittern, weinen, schreien ließen. Wenn ich ins Krankenhaus kam, saß da mein Mann, lächelnd, manchmal pfeifend, immer in seinen Jeans, immer mit Energie und gewillt, nicht der Kranke, sondern der zu sein, der alles dazu beitragen wollte, gesund zu werden. Alle Untersuchungen ertrug er mit Ruhe und mit einer guten Portion Optimismus. Wenn er unseren Töchtern, seinem Bruder, seinen Eltern oder unseren Freunden berichtete, freuten sich alle mit ihm, unterstützten seine Haltung, seinen Willen und wussten oft ein Beispiel erfolgreicher Krankengeschichten.

In meinen Augen fragte niemand wirklich nach Daten und Fakten. Das schien nur mich zu interessieren. Und wenige andere, eher die, die ich besser kannte. Konnte das sein? Durfte ich Angst haben und zweifeln? Ohne Frage, ich konnte froh sein, dass mein Mann so mit dieser Situation umging, dass er nach der Rückkehr aus der Klinik pfeifend im Haus und Garten umher lief, dass er gern zur Chemotherapie fuhr, weil ihm geholfen wurde, dass er mit dem Professor eher ein Gespräch über seinen Garten und seine Hühnerzucht führte als über medizinische Details seiner Krankheit; er wolle nichts über Prognosen – über vielleicht fünf oder acht Prozent – wissen, die würden ihn nur verunsichern, wozu, er habe bislang gut gelebt, warum solle das nicht so weiter gehen. Das war neu für mich, immer wieder stieß ich an meine Grenzen, an meine Erfahrungshintergrund: Meine Mutter hatte nur noch wenige Monate Lebenszeit, da gab es nicht viel zu entscheiden. Als mein Vater sterbenskrank wurde, ließ er mich alle nur erdenklichen Informationen zu seiner Erkrankung besorgen. Ich musste alternative Therapieformen für ihn erkunden, ihn von einer Klinik in die andere bringen und immer wieder von ihm hören, dass er ja wisse, alles würde seinen Weg gehen, dass es keine Hilfe gäbe, er habe es ja erfahren. Unrecht hat er – in seinem Fall – nicht gehabt. Dennoch hat er gekämpft. Mein Mann hingegen lebte in Zuversicht und interessierte sich nicht für Alternativen.

Mehr und mehr geriet ich in einen inneren Zwiespalt, der mir meine Sprachfähigkeit nahm. Ich konnte und wollte nicht mehr reden, wollte nicht gefragt werden, konnte keine Auskünfte mehr geben, weil mir meine Empfindungen, mein Wissenwollen, meine kopfgesteuerte Umgangsweise zunehmend falsch erschien.

Was beschwor ich mit meinen Kassandrarufen, das Unheil der Krankheit, die statistischen Erfahrungswerte, die Hoffnungslosigkeit. Was wollte ich damit erreichen. Dann blieb nichts übrig. Wollte ich das!?

Sehr mühsam, mit Hilfe meines Mannes, konnte ich mich den Zwischenräumen, der Wahrheit – zwischen Hoffen und Bangen – annähern. Die sechs Wochen vergingen schnell, zu schnell und ohne Erfolg. Der Tumor war weiter aktiv, die Metastasen leicht vergrößert. Wir verbrachten den Abend – nach dem Anruf von der Klinik – schweigend und warteten auf das nächste Gespräch mit dem Professor. Der hatte inzwischen eine Verständigungsebene mit meinem Mann gefunden, die mich einerseits beeindruckte, da wir nach dem Gespräch wieder hoffnungsvoll waren, ja sogar beschwingt in der Stadt Essen gingen. Andererseits aber wieder erschaudern ließ, denn er hatte kaum über Blutwerte und andere Untersuchungsergebnisse gesprochen und auch nicht über die Zukunft. Aber über eine nächste Chemoetappe. Diesmal sogar über zehn Wochen, zwei mal vier Wochen mit einer zweiwöchigen Pause. Zehn Wochen! Der Sommer war gerettet. Wenn ich abends allein in meinem Sessel saß, konnte ich weinen, einerseits über zehn Wochen (so viel) und andererseits über zehn Wochen (und dann?). Aber wie sollte ich das erklären, wenn mich jemand fragte. Und es fragten viele.

Unsere sonntäglichen Spielnachmittage wurden immer beschwerlicher für meinen Mann. Er verlor den Appetit, wollte immer weniger essen und wurde schwächer. Wenn ihn jemand fragte, selbst die Ärzte, blieb er optimistisch, nein, keine Veränderungen, er verkrafte alles gut. Erneut geriet ich in Anspannung, das alte Muster. Ich sah den nächsten Chemoterminen mit Sorge entgegen. Warum schaute denn niemand genauer hin, mittlerweile war seine Schwäche doch augenscheinlich! Oder brauchte ich selbst jetzt Hilfe? Die holte ich mir. Ich bat – mit dem Einverständnis meines Mannes – eine (von früher) bekannte Onkologin der Klinik um ein Gespräch. Das hat mir gut getan. Meine Sorgen erwiesen sich nicht als unberechtigt, ich konnte mit meinem Mann die unterstützenden Vorschläge der Fachärztin besprechen. Und er konnte sie beharrlich ablehnen, aber wir hatten zumindest darüber gesprochen!

Auf seine Weise hatte er das richtige Gefühl, jetzt waren diese Maßnahmen noch nicht nötig, die Chemotherapie zeigte deutliche Erfolge! Eigentlich sollte damit eine Phase der Entspannung eintreten, aber sie kam nicht wirklich, weil heftige Schmerzen die Pause bis zum nächsten Therapiezyklus überschatteten. Ein nächster Klinikaufenthalt wurde nötig, mein Mann blieb optimistisch, doch meine Wahrnehmung und seine Haltung schienen wieder weiter auseinander zu gehen. Er saß dort nahezu munter und fidel im Bett, las ein dickes Buch, was er zu Hause schon Wochen nicht mehr konnte und aß – mit Appetit – Fleischwurst aufs Brot! Darüber konnte ich nur staunen, denn zu Hause war das Essen mittlerweile ein Reizthema. Mein Mann hatte – der Feinschmecker der Familie – keinen Hunger und Appetit mehr. Trotz aller Bemühungen meinerseits wurde ihm das Essen eher zur Qual. So hätte ich mich über diese Veränderung in der Klinik freuen müssen, doch ich ahnte, dass er damit u. U. ein ganz anderen Eindruck in der Klinik vermittelte und schnell wieder nach Hause konnte. Das erreichte er auch und den Fortgang der Chemotherapie – ohne größere Komplikationen – auch. Ende des Jahres konnte sogar die Therapie abgesetzt werden. Das wurde für mich zu einer inneren Zerreißprobe. Ich verstand nicht warum, nichts sprach für eine Stabilisierung, erneut erfuhren wir keine Daten und Fakten. Die hätte auch nur ich benötigt, meinen Mann interessierten sie nicht, er war erleichtert, vorerst keine Chemotherapie mehr, das musste gefeiert werden. Er feierte. Ich atmete tief.

»Wer mit dem Tod tanzt, muss Schritt halten.« Das hatte ich in einem Buch von Dorothee Sölle gelesen. Das war typisch für uns beide – meinen Mann und mich: Ich suchte Antworten in der Literatur, er lebte sie (einfach). Er hielt Schritt.

Der Winter wurde beschwerlich und die Krankheitssymptome nahmen zu. Nahezu bedrohlich, dann wirklich bedrohlich. Der Hausarzt musste öfter kommen, seine Blicke wurden ernster, er fragte mich das erste Mal, ob ich noch genug Reserven hätte. Die Befunde waren massiv schlechter geworden, wieder beobachtete ich jedes Stirnrunzeln der behandelnden Ärzte, weitere Metastasen hatten sich entwickelt. Der Hausarzt thematisierte den Sinn der Chemotherapie, vielleicht handele es sich nur noch um wenige Wochen. Unsere große Tochter blieb vom Studium zu Hause. Ich telefonierte im Auftrag meines Mannes mit unseren langjährigen Freunden, Theologen. Er wünschte ein Gespräch mit ihnen, über das Sterben, den Tod und das, was danach sein könnte. Es war ein ergreifender, ein schöner Nachmittag mit ihnen. Mit Weinen und Lachen. Fast ein bisschen befreiend, endlich hatten wir über das Unaussprechliche gesprochen. Und mein Mann sprach das erste Mal anders über seine Krankheit. Nicht resignativ. Ganz ruhig. Auch mit beiden Töchtern – einzeln–, mit seinen Eltern, mit seinem Bruder.

Er habe keine Angst, aber aufgeben würde er nicht! Er wolle ein Gespräch mit dem Professor. Und ich? Ich hatte Angst. Angst um ihn. Angst vor dem Verlust. Zugleich hatte er mir im Laufe der Zeit immer wieder vor Augen geführt, dass es meine Ängste mit meiner Geschichte sind. Nicht seine.Wieder hatte er das richtige Gespür und sein Lebenswille erwies sich als der richtige Gegenpart. Er stimmte einer Zusatzernährung zu und unsere Tochter schickte er zum Studium: sie wolle doch wohl nicht neben ihm sitzen und darauf warten, dass er sterbe! Schon nach zwei Chemotherapiegaben verbesserte sich der Befund. Der Erfolg hielt an. Das ermutigte uns und mit eisernem Willen überstand mein Mann eine sehr lange, zehrende Therapiezeit. Er verlor in wenigen Wochen massiv an Körpergewicht und Kraft.

Ja, ein Spaziergang, selbst ein kurzer ist jetzt zu beschwerlich. Aber wir sitzen oft nebeneinander, reden viel miteinander und haben Zeit, so viel Zeit wie selten zuvor. Unser Leben hat sich verändert. Wir beide, wir vier trauen uns viel zu: Miteinander weinen, nicht mehr weiter wissen, halten und gehalten werden. Alles ist ruhiger, intensiver. Abends sitze ich lange am Bett meines Mannes, halte die Hand, manchmal sprechen wir über den Tag, unsere Kinder, meistens sind wir still und einander gewiss. Über den Tod hinaus.

Erich Fried

Aufhebung*

Sein Unglück
Ausatmen können
Tief ausatmen
So dass man wieder
Einatmen kann.
Und vielleicht auch sein Unglück
Sagen können
in Worten
in wirklichen Worten
die zusammenhängen
und Sinn haben
und die man selbst noch sagen
verstehen kann
und die vielleicht sogar
irgendwer sonst versteht
oder verstehen könnte.

Und weinen können
Das wäre schon
Fast wieder
Glück.

---

* Aus: Beunruhigungen, © 1984, NA 1997, Verlag Klaus Wagenbach Berlin

Zu Weihnachten schenkte uns unsere Tochter dieses Gedicht. Beide Töchter nehmen teil. Verstehen, weinen und leben mit. Sie weichen nicht aus. Zum Glück.

Wir waren in all den Monaten im Gespräch, wir als Familien, die beiden als Paar, Eltern und Töchter, die Mädchen untereinander. Den Tod ansehen können, aussprechen, nimmt ihm vielleicht einen Teil der Macht. Es war und ist eine dieser Beziehungen, die intensiv gelebt werden, wie wir das in Freundschaften nicht immer leisten können, aber wie es manchmal exemplarisch gelingt. Und das ist dann auch eine Gnade. In dieser Zeit habe ich den beiden (am 5. April 2004) einen Brief geschrieben. Almut hat mich ermutigt, ihn hier zu veröffentlichen, gerade weil sie spürt, wie wichtig es ist, den Tod nicht in eine Ecke des Schweigens abzudrängen, sondern zu reden darüber.

Liebe Almut, lieber Thomas,
seid nachsichtig, wenn ich per PC schreibe, das geht bei mir einfach besser inzwischen. Ich denke so viel an euch und wünsche euch immerzu Kraft, das miteinander durchzustehen. Als ich letzte Woche am Meer war, bin ich oft spazieren gegangen und habe an unsere vielen Meer-Erfahrungen gedacht: Normandie, Bretagne, La Rochelle, Schweden… Es wäre so schön, noch so vieles zu planen und doch wissen wir, dass wir in diesem Leben kaum noch etwas alle zusammen planen können. Und ich denke, wie kostbar alle diese Gemeinsamkeiten waren und wie wenig wir gewusst haben, wie besonders sie sind. Obwohl, manchmal dachte ich: das will ich mir tief merken für schlimme Zeiten.

Es tut mir weh zu wissen, wie sehr ihr darum ringt, in Würde mit der Krankheit, mit der Realität von Sterben und Tod umzugehen. Einerseits bewundere ich euch, eure Liebe zueinander, dass Almut sagen kann, es sei ihr wohl, wenn sie neben dir liegt, Thomas. Das ist wie ein Geschenk, das ist einfach gut. Ich kann nur von Ferne ahnen, Almut, wie du jetzt um Kraft ringst und höre das einfach manchmal an deinem schweren Atmen, deinem Seufzen am Telefon. Und andererseits hadere ich damit, weil dieses Miteinander, dieses Leiden und Leiden-Miterleben doch wohl schwerer ist, als ein plötz-

licher Tod, ein Autounfall. Was du, Thomas, an Schmerzen und Verzagtheit mitmachen musst, das können wir anderen alle nur aus großer Ferne ermessen. Ich bewundere deine Souveränität, deine Entschlossenheit, den Kampf aufzunehmen so gut du kannst, so lange deine Kräfte tragen. Und ich hoffe, du kannst auch einfach sagen, was du nicht ertragen kannst und willst, wozu dir die Kraft und der Mut fehlen, wo du nicht stark sein kannst.

Manchmal schäme ich mich richtig, wenn wir hier munter planen, was morgen, im Sommer, im nächsten Jahr sein wird. Und doch wird das Leben weiter gehen in dieser Welt, auch für eure Kinder. Im Urlaub habe ich Dorothee Sölles' Mystik des Todes gelesen. Ein Gedanke war mir besonders wichtig. Sie hat den Tod und die Liebe in einem engen Zusammenhang gesehen. Und zwei Wochen vor ihrem Tod, fast genau vor einem Jahr, hat sie gesagt: »So ist es mit dem Tod, alles geht weiter.« Das klingt brutal, ist aber auch ein Freisetzen für den, der sterben muss und die, die mit dem Sterben leben müssen. Ich will nicht philosophisch werden, aber dieses Sein und Vergehen, Werden und Lassen, das ist schon Teil von uns.

Ich denke mit großer Liebe an euch beide, euch alle vier. Das hört sich zwar pathetisch an, aber ist ganz real. So viele Freunde gewinnt der Mensch nicht im Leben und wir haben aneinander und miteinander viele Höhen und Tiefen erlebt. Thomas, dass du mal der sein würdest, der uns alle beschämt mit seiner Fähigkeit zum Leiden, das hätte ich nicht erwartet. Du legst Tapferkeit in einem Ausmaß an den Tag, das viele erstaunt. Ich wünsche dir, dass du Gott dabei neben dir weißt als einen, der dich trägt, auch da, wo Ausweglosigkeit und Zorn und Schmerz untragbar scheinen. Und Almut, du scheinst mir immer so zerbrechlich, ich wünsche dir, dass du Gott als einen Widerspruch gegen die Klischees und den Tod und die Verlogenheit erlebst, der dir Kraft gibt, für die Würde einzutreten.

Vielleicht klingt das alles zu pastoral, ich will es trotzdem so stehen lassen. Weil ihr mir wichtig seid, eure beiden Töchter ebenso und weil ich lieber viel näher dabei sein würde, euch helfen würde und doch weiß, ihr müsst zu zweit bzw. zu viert damit fertig werden, dass Leiden und Sterben für euch ganz präsent sind und Beschwichtigungen verleugnen, was ihr und wir doch ahnen oder auch wissen.

Ostern ist dieser Tage ja greifbar und ich denke oft daran, was Auferstehung denn bedeutet. Den Artikel von Moltmann habe ich euch ja geschickt. Wie genau es aussehen wird, das weiß ich nicht. Aber wenn wir denn leiblich auferstehen, dann lasst uns am Meer sitzen (Frankreich?), mit einer Flasche Rotwein, Thomas darf ein Pfeifchen rauchen und wir spielen Doppelkopf. Das wäre doch eine schöne Vorstellung von Auferstehung.

Ich denk' einfach viel an euch,
eure Margot

Thomas Wiedenhöft verstarb am 15. Juni 2004. Seine Frau und seine Töchter saßen an seinem Bett zu Hause, als er zum letzten Mal ausatmete. Sie haben ihn angezogen und aufgebahrt – ein schweres Tun, ein wichtiges Ritual. Am nächsten Tag bin ich hingefahren. Wir haben ihn ausgesegnet mit einer schlichten Liturgie, auch seine Eltern, Bruder und Schwägerin waren dabei. Dann erst wurde er eingesargt. Wie Karin Aulike haben auch Wiedenhöfts diese Art des Abschieds als würdig, als angemessen empfunden. Wir sollten dazu ermutigen, das wieder zu entdecken.

Wie wichtig ist es, in der Bibel für so eine Situation Worte zu finden, Rituale zu kennen. Wenige Tage später haben wir Thomas Wiedenhöft in einer großen Gemeinde von fast 500 Menschen betrauert und zu Grabe getragen. (Die Trauerpredigt findet sich im Anhang.) Für mich war dieser Abschied gelungen, gut, sofern so ein frühes Sterben gut sein kann. Die Familie, die Trauerfeier, sie haben etwas gezeigt von der Chance des christlichen Glaubens, Menschen Kraft zum Leben und Mut zum Sterben zu geben.

Ja, doch, er erschreckt uns, der Tod, beschäftigt uns, auch wenn wir längst älter sind. Auch als Erwachsene ist der Verlust der eigenen Eltern immer ein großer Schmerz, auch wenn wir älter sind. Plötzlich sind wir die ältere Generation, das ist eine ganz besondere Erfahrung. Auch wenn wir erwachsen sind, verlieren wir Vater und Mutter als Kinder. Alle Vorbereitung kann die Angst vor dem Verlust der Eltern nicht nehmen. Oft ist heute von den verwaisten Eltern die Rede. Aber das »normale« Verwaisen, der Verlust von Vater und

Mutter, sie sind ein besonderer Schmerz, mit dem jeder Mensch fertig werden muss. Meist haben wir so große Angst davor, dass wir gar nicht in der Lage sind, darüber zu sprechen. Oder wir sprechen zu spät darüber, weil wir meinen, der Tod der Eltern sei die Normalität, die nicht verbalisiert werden muss. Christa Wolański schreibt über ihre Erfahrungen als erwachsene Frau beim Verlust ihrer Mutter:

...verwaist

Christa Wolański

Zu den Töchtern, die, wenn sie groß sind, Papa heiraten wollen, gehörte ich nicht. Aber doch konnte ich mir als Kind nie vorstellen, meine Eltern jemals zu verlassen, geschweige denn, sie zu verlieren. Das Begreifen, dass sie eines Tages sterben würden, hat mich immer mit unendlicher Traurigkeit erfüllt. Ich war gerne Tochter meiner Eltern und habe mich mit ihnen zuhause gefühlt.

Zwei Jahre habe ich gebraucht, bis ich den Tod meines Vaters akzeptieren konnte, bis sich in mir der Zorn auf Ärzte, auf nachlässige Diagnosen, auf schlecht ausgerüstete Krankenhäuser und die Empörung über allzu beflissene Bestatter, über das »Geschäft mit dem Tod« insgesamt allmählich zu legen begannen. Später habe ich dann verstanden, dass ich nur unglücklich darüber war, wie alles sich ereignet hatte, wie wenig dieses Ende meinen Vorstellungen entsprach, Vorstellungen, die nur theoretischer Art sein konnten, war dies doch mein erstes bewusstes Erleben des Todes in meiner unmittelbaren Nähe. Nun ist 82 Jahre kein Alter, in dem man sagen würde: »...plötzlich und unerwartet...« Und doch kam der Tod für uns genau so: plötzlich und unerwartet. Mein Vater war Zeit seines Lebens viel krank, und es gab immer wieder einmal Krankenhausaufenthalte, kleinere Operationen, aber eben nichts wirklich Dramatisches, Lebensbedrohliches. Telefonische Berichte meiner Mutter über wöchentliche Arztbesuche, gelegentliche Schwächeanfälle – daran waren wir gewöhnt. Am Sonntag hatte ich aus einer inneren Unruhe heraus meine Eltern noch besucht, am Dienstag kam mein Vaters ins Krankenhaus, wo sofort mit den Untersuchungen begonnen wurde. Meine Mutter war vom Krankenhaus aus in die Stadt gegangen, um Besorgungen zu machen. Und als sie wieder im Krankenhaus ankam, war mein Vater mitten in der Untersuchung den Ärzten einfach unter den Händen weggestorben. Kein bewusstes dem Ende Entgegen-Gehen, kein Begleiten, keine Gespräche, kein Abschied-Nehmen – das hat es mir so schwer gemacht.

Heute – fast zehn Jahre später – weiß ich: die letzte Phase in seinem Leben war eine sehr schweigsame, sein innerer Rückzug war sein Abschied von allem Belanglosen. Eine ihm lieb gewordene Beschäftigung nach der anderen legte er ab; das Rauchen, das Fernsehen, ja sogar das Lesen. Das alles hatte plötzlich keine Bedeutung mehr für ihn. Eine unvermittelte Äußerung »Wer wird mich dann hinaustragen?« hätte mich aufrütteln und mir deutlich machen müssen, dass mein Vater von seinem nahen Ende sprach. Damals habe ich es nicht verstanden. Die helle Aufregung und Verzweiflung in der Stimme meiner Mutter, als sie mir am Telefon sagte, dass mein Vater tot sei, werde ich wohl nie vergessen.

In den Jahren danach habe ich viel gelesen über das Sterben, über die Hospizbewegung, über Palliativmedizin, Patientenverfügung, eigentlich über alles, was man selbst in die Hand nehmen, regeln, festlegen, besprechen, wünschen kann, wenn es um den eigenen Tod geht. Und in mir reifte der Entschluss, rechtzeitig mit meiner Familie zu besprechen, wie ich mir einmal den Umgang mit meinem Tod wünsche.

Es folgten unbeschwerte Jahre, in denen meine Mutter wieder auflebte, Haus und Garten bestellte, sich tapfer eine neue Selbständigkeit erarbeitete, sie, die früher nie einen Schritt ohne ihren Mann getan hatte! Über fast zehn Jahre haben wir täglich gegen 18:00 Uhr miteinander telefoniert. Es trennten uns zwar nach wie vor 120 Kilometer Landstraße – mit dem Auto zwei Stunden hin, zwei Stunden zurück; zuviel, um nach der Arbeit mal eben nach ihr zu sehen. Aber der in dieser

Zeit gepflegte tägliche Gedankenaustausch hat über die natürliche enge Mutter-Tochter-Beziehung hinaus eine ungeheuer starke Bindung entstehen lassen. Ich habe gelitten, wenn sie mir sagte, wie einsam sie sei, wenn sie fragte, »Wann kommt ihr wieder?« und ich keinen schnellen Termin nennen konnte. Ich spürte ihre zunehmende Vereinsamung, ihre Verzweiflung darüber, dass ihr Kopf nicht mehr so wollte, wie sie es erwartete. Viele Geschichten mit liegen gelassenen Portemonnaies, verschwundenen Spazierstöcken, verwechselten Terminen, doppelt oder gar nicht bezahlten Rechnungen rankten sich um diese letzten Jahre.

Ich sah aber auch, wie sie sich Eselsbrücken schuf, um sich zu orientieren, der Tageszeitung entnahm, welches Datum wir hatten, viele kleine Zettel schrieb, um nur ja nichts zu vergessen. Und viele Anrufe erfolgten aus einer konkreten Notsituation, die wir dann meistens per Telefon gemeinsam beheben konnten. Es gab aber doch viele Gespräche, in denen sie mir sehr verwirrt erschien, in denen die berichteten Begebenheiten keinen Sinn ergaben. Wenn ich sie mal nicht erreichen konnte, machte ich mir Sorgen, die sich erst lösten, wenn ich sie dann endlich, manchmal Stunden später, an der »Strippe« hatte. Vermutlich hat sich einiges zugetragen, was uns Kindern völlig entgangen ist. Im Stillen wussten wir, dass es nur noch eine Frage von kurzer Zeit war, wann sie nicht mehr allein im eigenen Haus leben konnte. Ihr Ein und Alles war aber ihr Garten, von dem sie sich freiwillig nie getrennt hätte. Wenn sie hinten im Garten fertig war, stand vorne neu gewachsenes Unkraut, und der Kreislauf begann von neuem…

Verschiedene Seniorenheime waren rein vorsorglich besichtigt worden; von manchen war sie angetan, hat das »Projekt« aber immer lächelnd beiseite- und hinausgeschoben. Und dann geschah es; genau an ihrem 88. Geburtstag. Wir Töchter waren in separaten Autos unterwegs zu ihr. Als ich in die Straße zu ihrem Haus einbog, sah ich mitten vor ihrer Einfahrt einen Krankenwagen mit geöffneten Türen stehen – ein Anblick, der mich in den kommenden neun Monaten begleiten sollte. Mein Herz raste. In Panik bin ich ins Haus gestürzt. Sie lebte Gott sei Dank, war aber schwer gestürzt. Es folgten vier Wochen Krankenhausaufenthalt, in dessen Verlauf unter anderem fortgeschrittene Demenz vom Typ Alzheimer diagnostiziert wurde. Nun war Handeln angesagt. Allein im Haus konnte sie nicht mehr sein. In diesen vier Wochen musste eine Wohnung in einem Seniorenheim in Hannover gefunden, der Haushalt aufgelöst, die ihr liebsten Möbel und Gegenstände dorthin verfrachtet, die neue Wohnung eingerichtet werden.

Pünktlich zum Tag der Entlassung aus dem Krankenhaus wartete eine süße kleine Wohnung auf sie, die ganz ihrem Stil entsprach, ihr auch sehr gefiel, aber sie betrachtete das Ganze als eine Art Kur-Domizil, Sanatoriumsaufenthalt oder Ähnliches, in jedem Fall nur als eine vorübergehende Lösung. Sie, die bis kurz zuvor selbst gewirtschaftet, selbst eingekauft, selbst gekocht und Gäste bewirtet hatte, konnte sich weder an die Leistungen des Seniorenheims gewöhnen, mit Mahlzeiten im Speisesaal, Beschäftigung in kleinen Gruppen, Betreuung durch Hausdamen, noch mit dem kulturellen Angebot des Hauses etwas anfangen. Getrieben von (Alzheimer-)Ruhelosigkeit war sie ständig unterwegs, hielt es an keinem Platz lange aus, telefonierte anfangs nahezu ununterbrochen mit uns, ihren Kindern. Der einzige Ort, wo sie zur Ruhe kam, war, wenn eine der Hausdamen sie in die wöchentliche Andacht brachte. Das war ihr vertraut, die Bibeltexte, die Lieder, der sonntägliche Kirchgang, das war ihr selbstverständlich, war immer fester Bestandteil ihres Lebens gewesen.

Ihre geistige Verfassung, ihre Befindlichkeit änderten sich von Tag zu Tag. Da wir drei Kinder – meine Schwester, mein Bruder und ich – uns mit den Besuchen abwechselten und einander jeweils durch Berichten auf neuestem Stand hielten, trafen häufig die gegensätzlichsten Schilderungen aufeinander. Der eine erlebte sie vergnügt, humorvoll, unternehmungslustig; die andere sie tief deprimiert, unzufrieden, verzweifelt. Das Gestern war in ihrem Bewusstsein immer sofort ausgelöscht.

Oft war die Begrüßung: »Schön, dass du endlich da bist! Wie hast du mich hier gefunden?« Auch konnte sie, wenn ich oder meine Schwester mehrmals am Tag zu ihr kamen, uns jedes Mal freudig neu begrüßen und wusste von den vorangegangen Besuchen nichts mehr.

Mal strahlte sie, war guter Dinge, mal apathisch, verwirrt. Manchmal jammerte sie, dass sie ganz allein sei und niemanden zum Reden habe, aber am Umgang mit den anderen Hausbewohnern spürten wir, dass sie durchaus aktiv auf einige zugegangen war, sie kannte und erkannte, hier und da ein Schwätzchen hielt. In ihrem Kopf war aber eben nichts mehr von Dauer. Nur das Jetzt und das Miteinander waren für sie wichtig und gleich danach wieder vergessen. Für ihre Enkel, besonders meine Söhne, war diese veränderte »Omi« schwer auszuhalten. Sie wussten oft nicht, wie sie mit ihr sprechen sollten; sie waren hilflos, wenn es darum ging, ihre Fragen wieder und wieder kurz und einfach zu beantworten. Auch mir fiel das Akzeptieren der geistigen Veränderungen und später dann auch der körperlichen Einschränkungen manchmal sehr schwer.

Plötzlich gab es große Wasseransammlungen im Körper, ein Zeichen, dass das Herz nicht mehr das leisten konnte, was es sollte. Ich rebellierte, indem ich mit der behandelnden Ärztin über die Medikation sprach, mit dem Pflegepersonal über verbesserte Betreuung und letztlich immer wieder mit meinen Geschwistern. Vieles von meinem Kummer mussten sie auffangen, sie und ganz besonders eine Freundin, die sich geduldig immer wieder anhörte, wie es mir bei und mit meiner Mutter ergangen war. Und immer wieder fielen Worte wie akzeptieren, aushalten, loslassen…

Theoretisch wusste ich ja, dass mein Loslassen auch ihr helfen würde loszulassen. Und doch hat es mich innerlich immer neu zerrissen. Äußerungen der Ärztin: »Erfüllen Sie ihr jeden Wunsch. Unternehmen Sie mit ihr alles, wozu sie Lust hat«, waren eigentlich Signal genug. Aber wahrhaben wollte ich es nicht, dass da ein Leben zu Ende ging.

Immer häufiger ereigneten sich »Unfälle«, dass sie gestürzt war und über heftige Schmerzen klagte, dass sie reglos vor ihrem Bett liegend aufgefunden wurde. Und da die medizinische Kompetenz des Pflegepersonals zur Beurteilung solcher Situationen nicht ausreicht, wurde zuerst der Notarzt, dann der Krankenwagen gerufen und sie in ein Krankenhaus eingeliefert. In eine solche Situation gerieten meine Söhne, als sie ihre Großmutter besuchen wollten und stattdessen dem Krankenwagen nachgefahren sind, um im Krankenhaus als Angehörige Rede und Antwort zu stehen. Völlig verstört und hoffnungslos überfordert kamen sie nach Hause.

Nach jedem dieser – wenn auch kurzen – Krankenhausaufenthalte war meine Mutter ein wenig verzweifelter über ihren Zustand. Und die zur Ruhigstellung verabreichten Medikamente hinterließen ihre Spuren.

Wie oft habe ich in dieser Zeit meinen ganzen Haushalt umkrempeln, meine Arbeit hinwerfen und sie zu uns holen wollen! Wie sehr habe ich mir gewünscht, meiner Mutter ein Sterben zuhause zu ermöglichen. Aber die Realität des Angewiesen-Seins auf mein Gehalt, auf das Einkommen meines Mannes aus seiner selbständigen Arbeit, die im Wesentlichen von zuhause aus erfolgt, haben mir immer wieder schmerzlich bewusst gemacht, dass die Diskrepanz zwischen Wunsch und Machbarkeit unüberbrückbar ist.

Immer wenn ich die Bürotür hinter mir zugezogen hatte, um nach der Arbeit auf dem Heimweg zu meiner Mutter zu fahren, überfiel mich ein banges Gefühl: Wie wirst du sie heute antreffen? Bei jedem Besuch der letzten Zeit galt mein erster ängstlicher Blick der Zufahrt zum Seniorenheim: Krankenwagen? Und wenn ja, wem galt er? Auf dem Weg in ihr Apartment habe ich immer Kontakt zum Pflegepersonal oder doch zumindest deren Blick gesucht, damit ich Informationen sofort erhielt, um nicht erst eine leere Wohnung vorzufinden und dann panisch auf die Suche zu gehen. Und die Spannung löste sich erst, wenn ich meine Mutter unbeschadet vorfand.Traf ich sie schlafend in ihrem Apartment an, und sie hatte mich nicht kommen gehört, war dieser Schlaf meistens so lautlos und tief, dass ich ganz oft »Schlafes Bruder« gedacht und erleichtert aufgeatmet habe, wenn sie sich dann regte. Oft habe ich sie wach gestreichelt, ihre blauen kalten Hände massiert, bis der Kreislauf wieder in Schwung kam und sie warm wurden.

Das Auf und Ab des krankheitsbedingten Verhaltens ließ uns alle Wechselbäder der Gefühle durchleben: vom Verzweifeln, über Hoffen auf Besserung, zum Akzeptieren des Ist-Zustandes, zum Begreifen des Vergehens. Für meinen Bruder war dieses Erleben ganz besonders schmerzlich, hatte er doch gerade über einen Zeitraum von vier Jahren seine Frau in ihrer Krebserkrankung begleitet und aufopfernd bis zur letzen Sekunde gepflegt. Seine Kraftreserven waren mehr als erschöpft, und zum Luftholen blieb ihm keine Zeit. Seine Einschätzung von Veränderungen erschien mir immer negativ und war doch nur erfahren, realistisch.

Und doch gab es immer wieder auch überraschende Momente in der letzten Lebensphase meiner Mutter: Mit unglaublichem Einfühlungsvermögen erfasste sie bis fast zuletzt alles Atmosphärische, alle Gefühlslagen und Situationen und traf mit wenigen Worten immer mitten ins Schwarze. Genau genommen war es nicht ein großer Tod, sondern es waren viele kleine Abschiede. Fast jeder Tag brachte neue Einschränkungen, ließ uns erkennen, dass der Körper manche Funktionen nicht mehr erbringen konnte, der Bewegungsradius enger wurde und unsere Zeit mit ihr andere Formen annahm.

In mir entstand in diesen Monaten etwas, was meine Kinder fälschlicherweise als Todessehnsucht bezeichneten. Nein, das war es nicht; es war eher ein »bedenke das Ende!«. Auf dem Boden von Enttäuschung über die eigene Ohnmacht, Schmerz und Traurigkeit wuchsen in mir Gedanken, die auf meinen eigenen Tod gerichtet waren, und in mir wurde klar und deutlich, was ich meinen Angehörigen einmal ersparen, wie ich vorsorgen, was ich nicht über mich ergehen lassen wollte. Die völlig vertauschten Rollen, die Hilflosigkeit einer Mutter, die alle Hoffnungen und Erwartungen in ihre Kinder setzt, gaben mir das Gefühl, schlagartig zu altern und zu den übrigen eine neue schwere Last auf den Schultern zu tragen.

Nun gehörte meine Mutter nicht einer Generation an, die beherzt alle Themen deutlich aussprach. Vieles war ausgeklammert, tabu. So auch der Tod. Es gab keine Gespräche über ihn. Aber in ihrem Leben, ihrer Lebenshaltung war sie so eindeutig, so unmissverständlich, dass in uns Geschwistern völlige Klarheit darüber herrschte, wie sie es gewünscht haben würde. So war klar, dass nur das »Dennoch bleibe ich stets an dir…« Bibelwort (Psalm 73, 23f) über ihrer Todesanzeige stehen konnte, welche Lieder sie gern gesungen hat, welche Blumen allein ihren Sarg schmücken konnten, wer die Traueransprache halten sollte, bis hin zum Wo und Wie des »Leichenschmaus«.

Ihr Handeln war seit geraumer Zeit auf das Ende gerichtet. Noch in ihrem Haus hatte sie den Dachboden aufgeräumt, überflüssige Papiere »ausgemistet« (damit diese Arbeit nicht eines Tages für uns bliebe), hatte wichtige Familiendaten zusammengetragen, ja sogar die Kinderfotos an die jeweils Interessierten aufgeteilt. Aber selten hat sie von ihrem Tod gesprochen. Während ihres letzten Krankenhausaufenthaltes kam, als die Ärzte sie in die Pflegestation des Seniorenheims entlassen wollten, plötzlich eine Infektion hinzu, der ihr Körper nicht mehr gewachsen war. Fast könnte man sagen, dass sie sich in ein gnädiges Fieber geflüchtet hatte. In den Tagen zuvor hatte sie noch jeden von uns erkannt, mit Namen angesprochen. Nun sprach sie aber auch zu ihrer Mutter und ihrer jüngst verstorbenen Schwiegertochter, als würde sie sich ihnen nähern; als wäre sie mit einem Fuß bereits dort, bei denen, die sie in Kürze wiedersehen würde. Und am letzen Tag, als Sprechen nicht mehr ging, war ihr Blick ganz klar. Es war, als würde sie jeden Einzelnen mit den Augen lange festhalten. Ich empfand es wie eine stumme Zwiesprache, als wollte sie mit ihren warmherzigen, großen braunen Augen, die mitten ins Herz schauten, alle Kraft, all ihre Güte, ihre – für mich unerreichbare – unendliche Geduld in vielen Dingen des Alltags und auch ihren Enkeln gegenüber, wie ein Vermächtnis an mich weitergeben. Diesen Augen-Blicken konnte ich abspüren, dass für sie nun alles gut sei, dass sie in Frieden gehen könne. Eigentlich war dies unser Abschied.

Als wir um das Grab herum standen, um dieses Meer von rosa Rosen und violetten Lysianthus, überkam mich ein Gefühl unendlicher Leere. Da war niemand mehr, zu dem ich jederzeit mit meinem Kummer kommen konnte, dessen Mitgefühl mir sicher war, dem mein Wohl Vorrang hatte vor allen anderen Dingen, der rückhaltlos zu mir hielt, bei dem ich einen unerschöpflichen Bonus hatte. Und nun war ich für meine Familie »letzte Instanz« in allen irdischen Dingen geworden. Ich fühlte mich mit dem Rücken an der Wand, ja, ich fühlte mich verwaist…

Dieses Kapitel scheint mir eines der wichtigsten in diesem Buch. Den Tod eines Menschen erleben, verkraften, gehört zu den tiefsten Erfahrungen des Lebens.

841 686 Menschen sterben jedes Jahr in unserem Land, 210 000 davon an einer Krebserkrankung. 50 Prozent sterben in Krankenhäusern, 25-30 Prozent in Alten- und Pflegeheimen. Mir ist wichtig, dass wir darüber sprechen, um mit den Ängsten umgehen zu lernen. Nur so holen wir das Sterben in das Leben hinein und können damit für die Würde der Sterbenden und der Toten Sorge tragen. So lernen auch wir, die Tiefe des Lebens wahrzunehmen und die Begrenztheit unseres eigenen Lebens zu erkennen.

Simone de Beauvoir erzählt in »Ein sanfter Tod«, wie sie vom Sterbebett ihrer Mutter nach Hause kommt, und ihr Lebensgefährte, Jean Paul Sartre, sagt: »Du siehst aus wie deine Mutter.« Es stimmt: mit dem Tod anderer lernen wir auch uns selber und unsere Fundamente besser kennen. Der Abbau von Angst kann auch durch Erfahrung und Rituale erfolgen, die wir wieder zugänglich machen sollten. Vor allem aber gelingt er durch die Öffnung für das Reden über Leben, Tod und Auferstehungshoffnung.

Ein alter Text aus dem Buch Jesus Sirach (38, 16-24) rät bis heute tiefgründig:

»Von der Trauer um einen Toten
16 Mein Kind, wenn einer stirbt, so beweine ihn und klage wie einer, dem großes Leid geschehen ist, und verhülle seinen Leib, wie es ihm zukommt, und bestatte ihn mit Ehren.
17 Du sollst bitterlich weinen und von Herzen betrübt sein und Leid tragen, wie er es verdient hat,
18 etwa einen Tag oder zwei, damit man nicht schlecht von dir redet; und tröste dich auch wieder, damit du nicht allzu traurig wirst.
19 Denn vom Trauern kommt der Tod, und die Traurigkeit des Herzens schwächt die Kräfte.
20 In der Anfechtung bleibt die Traurigkeit, und ein Leben in Armut tut dem Herzen weh.
21 Lass die Traurigkeit nicht in dein Herz, sondern weise sie ab und denk ans Ende und vergiss es nicht;
22 denn es gibt kein Wiederkommen. Du hilfst ihm nicht, und dir tust du Schaden.
23 Denke daran: wie er gestorben, so musst du auch sterben. Gestern war's an mir, heute ist's an dir.
24 Weil der Tote nun seine Ruhe hat, so höre auch du auf, ihn zu beklagen, und tröste dich wieder, weil sein Geist von ihm geschieden ist.«

Angst um die Kinder

Werft euer Vertrauen nicht weg! (Hebr. 10,35)

Alle Eltern kennen dieses Gefühl: Was, wenn etwas passiert ist? Ich erinnere mich an viele Situationen. Einmal war meine älteste – und damals einzige – Tochter, drei Jahre alt, mit Bekannten zu einer Faschingsfeier für Kinder gefahren. Es hatte angefangen zu schneien und sie kamen nicht zur angekündigten Zeit. Das war noch lange vor dem Zeitalter der Handys... Ich hatte eine Angst, die mir fast die Kehle zugeschnürt hat. Und konnte nichts tun. Warten und Angst haben. Als sie endlich, endlich kamen, war mir meine Angst fast peinlich, ich habe nichts davon erzählt. Nur war da diese tiefe Dankbarkeit: sie ist heil zu Hause.

Und wenn sie nicht nach Hause kommen wie Jakob von Metzler in Frankfurt 2002? Oder wenn Eltern und Geschwister immer noch in Angst und Unsicherheit leben, was denn passiert ist, wie die Familie der kleinen Levke aus Cuxhaven in diesem Jahr? Wie ertragen die Eltern die Angst, die Vorstellung, was passiert sein könnte, das Nicht-Wissen und schließlich das Wissen? Die Angst um die Kinder lässt eine Mutter nie los, das ist wohl kaum eine Frage des Alters. Ich sehe auf dem Bildschirm die japanische Mutter, deren Tochter in der Hand irakischer Terroristen ist. Entsetzliche, sehr, sehr reale und berechtigte Angst. Aber es gibt eben auch diese Angst, die wir nicht begründen können, dieses Gefühl, das plötzlich ganz stark werden kann, etwa wenn sie nicht rechtzeitig zurück kommen, wenn sie im Ausland sind. Manchmal habe ich lange Zeit gar keine Angst. Meine Töchter konnte ich immer gut gehen lassen, loslassen, hinaus in die Welt ziehen sehen. Aber dann kommt sie plötzlich, die Angst, nicht vorhersehbar.

Gerade der Verlust eines Kindes ist für Eltern entsetzlich. Da gibt es so viel Liebe für dieses Kind und dann wird ein Leben so jung zerstört, durch einen Unfall, durch eine Krankheit. Die Initiative »verwaiste Eltern« hat darauf hingewiesen, dass diese Umkehrung der Generationenfolge beim Sterben wohl diesen Schmerz noch zusätzlich verschärft. Sie bietet Betroffenen eine Plattform für den Austausch, das Gespräch. Mit dem Tod des eigenen Kindes lebt es sich schwer. Und doch will das Leben gelebt werden. Und da ist es wichtig, dass wir die Hoffnung auf die Auferstehung kennen und auch Rituale des Erinnerns und Gedenkens einüben. Eines, das mich sehr berührt hat, ist der Zweig, der aus dem Weihnachtsbaum der Familie herausgeschnitten und am Heiligen Abend auf das Grab des Kindes gelegt wird. So ist bei diesem besonderen Fest für die Familie einerseits die Lücke nicht geleugnet, sondern erkennbar. Am Grab des Kindes befindet sich ein Zeichen der Teilhabe an der Freude über die Geburt des Gotteskindes. Und andererseits darf das Fest für die Lebenden aber auch ein Fest sein, bei allem Erinnern.

Mir hat Gottvertrauen mit Blick auf die Kinder immer geholfen. In der Taufe vertrauen wir sie Gott an. Das setzt sie nicht unter eine große Käseglocke von Sicherheit. Aber sie sind doch Teil von Gottes Welt, die größer und weiter ist als alles, was wir sehen und erkennen. Ich als Mutter oder Vater bin nicht die oder der einzige, von der ihr Leben und Sein abhängig ist. Sie gehören zu einer großen Gemeinschaft. Glaube meint ja das Vertrauen in Gott, das Gefühl von Geborgenheit in dem Segensraum Gottes. »Werft euer Vertrauen nicht weg!« (Rö 10, 35), schreibt der Apostel Paulus. Das ist ein wunderbarer Satz. Fühlt euch gehalten vom Vertrauen in Gott. Vertraut euch und eure Kinder Gott an! Vollkommen schützen können wir sie nicht. Wir müssen ihnen Freiheit geben. Die finden wir, wenn wir sie von Gott gehalten wissen in diesem Leben und darüber hinaus.

Dieses Kapitel sollte eigentlich wesentlich länger werden. Aber: Menschen dazu zu bringen, über ihre Angst um die Kinder zu schreiben, erwies sich als fast unmöglich. Manche wollten schreiben, viele hatten Angst genau davor: Was, wenn ich darüber schreibe und es gibt eine Art self-fulfilling prophecy, eine sich selbst erfüllende Prophezeiung? Habe ich die Kraft über diese Angst zu schreiben? Ich denke etwa an Gertraud Knoll, ehemalige österreichische Superintendentin des Burgenlandes. Sie findet zur Zeit schlicht die Kraft nicht, darüber zu schreiben, wie sie sich fühlte, als sie kandidiert hat für das Amt der österreichischen Bundespräsidentin und Drohbriefe gegen ihre Familie erhielt. Ich kann das gut verstehen. Es ist infam, Menschen über ihre Kinder zu bedrohen. Sie werden sich immer schuldig fühlen. Ich denke, alle Eltern würden eher selbst der Konfrontation mit vermeintlichen Tätern entgegen sehen, als ihre Kinder dem ausliefern. Solche Täter sind zudem feige. Sie wenden sich nicht direkt an das Objekt ihres Zorns oder Hasses, sondern versuchen es über einen Umweg zu treffen.

Marc Dutroux, der in Belgien sechs Mädchen verschleppte und in einem Kellerloch versteckte, von denen vier starben, von denen wiederum zwei elendiglich verdursteten und verhungerten, ist dabei wohl der Alptraum aller Eltern. Kinder verschleppen, vergewaltigen, verhungern lassen – das Ausmaß des Leidens dieser Eltern, es kann im Prozess in diesen Tagen nur erahnt werden. Was die Opfer sexueller Gewalt, von Vergewaltigung und Missbrauch erleiden, kann dabei in diesem Zusammenhang gar nicht aufgegriffen werden. Aber die Angst der Eltern, die Angst von Vätern und Müttern, die soll zumindest als ganz eigene Variante der Angst angesprochen werden. Wenn du nicht schützen kannst, was du schützen willst, weil es so verletzbar ist, was tust du dann? Schottest du ab, schließt du weg oder gibst du frei?

Noch schlimmer, falls es überhaupt eine Steigerung von Grauen gibt, sind jene Eltern getroffen, deren Kinder verschwinden, ohne dass sie herausfinden können, was mit ihnen geschehen ist. Vor vielen Jahren habe ich die Mütter von der Plaza de Mayo in Argentinien besucht. Viele versuchen noch heute herauszufinden, was mit ihren Kindern geschah oder auch wo ihre Enkel abgeblieben sind. Sie können nicht schlafen, sie suchen und ringen, ihre Seele findet keine Ruhe.

Schließlich gibt es eine Angst um die Kinder, die nicht emotionaler, sondern grundsätzlicher Natur ist. Wie soll denn ihre Zukunft aussehen? Besonders verletzbar sind dabei Eltern behinderter Kinder, die Angst haben, wie ihre Kinder eines Tages leben können, wenn sie selbst nicht mehr in der

Lage sind, Vorsorge zu treffen. Solche Eltern treffe ich immer wieder, etwa bei Festen in Behinderteneinrichtungen.

Ihre Angst ist auch die Sorge: Wie lange trägt meine Kraft? Wenn ich nicht mehr bin, wer wird für sie sorgen, für ihre Würde eintreten. Gerade hier ist es wichtig, dass unsere Gesellschaft die Solidarität nicht auf der Strecke lässt! Wer gegen Abtreibung, pränatale Diagnostik, Screening argumentiert, muss Eltern behinderter Kinder ganz konkret beistehen.

Und schließlich sind Bücher gefüllt von den Ängsten der Kinder selbst. Viel zu oft werden sie ignoriert und Kindheit wird idealisiert.[4] Erich Kästner schreibt in seinem Vorwort zu »Das fliegende Klassenzimmer«: »Wie kann ein erwachsener Mensch seine Jugend so vollkommen vergessen, dass er eines Tages überhaupt nicht mehr weiß, wie traurig und unglücklich Kinder zuweilen sein können? (Ich bitte euch bei dieser Gelegenheit von ganzem Herzen: Vergesst eure Kindheit nie!...) – Es ist nämlich gleichgültig, ob man wegen einer zerbrochenen Puppe weint, oder weil man, später einmal, einen Freund verliert. Es kommt im Leben nie darauf an, worüber man traurig ist, sondern nur darauf, wie sehr man trauert. Kindertränen sind, bei Gott, nicht kleiner und wiegen oft genug schwerer als Tränen der Großen.«[5] Diese Erfahrungen wie auch die Traumata, die durch Gewalterfahrungen und sexuellen Missbrauch in der Kindheit ausgelöst werden, können hier nicht angemessen reflektiert werden.

So soll das Thema lediglich als ganz eigener Komplex der Angsterfahrung genannt und durch einen Beitrag grundsätzlicher Art bearbeitet werden.

Die niedersächsische Ministerin für Frauen, Familie, Jugend und Gesundheit, Dr. Ursula von der Leyen, selbst Mutter von sieben Kindern, schreibt dazu:

Ursula von der Leyen

Welche Eltern hätten nicht Angst um ihre Kinder! Kinder sind der größte Reichtum, den es auf dieser Welt gibt und scheinen so verletzlich, so schutzbedürf-

---

4 Vgl. Wilfried Härle, Was haben Kinder in der Theologie verloren? Jahrbuch für Kindertheologie. Calwer-Verlag, S. 13ff.

5 Erich Kästner, Das fliegende Klassenzimmer, 1933 (1998/154. Aufl), S. 14ff.

tig. Die Liebe der Erwachsenen zu ihnen ist so groß, dass Väter und Mütter bereit sind, alles dafür zu tun, sie vor Gefahren zu bewahren und für das Leben zu rüsten. Sie bemühen sich, die Kinder zu starken Persönlichkeiten heranzuziehen, die auch einmal Niederlagen wegstecken können. Sie versuchen den Kindern Kraft zu geben, standhaft »nein« zu sagen, wenn es darum geht, der Verführung zum Beispiel durch Drogen zu widerstehen. Sie wollen den Kindern einen großen Vorrat an Fröhlichkeit mitgeben, damit sie davon in schweren Zeiten zehren können. Die Erziehung zielt letztlich darauf ab, sich im Leben zurecht zu finden, auch mit den damit verbundenen Gefahren umgehen zu können.

Die Sorge und die Angst um die Kinder gehören zur natürlichen Grundausstattung des Menschen. Ohne sie würden Gleichgültigkeit und Lieblosigkeit unsere Welt dominieren. Aber wir wissen auch: Wer ständig auf die Bedrohung wartet, ohne zu wissen, wann und in welcher Form sie möglicherweise eintritt, der lähmt sich selbst. Ein kluger Mann sagte einmal: »Ängstlichkeit nimmt nicht dem Morgen seine Sorgen, aber dem Heute seine Kraft.« Wir dürfen deshalb als Eltern nicht den Fehler machen, die Kinder buchstäblich »in Watte zu packen«. Kinder sind impulsiv und temperamentvoll. Das müssen sie ebenso leben können wie sie lernen müssen, mit Risiken umzugehen und Grenzen auszutesten. Dazu brauchen sie eine mit dem Alter wachsende Freiheit und vor allem das Gegenstück von Angst, nämlich Vertrauen der Eltern. Vertrauen macht stark. Die Stärke der Kinder reduziert die Angst der Eltern.

Sorge macht mir, dass unser Lebensumfeld immer weniger auf Kinder eingestellt ist und Gefahren in sich birgt, die nicht vorhanden sein müssten. In vielen Städten ist der Raum für freies, weitgehend uneingeschränktes Spielen viel zu stark eingeschränkt und mit Gefahren behaftet. Erwachsene sollten einmal mit den Augen eines Kindes durch die Stadt gehen. Man glaubt gar nicht, was man alles entdeckt, was für Kinder eine Gefahr darstellen kann.

Wir brauchen ein Umdenken, das die Bedürfnisse der Kinder wieder mehr in den Mittelpunkt stellt. Ich will nur ein Beispiel nennen: Kinder drückten aus Spaß ab und zu auf den Ampelknopf auf einer viel befahrenen Straße. Der Autoverkehr war deshalb gezwungen anzuhalten. Die Folge: Man hat die Knöpfe einfach höher gesetzt, damit Kinder sie nicht mehr erreichen können. Da drängt sich doch die Frage auf, was wichtiger ist, ob die Autos einmal mehr anhalten oder ob ein Kind gesichert über die Fahrbahn gehen kann. Hier bedarf es noch sehr viel an Bewusstseinsbildung. Es darf nicht sein, dass erst dann etwas geschieht, wenn schreckliche Unfälle passieren. Das verkehrsgerechte Kind wird es nicht geben. Deshalb müssen wir den Verkehr kindgerechter gestalten.

Als Eltern und Erwachsene können wir viel tun, um die Gefahren für Kinder und damit die eigene Angst um sie zu mindern. Dennoch sind wir vor Schicksalsschlägen nicht gefeit. Immer wieder kann es passieren, dass Unfälle geschehen oder Krankheiten uns treffen. Als Kind habe ich miterlebt, wie meine Schwester an einer tödlichen Erkrankung starb. Es war für meine Eltern ebenso wie für uns Geschwister sehr schwer, dieses geliebte Familienmitglied gehen zu lassen. Wir fühlten die Ohnmacht und Hilflosigkeit gegenüber den Schmerzen und dem Tod. Aber wir haben auch inmitten der Angst vor dem Tod die Stärke der Liebe und der Hoffnung gespürt. Liebe, die es ermöglicht, die verbleibende Zeit vor dem Tod in aller Tiefe gemeinsam auszukosten. Und Hoffnung, durch die gerade Christen wissen, dass der Tod nicht die letzte Antwort ist. Es gibt eine Hoffnung, die darüber hinausreicht. Sie ist zugleich Trost und Quelle der Kraft. »Fürchtet Euch nicht«, sagt Gott. Das ist die Aufforderung, Vertrauen zu haben, das Leben mutig anzugehen und fröhlich nach vorn zu blicken.

Ja, fürchtet euch nicht. Das ist wahrscheinlich die Lebenszusage Gottes, die wir brauchen. Mir hat immer eingeleuchtet, dass diese Formulierung sozusagen die Visitenkarte der

Engel in der Bibel ist. Und es ist trostreich, dass wir den Engeln, denen, die Gottes Gegenwart in unserer Welt symbolisieren, unsere Kinder anvertrauen dürfen. Es gibt Schutzengel. Aber es gibt eben auch das Böse in der Welt. Wer Söhne und Töchter hat, weiß in besonderer Weise um die Verletzbarkeit des Lebens. Umso wichtiger ist das Gottvertrauen, in dem wir leben dürfen.

Angst vor dem sozialen Aus

Wer will uns scheiden von der Liebe Gottes? Trübsal oder Angst oder Verfolgung oder Hunger oder Blöße oder Gefahr oder Schwert? (Rö 8,35)

Als ich vor einigen Jahren auf dem Deutschen Psychotherapeutenkongress in Aachen über das Thema »Mitte des Lebens« gesprochen habe, sagte in der Diskussion eine Therapeutin, es sei für sie wichtig gewesen zu hören, dass die Kirche Menschen in Krisen noch auf andere, größere Zusammenhänge verweisen könne als auf das eigene Selbst als einzigen Resonanzboden... Das hat mich sehr nachdenklich gemacht. Genau das ist wohl die Stärke des christlichen Glaubens: Nichts kann mich scheiden von Gottes Liebe. Auch nicht die Angst. Ja, selbst in Erfahrungen der Gottverlassenheit kann ich mich an Gott wenden. Was zunächst unlogisch klingt, ist doch die Erfahrung vieler Glaubenden.

Für mich ist gerade die Rechtfertigungslehre von entscheidender Bedeutung. Ob ich obdachlos bin oder reich, ob schwerstbehindert oder ein wunderschönes Model – vor Gott bin ich ein geliebter Mensch, eine Person, die in ihrem Antlitz etwas von Gott selbst widerspiegelt, liebenswert ist. Das ist die vielleicht wichtigste Botschaft, die unsere Kirche in die Welt zu sagen hat.

Arbeitslosigkeit ist heute für viele Menschen eine unmittelbare Bedrohung. Weit mehr als vier Millionen Menschen in unserem Land finden keine Erwerbstätigkeit. Viele von ihnen sind völlig verzagt, sehen keine Perspektive für ihr Leben, fühlen sich überflüssig und sinnlos. Ihre Würde ist angegriffen. Ein Mann, der selbst über Monate mit der Furcht vor Arbeitslosigkeit für sich und seine Mitarbeiter leben musste, beschreibt seine Situation. Die Krise ist heute – vorerst – bewältigt, und dennoch schreibt er lieber unter einem Pseudonym: Wolfgang Wohlfahrt. Die Geschichte ist verfremdet, doch die Gefühle, die beschrieben werden, sind authentisch. Die Angst bleibt für ihn bedrängend...

Wolfgang Wohlfahrt

»Papa, guck mal, was ich gemalt habe.« Annika kommt freudestrahlend im Flur mit einem kunterbunten Bild in der Hand angelaufen. Sie muss schon gewartet haben, denn ihre kleinen Füße patschten schon über den Flur, als Wolfgang Wohlfahrt gerade erst den Schlüssel in das Loch stecken wollte.

Der 40-Jährige stellt seine Tasche ab, steckt Schlüssel und Handschuhe in die Manteltasche und nimmt seine Kleine erst einmal auf den Arm. Ein bisschen Knuddeln, das tut jetzt gut. Er vergräbt sein Gesicht in die Halsbeuge seiner jüngsten Tochter, atmet tief durch. »Bloß nichts anmerken lassen«, mahnt er sich. Dann lehnt er sich zurück, um das Bild zu betrachten.

Aus dem Wohnzimmer kommt inzwischen ein Räuspern. »Du bist aber heute schon früh da«, wundert sich Karin. Sie legt die Zeitung aus der Hand. Wolfgang Wohlfahrt beugt sich zu seiner Frau herunter, schmatzt ihr einen herzhaften Kuss auf die Lippen und murmelt etwas von »lohnte sich nicht mehr, noch einmal zurück zu fahren.« Dann dreht er sich schnell um. Wie gut, dass er noch den Mantel nicht abgelegt hatte. Das gibt ihm die Chance, auf dem Weg zur Garderobe sich noch einmal zu sammeln. Denn eigentlich ist ihm zum Heulen zumute.

Dabei hatte der Tag ganz ordentlich begonnen. Im Büro hatte ihn die Sekretärin mit einem freundlichen Gruß empfangen und auf die jüngsten Bilanzzahlen aufmerksam gemacht. Nach einer Durststrecke von gut drei Jahren deutete sich erstmals ein Ende schwindender Umsätze an. »Herr Wohlfahrt, ich glaube, wir haben die Talsohle durchschritten«, jubelte die erfahrene Bürokraft, die schon den dritten Chef miterlebt hat. Beim ersten hatte Helga Sohns kaum mehr zu tun, als Telefonate zu vermitteln und Briefe zu schreiben. Beim zweiten wurde vor allem ihr Talent gefordert, immer wieder neue Ausreden zu finden, warum ihr Chef gerade nicht erreichbar oder ansprechbar war. Aber dieser Chef hatte es erstmals verstanden, ihre Fähigkeiten herauszufinden und zu nutzen.

Wolfgang Wohlfahrt war dann die Bilanzen selbst durchgegangen. Tatsächlich konnte man darin eine positive Entwicklung sehen. Sicher, noch immer schrieben sie rote Zahlen. Aber sie waren schon deutlich geschrumpft. Und wenn im zweiten Halbjahr der neue Lieferant die zugesagten Preise einhält, ohne an der Qualität zu sparen, dann stünden erstmals den kaum noch zu steigernden Einnahmen niedrigere Herstellungskosten gegenüber. Schwarze Zahlen waren also in Aussicht.

Wolfgang Wohlfahrt ballte die rechte Faust. »Geschafft!« Vor drei Jahren hatte er den Job übernommen mit dem Ziel, die Abteilung betriebswirtschaftlich gesunden zu lassen, ohne den sonst üblichen Weg zu beschreiten: Personal kündigen, Entwicklung outsourcen, Qualität auf das Mindestmaß beschränken – Hauptsache, die Kosten sinken! Er hatte versucht, seine Abteilung neu zu motivieren. Und selbst altgediente Ingenieure, die schon ihre Rente vor Augen hatten, fingen noch einmal an, ihre gewohnten Pfade zu verlassen, neue Ideen zu wagen. Ja, sie vergaßen auch schon mal den Feierabend, weil sie sich in eine neue Entwicklung »verliebt« hatten.

Mitten in diese Rückschau hatte das Telefon geklingelt. Das Display zeigte: Der Geschäftsführer. »Guten Morgen, Herr Junghans, was kann ich für Sie tun?«, hatte Wolfgang Wohlfahrt seinen Vorgesetzten noch fröhlich begrüßt. Doch der hatte wohl wieder einmal ein schlechtes Wochenende gehabt. »Kommen Sie doch mal rüber zu mir«, hatte Peter Junghans nur kurz gesagt und schon wieder aufgelegt.

»Ich bin mal drüben«, hatte Wolfgang Wohlfahrt beim Hinausgehen seiner Sekretärin zugerufen und die Augen verdreht. Helga Sohns hatte nur gegrinst. Wohlfahrts Blick verriet jedesmal, dass ihr Chef nicht gerade gern zum Geschäftsführer ging. Naja, das war ja auch ein »harter Hund«, wie man in der Firma hinter vorgehaltener Hand sagte. Nichts als Zahlen im Kopf und auch beim Betriebsfesten sehr auf Distanz bedacht.

»Auf nach Canossa«, hatte sich Wolfgang Wohlfahrt noch im Fahrstuhl halblaut selbst ermuntert. Dann hatte er das Vorzimmer von Peter Junghans Büro betreten. Von der Sekretärin keine Spur. Da auch keine Blumen auf dem Schreibtisch standen, vermutete der Abteilungsleiter Urlaub oder krankheitsbedingtes Fehlen. Wohlfahrt hatte an die Tür geklopft und war auf das kaum durch die dick gedämmte Tür zu hörende »Ja bitte« eingetreten.

Dann war alles sehr schnell gegangen. Kaum hatte Wohlfahrt Platz genommen, hatte ihm Junghans ein paar Wortfetzen an den Kopf geworfen. »Die Zentrale will schnelle Erfolge sehen. Wir können nicht länger warten, jetzt müssen Köpfe rollen.« Dabei hatte Junghans mit der Hand immer wieder auf ein Bündel Papier geklopft. »Das ist das Konzept 2005. Darin hat die Konzernspitze die Ziele für das kommende Jahr festgelegt. Der Aufsichtsrat hat dem schon zugestimmt. In drei Monaten sollen die Aktionäre darüber abstimmen. Aber was die wollen, ist ja klar: Shareholder value! Die Dividende im vergangenen Jahr lag unter fünf Prozent, niedriger als bei allen Mitbewerbern. Um wenigstens gleichzuziehen, müssen wir 20 Prozent unseres Personals abbauen. Da kann keine Abteilung verschont werden. Ich erwarte also von Ihnen bald Vorschläge.«

Wie er in sein Büro zurück gekommen ist, weiß Wolfgang Wohlfahrt schon nicht mehr. Aber er sieht die Gesichter seiner Mitarbeiter wieder vor sich. »Gibt‘s was Neues?« hatten sie gefragt. Und er hatte nur abgewiegelt. »Das übliche: Wir sollen doppelt so viel arbeiten und halb so viel Geld ausgeben.« Grinsend hatten sich die Kollegen wieder an ihre Arbeit gemacht. So konnten sie nicht sehen, wie Wolfgang Wohlfahrts Mundwinkel tiefe Furchen in sein sonst so jugendliches Gesicht gruben.

Nur Helga Sohns musste etwas gespürt haben. Sie war nicht wie sonst mit der Kaffeetasse zu einem kleinen Klönschnack herübergekommen. Sie wimmelte auch einige Anrufer ab, die nicht ausdrücklich nach »dem Herrn Wohlfahrt« verlangt hatten. Und sie hatte nur kurz den Kopf durch die Tür gesteckt, als sie mittags zur Pause gegangen war. »Wir sehen uns ja wohl heute nicht mehr«, hatte sie ihren Chef aus seinen Sorgen bei der Durchsicht der Personalakten aufgeschreckt. »Wie bitte?« – »Na, Sie fahren doch heute noch nach Braunschweig, um mit dem Computerfritzen zu sprechen!«

Wolfgang Wohlfahrt erinnerte sich natürlich, nur hatte er dieses technische Randproblem völlig verdrängt angesichts des bevorstehenden personellen Kahlschlags. Wie lange konnte er wohl die Entscheidung »von ganz oben« seinen Kollegen vorenthalten? Vielleicht bis Mittwoch, bis zur Abteilungsrunde. Ja, das wäre wohl der günstigste Termin – wenn man denn überhaupt von günstig sprechen darf, wenn sich fünf oder sechs verdiente Mitarbeiter ausrechnen können, dass sie in wenigen Monaten arbeitslos sein würden.

Noch bevor die Mittagspause zu Ende war, hatte Wolfgang Wohlfahrt sein Büro verlassen, ganz still und heimlich, ohne auch nur einem »seiner« Ingenieure noch einen flappsigen Spruch wie sonst üblich zuzuwerfen. An Essen hatte er gar nicht mehr denken mögen, sein Magen kam ihm vor wie zugeschnürt. Gerade wollte er in seinen Dienstwagen einsteigen, da kam der junge Kollege aus dem Controlling auf ihn zu, wie hieß er nur noch? »Na, so schnell müssen Sie das sinkende Schiff aber auch nicht verlassen«, brüllte er aus reichlicher Entfernung jovial über den Parkplatz. Dann hatte er sich lachend in sein Auto plumpsen lassen.

Wohlfahrt war erstarrt. Wie war jetzt das zu verstehen? Er hatte nur noch schnell seinen Mantel ins Auto geworfen und war noch mal zu dem etwas schnoddrigen Kollegen gegangen. »Wie, sinkendes Schiff?« – »Ja, wissen Sie denn noch nicht? Der Chef war ganz angetan von unserem Vorschlag, die Entwicklung komplett den Zulieferern zu überlassen. Mensch, sehn'ses positiv: Dann ham'se genug Zeit für ihre Familie und Haus und Garten.« Wie ein Hammer hatten diese Worte Wolfgang Wohlfahrt getroffen. Er hatte nur noch stumm zurücktaumeln können, als der »Controller« mit quietschenden Reifen vom Hof schoss.

Wenig später hatte sich Wohlfahrt in seinem Auto auf der Autobahn Richtung Osten wiedergefunden. Er war so im dichten Verkehr mitgezuckelt und hatte dafür seinen Gedanken freien Lauf gelassen. Sie kreisten immer wieder um die Worte »arbeitslos«, »pleite«, »Hypotheken«, »Familie«, »Kollegen«. Kurz vor Braunschweig hatte er sein Auto auf einen Parkplatz gelenkt, um bei der Computerfirma anzurufen, die ein neues Steuerungsprogramm für seine Abteilung entwickeln sollte. »Ich schaffe den Termin nicht mehr, stecke im Stau«, hatte er die freundliche Dame am Telefon angelogen, »ich melde mich nächste Woche wieder.«

Und dann hatte er fast zwei Stunden im Auto gesessen und gegrübelt. Arbeitslosigkeit war für ihn bis dahin immer nur ein abstrakter Begriff gewesen, verbunden mit Millionenzahlen in der Tagesschau oder Zeitung. Aber für ihn war es eine völlig abwegige Vorstellung. Nur, wenn seine Firma tatsächlich die Entwicklung outsourcen wollte, dann wäre seine Abteilung überflüssig, also wohl auch er. Na, vielleicht würden sie ihm ja eine andere Stelle im Betrieb oder wenigstens im Konzern anbieten. Er hatte sich ja schon einen guten Namen in den drei Jahren seiner Betriebszugehörigkeit gemacht. Aber wenn doch überall abgebaut werden soll, damit die Aktionäre wieder ordentliche Dividenden kassieren könnten?

Vielleicht müsste man denen nur mal deutlich machen, dass sich mit ein wenig Geduld die Firma wieder richtig in Schwung bringen ließe? Das Beispiel seiner Abteilung zeigte doch, dass auch altgediente Ingenieure noch Kreativität freisetzen können. Wenn man gemeinsam ein Konzept vorlegen könnte, dass auf beiden Seiten ein bisschen Entgegenkommen bedeutete, wären die Arbeitsplätze zu retten. Sicher, die Aktionäre würden auf ein paar Euro mehr verzichten müssen.

Aber auch die Mitarbeiter müssten nochmals »eine Kohle zulegen« und auf Zulagen wie Überstundenentgelt, Sonn- und Feiertagszuschläge etc. verzichten. Aber so könnten wenigstens etliche Familien weiterhin von ihrer Arbeit leben, nicht von der »Stütze«.

Je länger Wolfgang Wohlfahrt darüber nachgedacht hatte, umso mehr Gefallen hatte er an dieser Idee gefunden. Und er hatte sich Chancen ausgerechnet. Um keine Zeit zu verlieren, hatte er beim Geschäftsführer angerufen. »Herr Junghans, ich habe gehört, die Entwicklung soll ganz aufgegeben werden? Darüber müssten wir noch einmal reden, ich hätte da nämlich eine Idee, wie vielleicht beiden Seiten gehol…« Dann hatte ihm Junghans das Wort abgeschnitten. »Vergessen Sie es«, hatte er in den Hörer gebrüllt, »oder glauben Sie, wir spielen hier mit Murmeln?«

Wolfgang Wohlfahrt hatte zu diesem Zeitpunkt feststellen müssen, dass er seine Möglichkeiten überschätzte. Was war er denn schon? Ein betriebswirtschaftlich halbwegs erfolgreicher Ingenieur, Manager der mittleren Ebene mit Dienstwagen und Sekretärin, Entscheider mit einem begrenzten Horizont. Schon sein direkter Vorgesetzter behandelte ihn wie einen naiven Anfänger, nur weil er neben Zahlen auch noch Menschen im Blick hatte. Wie sollte er da mit seinen Ideen bis zu den Aktionären vorstoßen?

Inzwischen war die Februarsonne hinter dem Waldstück verschwunden. Wolfgang Wohlfahrt war ein Schauer über den Rücken gelaufen. War es nur die fehlende Wärme im Auto? Oder hatte ihn auch die Erkenntnis der eigenen Ohnmacht zittern lassen? Auf dem Heimweg war ihm immer wieder der Gedanke durch den Kopf gegangen: Wie bringe ich das meiner Familie bei?

Und dann hatte seine kleine Tochter mit dem schönen Bild zunächst alle Sorgen und Ängste beiseite gewischt. Der typische Geruch des kleinen Mädchens, die Ruhe seiner Frau und später die raue, kieksende Stimme seines pubertierenden Sohnes, der vom Nachhilfeunterricht zurückkam, verschafften ihm eine

Atempause. Jetzt musste er sich erst einmal die neue Homepage der Schülerzeitung seines Sohnes angucken. Und mit dem Knaben ein ernstes Wort wegen seiner »Ausgabenpolitik« reden – Sven hatte schon wieder gut 100 Euro vom Konfirmationskonto in neue Software gesteckt.

Erst als Annika im Bett liegt (natürlich nicht ohne Gute-Nacht-Geschichte und dicken Kuss von Mama und Papa) und Sven in seinem Zimmer noch mit ein paar Schulfreunden chattet, haben Karin und Wolfgang Wohlfahrt Zeit für ein Gespräch miteinander. Gerade will er seinem Herzen Luft machen, da schießt sie los: »Du, wir müssen mal miteinander reden.« Wolfgang Wohlfahrt wusste sofort, dass es etwas Ernstes sein würde. Wenn seine Karin so anfing, dann ging es nicht nur um ein paar neue Schulbücher für Sven oder Kleidung für Annika. Und richtig. Karin Wohlfahrt berichtete, dass sie eine Schulfreundin getroffen habe. »Die hat sich mit einer Buchhandlung selbstständig gemacht. Und jetzt sucht sie eine Mitarbeiterin. Naja, eigentlich sogar eine Partnerin«, setzt sie hinzu.

Das ist nicht der Abend, um sie mit meinen Sorgen zu belasten, entschließt sich Wolfgang Wohlfahrt. Fast zwei Stunden malt ihm Karin aus, wie sie sich ihre Partnerschaft in dem Buchladen vorstellt, wie sie die Kinderbetreuung von Annika regeln kann, wie hoch die monatliche Belastung für den Existenzgründerkredit sein wird... So richtig ist Wolfgang Wohlfahrt nicht bei der Sache. Nur die Sache mit der Existenzgründung beschäftigt ihn doppelt. Während seine Frau von dem Buchladen spricht, überlegt er, ob er nicht ebenfalls mit einem Kredit eine Ingenieursgesellschaft gründen sollte, die dann Entwicklungsarbeit für große Konzerne leisten könnte.

Wolfgang Wohlfahrts Herz beginnt schneller zu schlagen. Er überschlägt die Kosten für die neue Firma. Sie müsste in einem der »neuen« Bundesländer angesiedelt werden, da sind noch zusätzliche Fördergelder zu erwarten. Außerdem sind die Gehälter niedriger. Und wenn seine Familie hier ihre Zelte abbrechen müsste, könnte sie im Osten ja zunächst zu Miete wohnen – das würde die monatliche Belastung erträglicher machen. Nur: Was macht dann Karin? Ihre Teilhaberschaft an dem Buchladen wäre dann auch wieder passé. Und die Kinder? Gerade hatte sich Annika mit ein paar Mädchen im Kindergarten angefreundet. Na, die wird sich wohl leichter wieder einfinden als Sven, so eigenbrötlerisch wie er war.

Andererseits war es ja auch verlockend – so »eigener Herr im Haus« zu sein. Und gerade im Raum Leipzig – Dresden hatten sich ja ein paar Betriebe angesiedelt, für die seine jetzige Firma zulieferte. Mit seinen Kontakten sollte es doch wohl möglich sein, einen ordentlichen Happen von den künftigen Forschungsaufträgen zu erlangen. Vielleicht war dies seine Chance?

Es ist schon weit nach Mitternacht, als das Ehepaar ins Bett geht. Müde und aufgewühlt sinken die beiden in die Federn, fassen sich noch einmal fest an der Hand und geben sich einen Gute-Nacht-Kuss. »Schön, dass es Dich gibt«, sagt Wolfgang Wohlfahrt noch einmal, als Karin schon fast weggedämmert ist. Ein dumpfes »Mmh« stimmt ihm zu.

Durch die Gardine schimmert das Licht der Straßenlaterne. Wolfgang Wohlfahrt kann noch keine Ruhe finden. In seinem Kopf hämmert jetzt immer wieder das Wort »arbeitslos«. Was hat das aber mit mir zu tun, versucht er sich einzureden. Arbeitslos wurden doch nur diejenigen, die nicht so richtig Lust zur Arbeit hatten. »Wer arbeiten will, der findet auch immer Arbeit«, hatten ihm seine Eltern schon immer eingebläut. Sicher, irgendeine Arbeit, die würde er wohl auch finden. Dass er sich nicht zu schade war, sich auch die Finger schmutzig zu machen oder ins Schwitzen zu geraten, hatte er schließlich zu Genüge bewiesen. Welche Jobs hatte er nicht schon alles während seiner Schul- und Studienzeit übernommen?

Doch jetzt war es irgendwie anders. Es ging ja nicht darum, sich von dem Geld ein Auto leisten zu können, während andere Studenten mit dem Rad fuhren. Und es ging auch nicht um die Finanzierung eines sechswöchigen Urlaubs in Südfrankreich. Nein, jetzt musste jeden Monat eine große Summe Geld auf dem Tisch liegen, um die ganz normalen Verpflichtungen zu erfüllen, die er als Familienvater eingegangen war.

Beileibe kein Luxus, stellt Wolfgang Wohlfahrt bei seiner nächtlichen Bilanz fest. Nun ja, das Reihenhaus hätten sie nicht unbedingt kaufen müssen. Aber mit dem ordentlichen Gehalt eines Abteilungsleiters war die Finanzierung durchaus zu schaffen. Ein Rätsel wird ihm wohl immer bleiben, wie andere Abteilungsleiter nicht nur viel repräsentativer gebaut hatten, sondern auch noch ein schickes Cabriolet für die Frau anschaffen und zweimal im Jahr mit der ganzen Familie in den Urlaub fliegen konnten. Bei ihnen reichte es in diesem Jahr erstmals nach zwei Jahren Urlaubspause wieder für ein Ferienhaus in Italien.

Aber wäre es nicht besser, den Urlaub jetzt noch zu stornieren, schießt es ihm durch den Kopf. Er hatte sicherheitshalber bei der Buchung eine Rücktrittsversicherung abgeschlossen. »Bei kleinen Kindern weiß man ja nie«, hatte die nette Dame im Reisebüro noch gesagt. Tja, und jetzt ist es nicht ein krankes Kind, sondern womöglich ein arbeitsloser Papa…

Da ist es schon wieder, dieses Wort »arbeitslos«. Wie ein Menetekel taucht es immer wieder vor dem inneren Auge auf. Wolfgang Wohlfahrt wälzt sich von links nach rechts, von rechts nach links. Er grübelt über Auswege nach, findet sie nicht. Wo könnte er Rat finden? Der Gewerkschaft hatte er vor Jahren den Rücken gekehrt. »Als Abteilungsleiter bin ich ja praktisch leitender Angestellter und damit auf der Arbeitgeberseite«, hatte er damals Karin erläutert. »Und 700 Mark im Jahr spare ich auch noch«, hatte er sie schließlich überzeugt. Wenn ich doch damals bloß nicht…, denkt Wolfgang Wohlfahrt. Doch er schiebt den Gedanken gleich wieder beiseite. Für einen »Leitenden« würden sich die Kollegen von einst sicher auch nicht stark machen.

Schwupps, da sind sie wieder, die Kollegen. Jetzt schließt sich der Kreis. Einer nach dem anderen tritt an

Wolfgang Wohlfahrts Bett. »Wenn ich arbeitslos werde, muss mein Sohn seine Ausbildung abbrechen«, klagt die Assistentin. »Ohne Arbeit greife ich bestimmt wieder zur Flasche«, ist ein Ingenieur überzeugt, der seit Jahren trocken ist. »Wenn sie mich raussetzen, weiß ich mir keinen Rat mehr«, stöhnt die allein erziehende Laborantin. Jeder und jede in seiner kleinen Mannschaft hat ein ganz persönliches Päckchen zu tragen, das durch den Verlust des Arbeitsplatzes zu schwer zu werden droht.

Plötzlich sieht Wolfgang Wohlfahrt die ganze Abteilung geschlossen in seinem Schlafzimmer stehen: »Du musst für uns kämpfen«, rufen sie immer wieder. Jetzt haken sie sich auch noch unter und beginnen zu laufen. Dabei skandieren sie »Du musst für uns kämpfen!« Das gleiche steht auf den Transparenten, die Demonstranten hinter ihnen tragen.

Schweißgebadet setzt sich Wolfgang Wohlfahrt im Bett auf. Im Zimmer ist es eiskalt, durch das geöffnete Fenster dringt die Februarnacht. Karin atmet gleichmäßig, die Straßenlaterne schimmert immer noch durch die Gardine. Wolfgang Wohlfahrt schwingt die Beine über die Bettkante und tappst ins Bad. Das helle Licht blendet ihn, als er im Spiegelschrank nach den Magentabletten sucht. Kurz darauf fingert er zwei Pillen aus der Folie, lässt sie in ein Glas lauwarmes Wasser gleiten. Hoffentlich sprudeln mit den Schmerzen auch die Ängste davon…

»Schatz, Dein Kaffee ist fertig«, dringt Karins Stimme wie durch eine Watteschicht an sein Ohr. Drei Stunden hat Wolfgang Wohlfahrt doch noch geschlafen. Mit steifen Beinen stakst er die Treppe hinunter, wo Karin schon die Schulbrote für Sven schmiert. Der sitzt, in seinen Bademantel gemummelt, maulfaul an der Heizung. »Kannst Du mich mitnehmen«, dringt es aus den Tiefen der Kapuze. Wolfgang Wohlfahrt sagt zu, »wenn Du um punkt halb acht fertig bist.«

Die Zeiger der Uhr rücken vorwärts, ohne dass Wohlfahrt eine Chance sieht, Karin wenigstens das Wichtigste vom gestrigen Tag zu erzählen. Zweimal hatte es ihm auf der Zunge gelegen, aber dann kam erst Annika dazwischen, die schon ganz aufgeregt von ihrem bevorstehenden Ausflug zum Rodelberg erzählt. Und dann war es Sven, der noch eine Entschuldigung für das Fehlen in der vergangenen Woche brauchte. Also steckt Wolfgang Wohlfahrt seine Sorgen ebenso ein wie die Autoschlüssel. »Ich wünsche Euch einen guten Tag«, gibt Karin Wohlfahrt ihren beiden Männern mit auf den Weg.

»Die hat gut reden«, muffelt Sven im Auto, »wir schreiben heute Mathe. Und der Pauker hat mich sowieso auf dem Kieker.« Wolfgang Wohlfahrt hakt nach. »Warum?« – »Ach, ich hatte letzte Woche ein, zweimal meine Hausaufgaben nicht«, gibt der schlaksige Schüler zu. »Aber die anderen auch nicht«, schiebt er hinterher. »Ja, aber die anderen können sich das vielleicht noch leisten«, versucht der Vater Einsicht beim Sohnemann zu erzielen. »Nö, aber mich mag er wirklich nicht.«

Als Sven vor der Schule aussteigt, dreht er sich noch einmal nach dem davonfahrenden Auto seines Vaters um. »Komisch, der hat ja heute gar nicht richtig gemeckert«, denkt der 16-Jährige, »der muss ja 'nen klasse Tag vor sich haben.« Und während Wolfgang Wohlfahrt mit einem unguten Gefühl die letzten Kilometer zu »seiner« Firma fährt, denkt er: »Die Sorgen meines Sohne hätte ich auch gern einmal wieder.«

Im Büro ist er der Erste. Ein Brief liegt auf seinem Schreibtisch. Zugeklebt. »Persönlich« steht drauf. Wolfgang Wohlfahrt sitzt fast zehn Minuten davor, bevor er ihn aufreißt. »...bedauern wir, Ihnen mitteilen zu müssen...«

Wie viele Menschen müssen mit dieser Situation umgehen! Sagen wir ihnen etwas von der Kraft des Glaubens? Ist unsere Kirche, sind Christinnen und Christen hinreichend für sie da? Ich fürchte, wir lassen viel zu viele allein. Und viel zu viele schweigen aus Scham. Gerade für Menschen, die aktiv im Leben stehen, kann die Angst vor Arbeitslosigkeit lähmend sein. Sie finden keinen Ausweg aus dieser Angst. Unsere Gesellschaft hat eine Verpflichtung, neue Formen zu finden, um damit umzugehen. Zum einen sollte Erwerbstätigkeit dringend aus der Rolle der Sinnlieferung abgelöst werden. Mich bedrückt, dass heute nur noch 38 Prozent der über 50jährigen in unserem Land erwerbstätig sind. Was ist denn mit den anderen? Sie sind doch angesichts unserer Lebenserwartung und der medizinischen Versorgung in unserem Land aktiv, leistungsfähig. Kann es sich unser Land leisten, dass laut Shell-Jugendstudie für die jungen Leute Arbeitslosigkeit als Angst an erster Stelle steht, viele früh perspektivlos werden? Müssten wir nicht viel mehr Arbeit finanzieren in diesem Land an Stelle von Arbeitslosigkeit? Und sollten wir nicht deutlich machen, dass nicht nur Gelderwerb Lebenssinn erzeugt? Ja, da geht es wieder um die Rechtfertigungslehre...

Aus eigener Perspektive reflektiert Jörn Surborg, Mitglied der Synode unserer hannoverschen Landessynode, das existenzielle Drohpotential, das im Verlust des Arbeitsplatzes liegt.

Jörn Surborg Die Wolfsburger Autostadt im November 2002: Bundeskanzler Gerhard Schröder, sein neuer Superminister Wolfgang Clement und VW-Manager Dr. Peter Hartz haben 2.000 örtliche »Profis der Nation« versammelt, um das große Versprechen der in der Zielgerade noch gewonnenen Bundestagswahl vom September 2002 umzusetzen. Es geht – mal wieder – um die drastische Reduzierung »der unerträglichen Geißel der Massenarbeitslosigkeit«. Sogar um eine Halbierung der Arbeitslosenzahl von vier Millionen Betroffenen, die der agile Wolfsburger Personalvorstand als Wunderwaffe im Bundestagswahlkampf versprochen hat. Ein zentrales Element der so genannten Hartzbibel ist die Motivation von 13 Profigruppen, unter ihnen Politiker, Unternehmer, Lehrer, Journalisten und Pastoren als Multiplikationseliten der Republik. »Jeder Arbeitslose hat ein Gesicht« und »kein Nachschub nach Nürnberg« lauten die Beschwörungsformeln und zugleich der Auftrag an die Profigruppen zur Bekämpfung der Arbeitslosigkeit. Über Großbildschirme läuft – nach drei vergeblichen Anläufen – ein Film, über jugendliche Wolfsburger Arbeitslose, die »profiled« werden, um optimal auf den zweiten Start in den Ersten Arbeitsmarkt vorbereitet zu sein. Hier in Wolfsburg haben es Volkswagen und die Stadt doch bewiesen, das Arbeitslosigkeit erfolgreich bekämpft, ja halbiert werden kann, von 19,3 Prozent Arbeitslosenquote auf unter acht Prozent. Hier wurden innerhalb von vier Jahren 16 000 sozialversicherungspflichtige Stellen neu geschaffen. Von Wolfsburg lernen heißt siegen lernen? Auf jeden Fall wollen sich die Wolfsburger Profis zunächst die vergleichsweise hohe Jugendarbeitslosigkeit in der Stadt vornehmen. Positiv fällt die Resonanz auf: Mehr als 2 000 der rund 3 000 angeschriebenen Profis sind tatsächlich gekommen. Wir 38 Wolfsburger Journalisten sind sozusagen zweifach vertreten: als Berichterstatter und Profigruppe zugleich. Einzelne bleiben dieser Doppelaufgabe auch in den rund 60 Projektgruppen treu, die ab Januar 2003 konkret an der Reduzierung der Massenarbeitslosigkeit arbeiten.

In Erinnerung von diesem Abend bleibt mir ein Jugendlicher aus dem Film, der auf dem Fußballplatz die selbst erlebte Arbeitslosigkeit folgendermaßen beschreibt: »In den ersten drei Wochen denkt man noch, man hat Urlaub, aber dann wird es schlimm«. Etwa sechs Monate später ist aus dem journalistischen Begleiter der Profis der Nation selbst ein Betroffener geworden. Im Juli 2003 lerne ich, wie sehr der junge Wolfsburger aus der Autostadt doch Recht hatte. Mit Urlaub und Ausschlafen hat Arbeitslosigkeit wenig, mit Frust und Sinnlosigkeit dagegen sehr viel zu tun.

Sicher, die Medienkrise war bereits seit Anfang 2001 das große Thema in der Branche: Zweistellige Einbrüche im Anzeigenvolumen und die Entlassung ganzer Hundertschaften von Redakteuren verdeutlichten die Situation. »Kostensparen« und »Prozessoptimierung« propagierte die Verlegerseite als Antwort. Auch in unserer Lokalzeitung offenbarte sich im so wichtigen Firmenkundenanzeigensegment ein zweistelliges Minus. Trotzdem, so redete ich mir mit den Kollegen aus der Redaktion, wie der Akquise ein, wird diese Krise schon vorübergehen: Waren nicht noch 2000 und 2001 Jahre deutlicher Expansion gewesen? Am signifikantesten wohl ablesbar in der Wirtschaftspresse: Nicht nur der Neue Markt hyperventilierte. In immer schnellerer Folge erschienen dazu passende neue Geld- und Wirtschaftstitel an den Kiosken. Um die Redaktionen zu füllen, wurden junge Wirtschaftswissenschaftler von den Universitäten weg fest angestellt und im Schnelldurchgang zu Redakteuren ausgebildet. Ein Großteil von ihnen füllt heute die Arbeitslosenstatistik von rund 7 000 im Jahr 2003 arbeitslos gemeldeten Journalisten, berichtet der Deutsche Journalistenverband (DJV). 7 000 von insgesamt schätzungsweise 70 000 Journalisten republikweit. Die Zahl an sich mag – auch in Relation zu anderen Berufen – nicht dramatisch klingen.

Allerdings bilden die freien Journalisten, also die Kollegen ohne festen Arbeitgeber und mit dem Risiko der eigenen sozialen Absicherung mit 22 500 Personen die weitaus größte Gruppe der 70 000. Erst danach folgen die Redakteure der Tageszeitungen (14 000) und der Rundfunkanstalten (11 500). Nicht nur der DJV vermutet, dass sich längst viele Journalisten in eine »verdeckte Form der Arbeitslosigkeit« gerettet haben. Eine vorübergehende freiberufliche Tätigkeit wird der Arbeitslosigkeit vorgezogen. »Das macht sich besser in der beruflichen Vita«, so ein Kollege zu mir beim regionalen Journalistenstammtisch. Sicherlich ist dieser Gedanke nicht schlecht. Aber wenn tausende ehemalige Redakteure die gleiche Idee haben? »Berufsforscher gehen davon aus, dass es künftig weitaus mehr freiberufliche Journalisten geben wird« formuliert der DJV künftige Berufschancen von Journalisten auf seiner Internetseite. Da aber gleichzeitig der Berufswunsch »Journalist« – insbesondere bei Frauen – weiterhin gefragt ist, wird ein Blick auf berufliche Zukunftsperspektiven schon dramatischer. Sicher gibt es freie Journalisten aus Überzeugung, die auch in materieller Hinsicht weitaus besser leben, als die Mehrzahl festangestellter Redakteure im Tarifvertragsverbund. Wer träumt nicht davon an dem Ort zu arbeiten, von dem Alexander Osang regelmäßig für den Spiegel berichtet.

Wer möchte nicht nachts das aufregende Leben New Yorks genießen? Leben in »the City that never sleeps«, Hollywoodstars interviewen und am morgen danach entspannt bei »Starbucks« zwischen zwei Caramell-Macchiato einen Artikel vom Laptop in die Redaktion mailen. Leider brauchen Spiegel, Focus und die anderen Großen der Branche nur jeweils einige hunderte solcher gut bezahlten Redakteure. Sie haben mit ihrem Renommee und der erreichten Aufmerksamkeit wie den besten finanziellen Mitteln die Chance, das jeweils Beste aus einen ständig wachsenden Reservoir an Arbeitsplätzen zu wählen. Tatsächlich sind angesichts solcher Tendenzen Journalisten von der Arbeitsmarktperspektive am ehesten mit Bundesligaspielern vergleichbar: eine begrenzte Anzahl an Arbeitsplätzen bei einem stetigen Zufluss an Bewerbern, wenige hoch qualifizierte »Spieler« mit entsprechender Vergütung, während die Masse der »Lizenzspieler« sich um die – bestenfalls – stagnierenden Personalkosten und Etats für die »Freien« balgt. Leider gibt es noch zwei Gemeinsamkeiten zu den fußballspielenden Kollegen: Die Berufsbezeichnung Journalist ist ebenso wenig geschützt wie der Beruf Fußballspieler. Jeder der sich berufen fühlt, darf davon leben, sofern er denn davon wirklich leben kann. So sind freie Journalisten, die sich zugleich als Versicherungsvertreter, Anzeigneberater oder Volkshochschuldozenten durchschlagen leider keine Ausnahme. Schließlich: Fußballer und Journalisten sind ausgeprägte Individualisten und Einzelkämpfer. Die Solidarität untereinander ist, zum Leidweisen von Ver.Di und DJV insbesondere bei Tarifauseinandersetzungen, eher schwach ausgeprägt. Wie sollte es auch anders sein? Wenn ich nicht für die von der Redaktion angebotenen 20 Cent pro Zeile zum Termin fahre, dort recherchiere und anschließend noch möglichst brillant schreibe, findet sich garantiert jemand anderes. Genau deshalb reagierten wir Journalisten in der seit 2001 propagierten Medienkrise mehr oder weniger wie das berühmte Kaninchen, das auf die vor ihr zum Fressen bereite Schlange starrt: Nicht bewegen und warten bis die Krise vorüber ist und das Anzeigenvolumen wieder wächst. Gerade dies wird sich aber – zumindest im Printbereich – als eine gefährliche Illusion erweisen.

»Die Situation wird sich schon wieder beruhigen«, und »Qualität setzt sich durch« das redeten meine Kolleginnen und Kollegen und ich mir ein. Wer eine Festeinstellung hatte, freute sich und hoffte am warmen Feuer die wirtschaftliche Eiszeit im Medienbereich überwintern zu können. Wer als Freier den täglich härter werdenden Kampf um Zeilenlänge und Honorar spürte, versuchte irgendwo eine Festeinstellung zu ergattern. So hatte das Überangebot an qualifizierten Redakteuren und Volontariatsbewerbern als Redaktionsleiter für mich zu Jahresende 2002 sogar einen positiven Effekt: Niemals zuvor konnte ich aus einer solchen Fülle und Qualität von Bewerbungen jemanden für unsere freie Volontärsstelle auswählen. Das Potenzial an Bewerbern war so gut, dass ich unsere Verlagsleitung überredete, eine zweite, überzählige Volontariatsstelle zu besetzen und antizyklisch das Potenzial der Redaktion zu verbessern, während überall sonst vom Stellenabbau die Rede war. Trotz des Rückgangs im Anzeigenvolumen von 16 Prozent gegenüber dem Vorjahr 2002 (2001 konnte immerhin noch ein Zuwachs von sieben Prozent erreicht werden) betrachtete ich die Redaktion gut aufgestellt und sah meinen Arbeitsplatz als dementsprechend sicher an. Schließlich schrieb unser Verleger noch immer schwarze Zahlen.

Umso überraschender war für mich die fristgerechte Kündigung, die mir am 30. Juni 2003 nach Dienstschluss überreicht wurde. Fristgerecht bedeutet in einer Zeitungsredaktion: es gibt Geld bis zum Auslaufen der Kündigungsfrist, die Arbeit selbst ist sofort beendet. Nach der Information der Redaktion hatte ich eine Stunde Zeit meinen Schreibtisch zu räumen und die persönlichen Unterlagen im Auto zu verstauen. Danach gibt man die Schlüssel ab und ist draußen – von jetzt auf hier.

Was auch immer die Gründe für die Entlassung waren, Medienkrise, persönliche Differenzen oder politische Querelen, die Folge dieses »Umbruchs« konnten heftiger kaum sein: Gestern noch ein umworbener und eingeladener Redaktionsleiter in Stadt und Region und heute draußen, arbeitslos, bedeutungslos. Zumindest fühlte man sich so. Gestern noch ein Termin beim Vorstandsvorsitzenden der Volkswagen AG und heute, ja erst einmal ausschlafen und dann der Gang zum Arbeitsamt. Genau hier traf ich ja erneut auf jenen Peter Hartz, der inzwischen für ein Facelifting der Arbeitsämter gesorgt hatte. »Bundesagentur für Arbeit« nennt sich die Arbeitsverwaltung, besser gesagt die Verwaltungsstelle für Arbeitslosigkeit. Sie ist auf den Punkt genau seit Juli 2003 unmittelbar nach einer ausgesprochenen Kündigung zu informieren. Für mich war dies der erste einer Reihe von Besuchen in der Agentur. Allein über diese – oft stundenlangen – behördlichen Wartenkuren auf den Fluren könnte man herrliche Reportagen, ja preisverdächtige Glossen verfassen. Dies gilt insbesondere für ein neues, für neue Arbeitslose verpflichtendes 15-stündiges Seminar mit den Bestandteilen »Rechten und Pflichten des Arbeitslosen«, mit »wertvollen Hinweisen« für die eigene Bewerbungsmappe und einem abschließenden »Profiling«. Zuerst verärgert über ein künstlich in die Länge gezogenes Seminarprogramm, konnte man dieser Veranstaltung doch einen gewissen Unterhaltungswert nicht absprechen. Der Neuigkeitsfaktor war eher gering. Meine attraktive Nachbarin, eine Arzthelferin, fragte sich, warum sie überhaupt an dem Seminar teilnehmen musste. Sie war für einen Monat arbeitslos gemeldet, um Sozialleistungen zu erhalten und hatte bereits einen neuen Arbeitsvertrag unterschrieben. Immerhin hatte zumindest eine Person durch unser Seminar den Sprung zurück in den ersten Arbeitsmarkt geschafft: Unser Seminarleiter. Er reichte uns seine erfolglosen ehemaligen Bewerbungsunterlagen als Mustervorlagen für optimale Mappen herum.

Bei weiteren Besuchen in der Bundesagentur, es gab jede Menge Anträge auszufüllen, ein Bewerberprofil zu erstellen und mit dem Berater zu sprechen, traf man auf unterschiedliche Menschen: jene, die wie ich neu waren und möglichst schnell wieder die Bundesagentur mit einem möglichst wunschgerechten Arbeitsplatz verlassen wollten. Andere, deren Ansprüche durch monatelange Arbeitslosigkeit gesunken waren, sie waren froh über »Arbeit jeder Art«. Wieder andere, die sich mehr oder weniger bequem in der Arbeitslosigkeit eingerichtet hatten, und höchstens aus Interesse oder durch Druck der Agentur gelegentlich an den überall aufgestellten Stellenbörsen-Computern herumspielten. Schließlich Menschen, darunter erschreckenderweise viele Jugendliche, die wohl den Willen zur Arbeit hatten, denen aber einfach die Vorraussetzungen fehlten: die allgemeine und schulische Bildung, eine abgeschlossene Berufsausbildung und oft auch die Sprachkenntnisse.

In diesem Konglomerat wurde mir schnell klar, nicht zuletzt durch ein Gespräch mit dem Berater: Von hier war bestenfalls Arbeitslosengeld zu erwarten, aber keinerlei konkrete Hilfe auf der Suche nach einem neuen Arbeitsplatz.

Ein Beispiel für die Hilfestellung der Behörde gefällig? »Arbeitslose müssen in der Lage sein, täglich in Ihre Post zu schauen, um auf Stellenangebote der Arbeitsverwaltung sofort zu reagieren. Andernfalls droht eine Leistungskürzung«, hatte unser Seminarleiter uns im Kurs unter leichtem Schmunzeln mitgeteilt. Nach zweiwöchiger Arbeitslosigkeit erhielt ich tatsächlich ein Angebot mit der Post: Ich sollte mich – als ehemaliger Redakteur und Redaktionsleiter bestens qualifiziert – selbstständig machen und in Wolfsburg ein Franchisegeschäft für eine mir völlig unbekannte Handelskette eröffnen. Auf Nachfrage, wer will schon Leistungskürzungen in Kauf nehmen, wurde schnell deutlich, dass besagter »Ansprechpartner« weniger an mir, als an meinen »finanziellen Möglichkeiten« interessiert war. Dies blieb die einzige Hilfestellung, die ich von

Seiten der Bundesagentur erhielt. Und das war vielleicht auch besser so.

Konsequenterweise wurde zwischenzeitlich auch die Stelle meines Stellenberaters, die einzige qualifizierte Anlaufstelle für arbeitslose Akademiker, gestrichen. Die Agentur investiert scheinbar lieber in teure Computerhard- und Software, als in Menschen. O.k., das tun andere auch.

Ein Arbeitsplatz im Journalismus schien jetzt für mich in weite Ferne gerückt. Zumindest ein Ortswechsel – verbunden mit unklaren beruflichen Perspektiven – stand wohl bevor. Dazu wurden, nach besagten drei Wochen Nichtstun, die Gefühle von Sinnlosigkeit und Langeweile größer: Die arbeitsrechtliche Auseinandersetzung steuerte mit Hilfe meiner Anwältin auf einen Vergleich zu, die Bewerbungsmappen waren geschrieben und im ersten Umlauf verschickt, dafür notwendige Unterlagen und Artikel kopiert. Früher täglich und dazu an jedem zweiten Wochenende gearbeitet, berichtet, geschrieben und jetzt? Glücklicherweise erhielt ich in dieser Situation, kurz bevor der Frust zu groß wurde, das Angebot von einer örtlichen Tageszeitung als freier Mitarbeiter tätig zu werden. Nach drei Wochen war ich wieder täglich im Einsatz, und das sogar in meinem Traumberuf. Als ich zum 1. September 2003 auf dem Papier arbeitslos wurde, begann sich für mich bereits eine neue berufliche Perspektive abzuzeichnen, die am 1. Oktober 2003 in eine neue Festeinstellung mündete. Heute weiß ich, ich hatte wohl Glück.

Glück? Objektive wissenschaftliche Untersuchungen und subjektive Erfahrungen in meinem Kollegenkreis zeigen zumindest übereinstimmend: Arbeitslosigkeit ist kein »Verliererphänomen« mehr, sondern hat die am besten ausgebildeten Menschen unserer Gesellschaft längst erreicht, auch im Journalismus. Beispielsweise meine Bekannte, die im Rekordzeit ein interdisziplinäres und praxisorientiertes Medienstudium an der Universität Jena durchzog und während ihrer ganzen Studienzeit zugleich Berufserfahrungen sammelte: als

Praktikantin beim Rundfunk, bei der Bildzeitung und jahrelang als freie Mitarbeiterin ihrer örtlichen Tageszeitung. Nach dem Ende ihres Studiums erkämpfte sie sich einen Volontariatsplatz bei einer südniedersächischen Tageszeitung. Zum Ende ihrer Ausbildung sucht sie aktuell eine Festanstellung als Redakteurin. Bislang erreichte sie noch nicht einmal eine Einladung zum Vorstellungsgespräch. Ihr Noch-Arbeitgeber, der sie im Zeugnis für ihre besonderen Fähigkeiten lobte, besetzt eine genau in diesem Bereich freie Stelle lieber extern.

»Du kannst im Ausland gearbeitet haben, Praktika bei großen Unternehmen absolviert haben, in Rekordzeit mit summa cum laude dein Studium beendet haben und findest trotzdem keine Festanstellung«, meint ein anderer Kollege, der sich als freier Mitarbeiter für mehrere, immerhin bundesweit erscheinende Magazine mehr schlecht als recht durchschlägt. Es gibt ihn nicht mehr, den richtigen Königsweg in den Journalismus, an deren Ende die Festeinstellung steht, als Auftakt zu einer Karriere. Es gibt einen solchen Königsweg in immer weniger Berufen.

Allerdings – genauso wenig wie die wirklich Besten heute eine gute Einstiegsmöglichkeit in den Medienbereich finden, stimmt der Umkehrschluss. Diejenigen mit der Festeinstellung in der Redaktion sind nicht automatisch auch die Besten ihres Berufs. Neben erfahrenen und engagierten Redakteurinnen und Redakteuren gibt es – gerade im Lokalbereich – drei andere Gruppen zu beobachten: Zum einen, die mit der Karrierefixierung, sie wenden oft die Strategie der verbrannten Erde an, um »vorwärts« zu kommen. Dabei bleiben dann gelegentlich Inhalte und Personen auf der Strecke, manche stumpfe Story wird eben »angespitzt«. Zum anderen die Redakteure mit »Beamtenmikado-Mentalität«: mit möglichst wenig Bewegung und Aufwand die Zeitungsseiten füllen. Aufgrund jahrelanger Erfahrungen und zahlreicher Kontakte reicht dieser wohlmeinend unterstellte Stoizismus durchaus für einen durchschnittlich gut ausgeübten Beruf. Drittens gibt es Kollegen, die es einfach nicht lassen können:

Auch nach Erreichen der Ruhestandsbezüge wird weiter geschrieben. Was dem einzelnen Ruheständler, der Hausfrau als sinnvolle Freizeitaktivität zu gönnen ist, erleichtert den Verlagen das Geschäft: Solche Mitarbeiter sind zuverlässig, abgesichert, erfahren und stets einsetzbar. Wozu also eine freie Stelle überhaupt wiederbesetzen? Alle drei Phänomene erleichtern die Perspektiven junger Nachwuchsredakteure nicht. Ergo sind weder diejenigen, die draußen stehen schlechte Journalisten, ebenso wie die Kollegen mit dem festen Arbeitsplätzen per se die besseren Journalisten sind.

Also geht es doch um Glück? Zumindest Beziehungen sind wichtig, wobei es hier weniger um mafiöse Verbindungen, sondern um berufliche Reputation und deren Wahrnehmung durch die Öffentlichkeit geht. Letztlich verdanke ich meinen neuen Arbeitsplatz der Empfehlung eines Betriebsratsmitglieds, der sich für mich engagierte. Eine Chance haben Journalisten anderen Berufsgruppen voraus: Sie können sich mit qualitativ guter Arbeit ins Gedächtnis bringen, selbst in dem zu Kurzatmigkeit neigenden Tageszeitungsgeschäft. Leser schätzen nach wie vor informative Berichte mehr als reißerische Schlagzeilen und kritische aber faire Kommentare mehr als die »Hau-Rauf-Mentalität«. Und manchmal schätzen Chefredakteure sogar ähnliche Qualitäten. Aber all dies ist kein Königsweg oder Geheimrezept, zumal der Wettbewerb der Akteure und Gattungen im Medienbereich qualitativ und quantitativ bis hin zu Formen der Selbstanbiederung und -ausbeutung zunimmt. Die Frage ist, bei welchen Berufen es überhaupt noch derartige Königswege gibt?

Was hat sich für mich verändert? Erfahrene Arbeitslosigkeit verändert die Lebensperspektive. So zynisch ein solcher Satz allgemein gesprochen sein kann, so sehr bleibt für mich genau diese Erkenntnis als Quintessenz zurück: Wer erstmals von außerhalb dem Treiben der Mäuse im Laufrad zuschaut, bekommt automatisch eine andere Perspektive. Das beginnt bei der Wahrnehmung der gesellschaftlichen Diskussionsprozesse zum Thema Arbeitslosigkeit. »Leistungskürzungen«, »Fördern und Fordern«, »die Bereitschaft, jeden Arbeitsplatz anzunehmen muss konsequent umgesetzt werden«, ein ehemaliger Arbeitsloser wird hoffentlich empfindlicher für derart pauschalierende Formulierungen, wenn er zugleich erfahren musste, wie leistungsbereite, engagierte und flexible Journalistenkollegen keine wirkliche Chance erhalten, ihre Leistungspotenziale abzurufen. Hier führen Teile der Öffentlichkeit und der politischen Klasse eine Diskussion auf dem Rücken der Betroffenen. Fatal ist es, wenn sich Arbeitslose auch im Deutschland des Jahres 2004 mit viereinhalb Millionen Arbeitslosen, als von der Gesellschaft stigmatisiert, betrachten müssen. Weitaus schlimmer ist aber die mit Arbeitslosigkeit verbundene Selbststigmatisierung.

So, als ob ich selber Schuld habe dafür, dass es mich und keinen anderen erwischt hat. Jeder Arbeitslose hat ein Gesicht, formulierte Dr. Peter Hartz richtigerweise. Jeder Mensch besitzt eine unveräußerliche Würde, so steht es im Grundgesetz. In einer Gesellschaft, in der bezahlte Arbeit tendenziell abnimmt, Arbeit und Menschenwürde so sehr miteinander zu vermengen, wird immer problematischer und zynischer. Diese Vermengung haben wir von klein auf, sozusagen mit unserer Bildung aufgesogen: »Hast Du was, dann bist Du was. Lerne was, dann hast Du was.« In Zeiten der Massenarbeitslosigkeit wird dieser einstige hehre Bildungsbürgeransatz zunehmend zur Lebenslüge. Wohl die schlimmste Form der Lüge ist es sich selber zu belügen.

Besser zu werden, sich mehr anzustrengen, noch mehr Bewerbungen zu schreiben, was bringen solche Sprüche dem Uni-Absolventen, der auf 55 Volontariatsbewerbungen nur Absagen erhält? Motivieren sie etwa eine 56. Bewerbung zu schreiben? Und was ist mit den Alternativen für arbeitslose Redakteure: Eine journalistische Ich-AG zu gründen oder lieber ganz den Beruf zu wechseln? Das wohl eher nicht. Zumal Leistung weder etwas über den Erfolg auf dem Arbeitsplatz selber aussagt, noch über den Erfolg bei einer Arbeitsplatzsuche.

Und Beharrlichkeit? Diejenigen, für die unser Beruf nach wie vor etwas mit Berufung zu tun hat, werden wohl eine 56., 57. und auch 58. Bewerbung schreiben und sie tun gut daran. Auf seine Leistungsbereitschaft und auf sein Leistungsvermögen zu beharren, statt sich als «zweitklassiger Leistungssöldner« in einem anderen Beruf zu versuchen, der zufällig gerade bessere Arbeitsplatzperspektiven bietet, ist zwar unbequem aber trotzdem richtig. Wenn es denn in Zeiten struktureller Massenarbeitslosigkeit überhaupt noch Rezepte für einen Erfolg gibt, dann wohl diese beiden: sich selbst treu zu bleiben und zugleich immer bereit sein, neue Wege zu probieren. Letzteres aber mit dem Risiko in einer Sackgasse des Lebens zu landen. »Garantien gibt Dir keiner«, singt Marius Müller-Westernhagen. Dies könnte die Hymne für alle aktuellen Veränderungen auf unserem Arbeitsmarkt sein – oder eben auch nicht.

Beide Berichte zeigen, dass die Erfahrungen Arbeitsloser viel stärker kommuniziert werden müssen. Die Ängste und Krisen werden erst verstehbar, wenn sie konkret werden, nicht eine Zahl, sondern eine Person im Vordergrund steht. Aber sozialer Abstieg kann auch ganz schnell auf anderen Wegen real werden. Immer öfter sind in der hannoverschen Innenstadt wie in allen Innenstädten unseres Landes Menschen anzutreffen, die betteln. Sie sind teilweise in erbarmungswürdigem Zustand und doch ist klar: Ein erbettelter Euro bringt keine Perspektive. Ich bin oft hin und her gerissen, wie viele andere auch. Das Projekt »Asphalt« ist dabei eine entscheidende Hoffnungsperspektive. Es trägt seit zehn Jahren in Hannover – ebenso wie in anderen Städten unter anderen Namen – dazu bei, dass Menschen ohne Obdach anderen auf Augenhöhe begegnen und nicht am Boden hockend betteln. Für mich ist dieses Projekt unserer Diakonie unter der Leitung von Pfarrer Lampe ein Zeichen für das Ringen um die Würde jedes einzelnen Menschen, von dem das christliche Menschenbild Zeugnis gibt.

Aber wie stürzen Menschen überhaupt ab in die Obdachlosigkeit? Warum kann das innerhalb des so viel gepriesenen Sozialstaates überhaupt vorkommen? Ist da nicht jeder, jede versorgt? Wir wissen heute, dass der Verlust des Arbeitsplatzes, eine Scheidung, eine Krise oder Krankheit ganz schnell das soziale Aus mit sich bringen können. Karin Powser, vielen in Hannover bekannt als »die Fotografin von Asphalt«, reflektiert ihr Erleben der »Angst vor dem sozialen Aus«.

Karin Powser Eigentlich ein schwieriges Kapitel, denn Angst vor dem sozialen Aus hatte ich nicht. Warum auch, denn mir ging's doch verhältnismäßig gut. Und wenn es einem so einigermaßen gut geht, dann macht man sich, jedenfalls ich, keine Gedanken um das soziale Aus. Ehe sich bei mir überhaupt Ängste vor dem sozialen Aus auswirken konnten, stand ich schon längst in der totalen sozialen Misere.

Von heute auf morgen hatte ich meine Arbeit und mein Zimmer verloren. Ich stand plötzlich auf der Straße. Das war 1972. Fast 15 Jahre schwankte ich zwischen mehr Angst und weniger Hoffnung. Meine Situationsangst verdrängte ich mit Alkohol und Psychopharmaka, wodurch aber nur für eine kurze Zeit meine Lebenslage verbessert wurde. Sobald der Alkoholspiegel und die Wirkung der Tabletten nachließen, überrollte mich wieder die verzweifelte Angst. Es waren undefinierbare Ängste, Angst vor dem nächsten Tag, einfach pure Angst vor der Zukunft. Je mehr Alkohol ich zu mir nahm, um so panischer meine Ängste, um so größer meine Ausweglosigkeit, die sich in Hass, Wut und Verbitterung auf die Gesellschaft niederschlug.

Die Ängste wurden so unerträglich, dass ich erstmals daran dachte, jemanden um Hilfe zu bitten. Ich selbst hatte meinen sozialen Tiefpunkt erreicht. Ich konnte mir nicht mehr selbst helfen. Als ein Amtsarzt mich auch noch wegen meiner desolaten sozialen Situation entmündigen wollte (Antrag beim Vormundschaftsgericht war schon eingegangen), war ich derart geschockt, dass ich so nicht mehr weiter leben wollte. Dieses Entmündigungsverfahren öffnete mir die Augen. Jetzt wollte ich es allen, besonders diesem Amtsarzt, beweisen, dass ich den sozialen Aufstieg wieder schaffen kann.

Es war aber schwerer als ich dachte. Nach mehreren Gefängnisaufenthalten und Therapien wurde ich als geheilt auf die Strasse entlassen. Zumindest meine körperliche Verfassung war wieder stabilisiert. Aber meine Psyche spielte irgendwie noch verrückt. Ich musste einen festen Wohnsitz beim Amtsgericht vorweisen, weil ich unter Führungsaufsicht stand. Und wie ich angstvoll befürchtete, wurde ich auf Grund meines Lebens auf der Straße als Mensch von der Gesellschaft abgelehnt. Die GBH, die ja von der Stadt subventioniert wurde, lehnte mich als Wohnungsmieterin ab. Meine Angst, den sozialen Aufstieg nicht schaffen zu können, ging ins Unermessliche. Ich wusste nur eins, irgendwas Positives musste passieren, um mein Selbstvertrauen wieder zu gewinnen.

Und 1985 passierte es. Ich bekam vom Wohnungsamt eine städtische Notunterkunft zugewiesen: kleiner Flur, Duschbad mit Waschbecken und WC, Küche und Wohnzimmer. Ich fühlte eine wohlige innere Wärme in mir aufsteigen und nach endloser Hoffnungslosigkeit Zuversicht. Im gleichen Jahr wurde der Kontaktladen »Mecki«, eine Anlaufstelle für Obdachlose, in der Passerelle eröffnet. Da ich ja immer noch ohne Arbeit war, fragte ich an, ob ich mich ehrenamtlich dort nützlich machen könnte. Ich könnte doch den Laden sauber halten, Kaffee kochen, Tassen abwaschen, und eben das Wesentliche meiner Erfahrungen auf der Straße einbringen und den Kontakt zwischen den Obdachlosen und Sozialarbeitern herstellen. Denn schließlich bestehen starke Berührungsängste zwischen sozial Gestrauchelten und Normalbürgern. Mein Hilfsangebot wurde vom Diakonischen Werk und den Sozialarbeitern vom Kontaktladen »Mecki« dankbar angenommen.

Ein Jahr später wurde ich andererseits vom Diakonischen Werk, gefragt, ob ich nicht Lust hätte zu fotografieren, zum Beispiel eine Fotosozialdokumentation herzustellen. Voller Selbstvertrauen mit einer großen Portion Selbstbewusstsein sagte ich zu, obwohl ich nur wenig Ahnung vom Fotografieren hatte (inzwischen wurden schon einige Fotoausstellungen von mir veröffentlicht). Mit Hilfe einer Sozialarbeiterin zog ich in eine reguläre Mietwohnung, die ich jetzt schon 18 Jahre bewohne.

Ich habe nicht nur neue Freunde hinzugewonnen , sondern mit eisernem Willen, positivem Denken, emsigem Kampf und Hilfe zur Selbsthilfe den Wiederaufstieg in die Gesellschaft erreicht. Und geschafft habe ich es auch, weil ich es nicht nur dem Amtsarzt, sondern auch mir selbst beweisen wollte. Übrigens, zur Entmündigung ist es nie gekommen.

1994 habe ich die Straßenzeitung Asphalt mitgegründet, und arbeite jetzt seit zehn Jahren mit Wonne an diesem Projekt. Zwar tauchen auch heute immer mal wieder Ängste auf durch die sozialen Einschnitte: Kann ich mir die Praxisgebühren und die eventuellen Medikamente noch leisten, oder muss ich früher sterben, weil ich arm bin? Oder, muss ich einen Wohnungsumzug vornehmen, weil für das Sozialamt die Miete zu hoch ist? Oder, werde ich mit 60 Jahren nicht mehr gebraucht, weil zu alt und zitterig? Nur der Unterschied zu meinen früheren Ängsten ist, dass ich meine jetzigen Ängste heute besser bewältigen kann, weil ich gute Freunde und Bekannte habe, mit denen ich über meine Probleme und Ängste reden kann und ich statt zu Alkohol zur Eigeninitiative greife.

Nach dem Credo lebe: »Glaube, Liebe, Hoffnung.«

Hiermit möchte ich die Gelegenheit wahrnehmen, allen zu danken, die mir bei meinem sozialen Aufstieg geholfen haben.

Dass Karin Powser mit Glaube, Liebe und Hoffnung, mit einem Zitat aus dem 13. Kapitel des Briefes des Apostels Paulus an die Gemeinde in Korinth vor fast 2000 Jahren schließt, ist bewegend. Mir zeigt das, wie sehr die Bibel für existenzielle Fragen Worte gefunden hat, die Menschen bewegen und tragen zugleich, in ihren Nöten und Sorgen, in ihren Freuden und ihrem Glück, die Lebenskraft und Zuversicht verleihen.

Ich bin dankbar, dass unsere Kirche und unsere Diakonie immer wieder konkret umsetzen, was die Bibel als Nächstenliebe fordert. Je einzeln können wir dazu beitragen, beispielsweise mit dem Kauf von Obdachlosenzeitungen auf Augenhöhe.

Als ein letztes Beispiel für den Weg in das »soziale Aus« soll das Thema Scheidung angesprochen werden. Unsere Kirche steht entschieden ein für Ehen, für Familien, weil sie überzeugt ist: Gott schenkt uns die Fähigkeit zur Beziehung, zur Verbindlichkeit. Aber wir können die Augen nicht verschließen vor den hohen Scheidungszahlen. Durch Scheidungen entsteht häufig ein Anlass für den sozialen Abstieg. Beziehungen gehen verloren, oft auch die ökonomische Absicherung und manchmal ist sogar der Kontakt zu den Kindern gefährdet. Wenn eine Pfarrfrau sich scheiden lässt, potenziert sich diese Gefahr. Sie ist in einer besonderen Rolle, unter einer besonderen Beobachtung. Eine ehemalige Pfarrfrau aus unserer Landeskirche schildert ihre Erfahrungen. Sie schreibt unter dem Pseudonym Andrea Auster, um ihre Kinder, sich und auch andere Beteiligte zu schützen und beschreibt ihren »Weg aus dem Pfarrhaus«.

Andrea Auster

Ich war mit einem Pastor verheiratet und habe zwei Kinder. Nach einer anfangs glücklichen Ehe und schließlich einem langen, für mich schweren Weg, reifte in mir der Entschluss, dass ich mich von meinem Mann trennen wollte. So etwas gibt es. Auch in Pfarrhäusern. Wir hatten sehr viel miteinander geredet und versucht, unsere Ehe zu retten, aber schließlich resignierte ich. Es war ein schmerzhafter Prozess, an dessen Ende für mich die Klarheit stand, dass ich nicht mehr weiter um unsere Beziehung kämpfen konnte und wollte.

Ich hatte Angst! Angst vor den Veränderungen; aber zu allererst davor, es meinem Mann und dann auch unseren Kindern (sie waren 11 u. 13 Jahre alt) zu sagen. Angst vor der Lawine, die ich damit lostreten und die ich nicht unter Kontrolle haben würde. – Wie groß und heftig sie dann letztlich wurde, war mir zum Glück zu dem Zeitpunkt noch nicht klar.

Wenn eine Ehe scheitert, gehören wohl immer auch

gesellschaftliche und familiäre Reaktionen dazu: Wie wird der Freundeskreis mit der Tatsache umgehen, dass es uns nicht mehr im »Doppelpack« gibt, wie die Geschwister, die Schwägerin, der Schwager und wie die Eltern und Schwiegereltern?

Für mich als Pfarrfrau stand noch mehr auf dem Spiel. Ich hatte ein gewisses Ansehen im Dorf, ob ich nun wollte oder nicht. Die Gemeinde hatte ich bis dahin als einen Ort erlebt, an dem ich mich zuhause fühlte. Ich war gerne Pfarrfrau. Ich hatte mehrere Freundinnen und auch Freunde und einen großen Bekanntenkreis. Ich hatte eine Gemeinde erlebt, die in schweren Zeiten für mich betete, die sich mitfreute über die Geburt unserer Kinder, die an unserem persönlichen Ergehen Anteil nahm. Ich war für andere Menschen da gewesen, an der Haustür, am Telefon, in verschiedenen Gemeindekreisen und Veranstaltungen, und habe Menschen in den verschiedensten Lebenssituationen mit Zeit und Mitgefühl begleitet.

Nun war ich die Bedürftige und merkte, wie einsam mein Weg geworden war, wie schwer es war, mich einem Menschen anzuvertrauen, der mich als Pfarrfrau sah, aber nicht zuallererst als Mensch. Unsere Ehe war Teil des öffentlichen Lebens geworden, die Pastorenfamilie als ein Vorbild, und ich hatte fleißig mitgewirkt an dem heilen Bild voller Harmonie... Ich habe es ja lange selbst nicht sehen wollen, was in unserer Ehe nicht mehr stimmte! Doch schließlich gab es keinen anderen Weg mehr für mich. Ich wollte die Trennung von meinem Mann.

Zu den Ängsten, mein soziales Netz zu verlieren, kam noch die Sorge, wie werde ich allein klarkommen, wo ziehe ich hin, wie finde ich eine Wohnung in der Nähe des Dorfes, in dem unsere Kinder zur Schule gehen, ohne dass gleich alle Welt Wind davon bekommt. Vor allem aber beschäftigte mich die Frage, wo werden die Kinder leben wollen? Ich wollte darum einen Ort wählen, von dem aus die Kinder eine gute Verbindung zu ihrer Schule haben würden und entschied mich für die 10 km entfernte Kleinstadt. Da ich verbeamtete Lehrerin bin, war ich im Vergleich zu vielen anderen (Pfarr-)Frauen, die ihren Partner verlassen, in der relativ glücklichen Lage, eine Wohnung suchen und finanzieren zu können, die genug Raum für unsere Kinder haben würde. Dennoch war mir klar, dass eine finanzielle Einschränkung auf mich zukommen würde, die nicht so leicht zu verschmerzen ist. Bis dahin ging es uns sehr gut, wir hatten ein volles Pastorengehalt und dazu noch mein halbes Grundschullehrerinnengehalt.

Ich würde lernen müssen, allein für mich (und die Kinder) zu sorgen. Wer repariert den defekten Rasenmäher, wer regelt die Versicherungsfragen, welches Auto soll ich kaufen? Wer wird mir beim Umzug zur Seite stehen? Welchen Rechtsanwalt beauftrage ich, die Scheidung in die Wege zu leiten? Es erschien mir fast zu viel, was ich dann allein bewältigen sollte. Wie viele Brücken würden unter mir, hinter mir weg brechen? Vor mir lag nur Ungewissheit, Räume, die ich bis dahin nicht oder nur durch Erzählungen kannte.

In dieser Zeit erfuhr ich von einem Treffen getrennt lebender und geschiedener Pfarrfrauen. Ich meldete mich an. Die wichtigste Frage, die mich dorthin trieb, war: Wie geht ihr damit um, vor Gott und der Gemeinde versprochen zu haben, dass ihr an guten und schlechten Tagen beieinander bleiben wollt, bis der Tod euch scheidet, und dennoch wähltet ihr den Weg, der Trennung bedeutete?

Ich habe mich selbst so viel mit dieser Frage gequält! Ich habe es mir ganz gewiss nicht leicht gemacht. Ich hatte und habe auch jetzt noch manchmal Angst, dass Mitchristen auf meinem Grabstein die Worte als Urteil in den Stein meißeln werden: »Was Gott zusammengefügt hat, das soll der Mensch nicht scheiden.« Ich fühlte mich allein, sehr allein. Gerade weil der Glaube in meinem Leben ein ganz wichtiger Teil ist, der mir Halt gibt, war dieser Satz einer Bibelstelle, der mich beunruhigte und mich auch oft verzweifelt machte.

Ich fragte mich, ob ich denn die erste und einzige bin, die solch einen Schritt wagt, obwohl sie glaubt.

Wo waren sie, sind sie, all die Frauen und Männer, die sich trennen, trennten? In der Kirche erlebte ich sie als TABU. Ja, ich kannte Geschiedene, aber bei ihnen war die Trennung lange her, vollendete Tatsache, quasi »verjährt«, oder es gab die Paare, die sich vertrauensvoll an ihren Pastor wandten und denen dann oft geholfen werden konnte. Gab es niemanden in meiner Nähe, deren Versuch, die Ehe zu retten, auch gescheitert war? Wo konnte ich mich hinwenden, ohne moralische Verurteilungen zu fürchten und doch in meinem verletzlichen, verletzten Zustand behutsam und liebevoll wahrgenommen zu werden? Ich suchte Verständnis und Hilfe.

In dem Kreis der getrennt lebenden und der geschiedenen Pfarrfrauen fand ich einen Raum, der mir gut tat. Ich traf Frauen, die – wie ich – Pfarrfrauen (gewesen) waren und die die Situation der Trennung mit all ihren Facetten kannten. Es ist ein eigenes Ding, Pfarrfrau zu sein. Da unsere Männer das Pfarrhaus als Dienstwohnung haben, sind es immer die Frauen, die ausziehen, wenn eine Pastoren-Ehe auseinander geht. Ich erfuhr, dass ich nicht die einzige Pfarrfrau war, die diesen schweren Weg ging. Hier gab es juristische Informationen für mich, aber vor allem Mut und Rückenstärkung für meinen ganz eigenen Weg. Niemand ist diesen, meinen Weg schon einmal gegangen und niemand kann sich ein Urteil darüber erlauben. Niemand wird mir meinen Weg abnehmen. Jede Frau hat ihren eigenen Weg zu gehen, doch es tut gut, mit anderen auf dem Weg zu sein, nicht allein zu bleiben, von anderen zu hören und mitzufühlen. Was mir ganz besonders gut tat, war, zu spüren und zu hören, dass viele dieser Frauen weiterhin ihren Glauben behalten hatten und ihn zum Teil auch weiter in einer Gemeinde lebten – wenn auch meist in einer anderen Gemeinde als der, aus der sie kamen.

In unseren Familien erlebte ich bei der Bekanntgabe meines bevorstehenden Auszugs Reaktionen, die vom Erschrecken darüber gekennzeichnet waren, dass sie nicht gemerkt hatten, was bei uns los war. Sie waren betroffen und in Sorge um uns und unsere Kinder. Doch wir spürten auch Vertrauen in uns: »Ihr werdet nichts Unüberlegtes tun und eure Gründe haben, selbst wenn wir es nicht verstehen können und bedauern.«

In der Gemeinde aber war ich unvorstellbar heftigen, grenzüberschreitenden Reaktionen ausgesetzt, die mich zum Teil sehr tief verletzten, und fast dazu führten, dass mein Auszug aus dem Pfarrhaus auch ein Auszug aus der Kirche wurde.

Es begann damit, dass mein – zu dem Zeitpunkt noch – Ehemann zwei Monate vor meinem Auszug aus dem Pfarrhaus in einer Kirchenvorstandssitzung unsere bevorstehende Trennung bekannt gab. Er hielt diesen Schritt für notwendig, um den Menschen gegenüber ehrlich zu sein und ihnen nichts (weiter) vorzuspielen. Ich ahnte nicht, was dieses Öffentlichmachen im kirchlichen Raum für mich für Folgen haben würde. Bis dahin wussten nur einige wenige von der bevorstehenden Trennung; anvertraut mit der Bitte, es noch für sich zu behalten. Was nach der Bekanntgabe in den Köpfen und Herzen mancher Kirchenvorsteher und Kirchenvorsteherinnen los war, vermag ich nur zu ahnen.

Einer, der bis dahin einen herzlichen Kontakt zu unserer Familie gepflegt hatte, war völlig außer sich. Er telefonierte mit mehreren Frauen in der Gemeinde, von denen er meinte zu wissen, dass sie einen guten Kontakt zu mir hätten und bat sie, mich von dem »falschen Weg« abzubringen. Ich erfuhr davon. Nach ein paar Tagen rief er mich dann persönlich an. Er konnte nicht akzeptieren, was er gehört hatte. Ich sagte ihm, dass es nicht sein Recht sei, mich so vor anderen zu verurteilen, schon gar nicht, wenn er nichts von mir selbst zu der »Sache« gehört habe. Heute, mit einigem Abstand, kann ich sehen, wie geschockt er war, wie sehr sein Bild von uns in ihm zerbrach und er es nicht aushalten konnte und es darum ändern wollte. Doch damals hat sein Verhalten mich tief erschüttert und verunsichert. Nicht, dass ich an der Richtigkeit meiner Entscheidung zweifelte, nein, es war dieses Lebensgefühl, dass ich nicht richtig bin und nicht erwünscht, wenn ich anderes lebe, als meine Mitmenschen es für gut befinden. Indem er mit meinen Freundinnen und Bekannten so über mich redete, überschritt er eindeutig Grenzen. Mit wem hatte er alles telefoniert? Meine Einkäufe im Dorf wurden für mich zum Spießrutenlauf. Ich war den Reaktionen der Gemeinde schutzlos ausgeliefert.

Der Brief eines ehemaligen Kirchenvorstehers und auch der Brief des Pastoren, der uns vor 17 Jahren getraut hatte, führten dazu, dass ich immer ängstlicher an den Briefkasten ging. Der »Trauvater« fragte rhetorisch: »Willst du wirklich diesen so genannten Neuanfang damit bezahlen, dass du deinen Mann und zwei Kinder verlässt? Glaubst du, dass solch ein Schritt gesegnet wird?« Ich kann nur sagen: ich hatte zu keinem Zeitpunkt meines Lebens vor, meine Kinder zu verlassen! Und wollte er mir den Segen Gottes absprechen, wenn ich meinen Mann verlasse? – Der ehemalige Kirchenvorsteher schrieb: »Gott hat euch füreinander bestimmt. Es ist viel Gutes geschehen für Gott in unserem Dorf, lasst euch dies nicht vom Teufel kaputtmachen. Eure Ehe hat oberste Priorität.«

War ich, weil ich unsere Ehe für gescheitert hielt, nun vom Teufel besessen? Durfte ich mich nun nicht mehr als ein Kind Gottes wissen, das unter seinem Segen steht? Wenn einem Menschen in einer Lebenskrise abgesprochen wird, dass Gott auch für die Gescheiterten da ist, dann ist es, als wolle man demjenigen den Boden unter den Füßen wegziehen! Ich kam hart an meine Belastungsgrenze. Ich suchte professionelle Hilfe, um mit meiner neuen, aufgewühlten Lebenssituation klarzukommen.

Immer wieder kam ich in Situationen, in denen ich mich angeklagt sah. Ich wollte mich rechtfertigen, doch den Menschen ging es nicht um mich. Das musste ich erst begreifen. SIE waren diejenigen, die ein Problem hatten. SIE hatten es mit mir. Allzu oft tappte ich hinein in die Falle und versuchte, mich zu erklären, mich zu rechtfertigen. Ich fühlte mich verantwortlich für IHR Problem.

Da war die Frau, die mich in erregtem, lauten Ton anklagte: »Ihr führt uns hier jahrelang eine Bilderbuch-Ehe vor und dann ist das einfach alles nichts gewesen. Das macht mich wütend!« Oder: »Dein Mann sagt doch immer, man muss nur beten in der Ehe, dann geht keine Ehe kaputt!« – Ich habe das nie so gesagt und geglaubt. Eine andere Frau machte ihrem Herzen unkontrolliert Luft: »Ich mag dieses »Psychogeseiere« nicht, nur weil das jetzt »in« ist, darum sage ich dir jetzt einfach frei heraus, dass ich glaube, dass du einen Fehler machst!« Nach dieser Begegnung bekam ich einen Asthma-Anfall, obwohl ich bis dahin noch nichts damit zu tun hatte. Mir war so eng geworden…

Dann war es wieder der Postkasten, der Zeilen enthielt, die mich zurückhalten, festhalten wollten. Auf einer Karte las ich: »Ich kann dich gut verstehen… Gott gibt mir immer wieder die Kraft weiterzumachen und Geduld zu haben mit mir und meinem Mann… Die Kinder brauchen ein heiles Zuhause und die Enkelkinder auch.« Dass es dieses heile Zuhause bei uns im Pfarrhaus nicht mehr gab, sah sie nicht.

Wenn andere Menschen mit der neuen Situation nicht klar kamen, sollte ich sie auch noch trösten oder am besten noch die Situation wieder rückgängig machen, ändern. Das konnte und wollte ich nicht. Ich war oft überfordert mit der Situation und habe nicht immer gut überlegt handeln und reagieren können. Warum fiel es mir so schwer, solche Sätze zu sagen wie: »Ich möchte jetzt nicht darüber reden mit Ihnen. Ich habe zurzeit zu viel mit mir selbst zu tun und brauche meine Kraft jetzt für mich.« Es war wohl auch die Angst, irgendwann ganz allein dazustehen und verteufelt zu werden, die mich daran hinderte. Viele kannten mich als eine offenherzige Frau und fühlten sich nun um diese Frau beraubt. Es war schwer für mich, nicht ständig in Rechtfertigung zu gehen. Und es war schwer für mich, den Gedanken auszuhalten, dass Menschen, die mir viel bedeuteten, nun ein Problem durch mich hatten. Manchmal, nein, zu oft glaubte ich selbst von mir, ich sei das Problem. Was macht man mit Problemen? Man will sie weg haben, bearbeiten, bis es sie nicht mehr gibt.

Nach zwei Monaten war es soweit. Ich zog aus. Einige wenige Freunde halfen mir. Ich nenne sie für mich meine »UMZUGS-ENGEL.« Das will schon etwas heißen, vor den Augen der Gemeinde der Pastorenfrau beim Auszug zu helfen! Ich weiß nicht, was ich ohne sie gemacht hätte, wie ich diesen Tag überlebt hätte. Sie waren da, munterten mich auf und trugen nicht nur die Möbel und Kisten, nein, sie trugen auch mich mit durch den Tag!

Geschafft, so mag man denken. Ja, ich hatte enorm viel geschafft, doch es kam noch heftiger. Unsere Kinder wohnten zunächst bei mir, doch ich merkte bald, wie sehr ihnen unser bisheriger Wohnort A. mit den bequemen Wegen zu Fuß oder mit dem Fahrrad zu den Freunden und zur Schule fehlte, und natürlich auch ihr Vater. Das konnte ich ihnen in der neuen Umgebung nicht bieten. Ich fuhr sie, so oft sie wollten, auch am Nachmittag, nach A. zurück. Aber alles musste organisiert und abgesprochen werden, und in A. war es doch so viel bequemer. Wenn ich die Kinder dann später wieder abholte, hatte ich mehr und mehr das Gefühl, dass von A. ein Sog ausging, dem ich kaum standhalten konnte. Schließlich kam das, was ich nie wollte und was ich dennoch bejahen musste, um die Kinder nicht zu verlieren. Bevor sie sich von mir gegen ihren Willen festgehalten fühlten, ließ ich sie los. Sie zogen zurück zu ihrem Vater nach A.

Seitdem denke ich öfters an die Geschichte im alten Testament, wo zwei Frauen sich um ein Kind streiten. Als der Richter es nicht klären kann, wer die richtige Mutter ist, ordnet er an, das Kind zu zerteilen. Sofort bittet eine der Frauen, dieses Urteil nicht zu vollstrecken und will lieber auf ihr Kind verzichten, als dass es (noch mehr) Schaden nimmt. Ich habe nicht um »meine« Kinder gestritten, obwohl es manchmal so nahe lag. Ich weiß nicht, ob es richtig ist. Ich weiß und erlebe aber, dass ich meine Kinder nicht verloren habe und ich habe sie auch nicht verlassen! Was ich mit ihnen erlebe, gibt mir Recht. Sie kommen gerne. Wir haben viel Kontakt miteinander an den Wochenenden und auch unter der Woche. Im Zeitalter der Handys ist das zum Glück relativ leicht zu verwirklichen. Trotzdem will ich nicht verschweigen, dass ich sehr unter den gegebenen Umständen leide und manchmal das Gefühl habe, mein Herz zerbricht; es erträgt das Fehlen der Kinder nicht.

Nach einem halben Jahr ließ ich mich auf eine neue Partnerschaft ein. Ich hatte mich in einen der »Umzugsengel« verliebt. Doch als ob mein Leben nicht schon schwierig genug war, war dieser »Engel« ein ehemaliger Kirchenvorsteher aus A. und zudem zwar getrennt lebend, aber noch verheiratet. Seine Ehe war schon seit Längerem gescheitert, er war vor schon fast einem Jahr bei seiner Frau ausgezogen. Dennoch war uns beiden klar, dass wir mit unserer Verbindung nicht nur unsere Noch-Ehepartner treffen, sondern auch wieder Wasser auf die Mühlen all derer schütteten, die mich schon bei meinem Auszug mit ihren (christlichen) Moralvorstellungen so heftig verurteilt hatten. Wir hatten Angst, beide! Aber unsere Liebe war stärker. Wir verliebten uns ja nicht ineinander, um anderen weh zu tun. Es passierte uns, und irgendwann gaben wir den Gefühlen Raum. Trotz der Ängste.

Was wir dann erlebten, war kaum zu glauben. Meine bis dahin beste Freundin verbot mir ihr Haus, solange ich die Beziehung zu diesem Mann aufrechterhalte. Sie fragte nicht, wie es dazu gekommen war, sie hörte mich nicht an. Sie war verletzt, weil ich ihr von meinen Gefühlen zu dem Mann nichts erzählt hatte. Wer weiß, vielleicht hatte ich schon eine Ahnung davon, wie heftig sie reagieren würde und wie grenzüberschreitend? Sie sagte mir, dass sie sicher sei, dass das nicht der richtige Weg für mich sei. Sie bot mir aber jederzeit ihre Hilfe an, wenn ich die Beziehung zu dem Mann beende.

Welch eine Art von Hilfe und Freundschaft, die Bedingungen stellt, die mir sagt, wen ich lieb haben darf und wen nicht! Später begründete sie ihr Verhalten mir gegenüber damit, dass sie Angst hat, Jesus zu verlieren, wenn sie mit mir in Kontakt bleibt. Meine Art, die Bibel auszulegen in meiner jetzigen Lebenssituation, widerspräche ihrem Bibelverständnis. Noch heute fällt es mir schwer anzunehmen, dass sie so ist und auch sie inzwischen zu denen gehört, die mit mir ein Problem haben. Ich mochte sie so gerne! Wir waren wie Schwestern.

Sie war nicht die einzige, die so heftig reagierte. Einige Tage nachdem wir unseren ehemaligen Partnern von unserer Beziehung erzählt hatten und es sich im Dorf herumgesprochen hatte, begann bei mir ein anonymer Telefonterror. Einmal war es eine ältere Frauenstimme, die ins Telefon schimpfte: »Frau B., kennen sie eigentlich nicht das 6. Gebot? Sie sollten doch als ein gutes Beispiel vorangehen, anstatt zwei Ehen kaputt zu machen!« Ich zitterte am ganzen Leib als die Frau den Hörer aufgelegt hatte. Ich war allein und fühlte mich wie ein Tier im Käfig, schutzlos den Blicken und Aktionen der Zuschauer ausgeliefert. Von da an klingelte mein Telefon öfters und wenn ich mich mit meinem Namen gemeldet hatte, legte der/die AnruferIn am anderen Ende schnell auf. Ich zuckte von nun an bei jedem Telefonklingeln zusammen. Das kam relativ häufig vor, da ich als Grundschullehrerin einen guten Kontakt zu den Eltern pflege. Es gab jetzt in meinem Leben einen Menschen, der mich fertigmachen wollte. Wer war es? Ich weiß es bis heute nicht. Waren es vielleicht sogar mehrere? Es war für mich selbst erschreckend zu sehen, wie viele Menschen, die vor noch gar nicht langer Zeit zu meinem Bekannten- und Freundeskreis gezählt hatten, ich nun zumindest für fähig hielt, mir Böses zu wollen! Ich hatte das Vertrauen verloren in die Gemeindemitglieder in A. Ich hatte gehofft, dass sie mich als die Frau sehen können, die ich auch vorher für sie war. Sie aber sahen in mir jetzt vorwiegend die Frau, die ihren beliebten Pastor verlassen hatte, und die durch das Eingehen in eine neue Beziehung die Hoffnung in ihnen gänzlich zerstörte, dass ich vielleicht doch noch »von dem falschen Weg« zurückkommen würde.

Ich wusste mir schließlich keinen anderen Rat mehr und bestellte bei der Post eine andere Telefonnummer, die auch gleichzeitig geheim sein sollte. Die Frage, ob ich eine Fangschaltung wollte, entschied ich mit nein. Ich fühlte mich einer Gegenüberstellung mit dem/der anonymen AnruferIn nicht gewachsen. Ich war nervlich am Ende und brauchte meine Kräfte nun für andere Dinge.

Schließlich bekamen mein Freund und ich auch noch anonyme Post. In dem Briefumschlag war eine Kopie eines Textes, den wir aus einem christlichen Andachtsbuch kannten. Darin wird den Lesern des Textes dargelegt, dass wir Menschen das Leben, den Sinn, den Frieden, das Paradies nur dort suchen sollten, wo wir es verloren haben. Wir Menschen suchen aber unser Glück oft an ganz anderen Stellen und können darum folglich auch keinen Frieden finden. Haben wir den Absender der Kopie richtig verstanden, dass er der Meinung ist, wir sollten nach A. zurückgehen und in unsere Ehen, dann würden wir Frieden finden? Ob er/sie sich bewusst war, durch diese Post dazu beigetragen zu haben, dass wir auf keinen Fall wieder zurück gehen wollen würden an einen Ort, wo Menschen uns feige anonym verurteilten wie er/sie? Woher nahm er/sie sich das Recht zu sagen, dass wir in unseren Ehen das Paradies hatten? Wäre es so gewesen, wären wir wohl kaum weggegangen.

Der Ehemann einer sehr guten Freundin von mir schrieb mir, dass ich bei ihnen herzlich willkommen sei, allerdings nur ohne meinen neuen Freund. Für viele Menschen war ich als Pastorenfrau an der Seite meines Mannes willkommen. Sie verbinden besondere Augenblicke mit uns. Jetzt sind wir getrennt. Dieser Umstand führt wohl dazu, dass sie in Konflikte geraten mit den Bildern, die sie von uns, von Ehe und von sich selbst haben. Ich glaube inzwischen ganz fest, dass viele mich eben doch nur als Pastorenfrau wahrgenommen und akzeptiert haben. Wie sonst soll ich mir erklären, dass so viel wegbrach, was mir einmal so viel Halt gab? Sicherlich spielt dabei eine nicht ganz unerhebliche

Rolle die Tatsache, dass mein früherer Mann weiterhin in A. in der Gemeinde geblieben ist, die Menschen seinen Schmerz mit ansehen und z. T. mitfühlen. Dazu kommt noch, dass in den meisten Fällen diejenigen die Bösen sind, die verlassen. Im Pfarrhaus sind es also – rein äußerlich – immer die Frauen, denn die Männer haben ja Residenzpflicht im Pfarrhaus.

Ich arbeite weiterhin an der Grundschule in A. Schön war es für mich zu erleben, wie ich im Kollegium mit Verständnis aufgefangen wurde. Die Elternschaft, die ja zu einem Großteil auch Gemeinde ist, nahm mich weiterhin in erster Linie als Lehrerin ihrer Kinder wahr. Ich konnte sogar weiter Religion unterrichten. Persönliche Angriffe blieben mir hier erspart. Doch außerhalb der Schule vermeide ich in A. weiterhin möglichst Kontakte, die dem Zufall überlassen sind.

Doch nicht immer ist das möglich. Nach knapp einem Jahr musste ich wieder zurück an den Ort, der für mich mal ein sicherer Schutzraum gewesen war: die Kirche in A. Unsere Tochter wurde in der Kirche am Ort konfirmiert. Ich vermag nicht zu beschreiben, was vorher in mir los war.

Doch als es so weit war, gelang es mir, diesen Tag ganz für meine Tochter zu sehen und für sie da zu sein. Ich ging sogar mit dem Mann, den ich verlassen hatte, zum Abendmahl. Das zu lesen, mag manche verwundern. Ich schreibe es hier auf, um deutlich zu machen, dass die Gemeinde deutlich mehr Schwierigkeiten hatte und auch machte, als es unsere Trennung hergab. Sie mischten sich ein in unsere Trennung, ohne zu sehen, wie wir selbst damit klarkamen.

Wenngleich ich Wege in A. möglichst vermied oder mit dem Auto erledigte, gab es doch dann und wann Zeiten, in denen ich die Vermeidungsstrategie beiseite legte. Manchmal wollte ich zwischen Unterricht und Konferenzen nicht nach Hause fahren, es lohnte kaum, dachte ich. Dabei passierte es mir eines Tages, dass ich einen Pastor (in Ruhestand) traf, dem ich seit meinem Auszug aus dem Pfarrhaus noch nicht wieder begegnet war. Wir liefen uns im Supermarkt über den Weg. Nach einem unverfänglichen Gesprächsbeginn packte er dann ungebremst seine Sicht der Dinge aus. »Wie kannst du überhaupt damit klarkommen hier im Ort noch an der Schule tätig zu sein? Dir begegnen doch immer wieder Menschen aus der Gemeinde! Viele sind enttäuscht und traurig. Du warst doch so in der Gemeinde drin! Und die Kinder! Uns tun eure Kinder so leid! Da könnt ihr euch noch so viel Mühe geben, sie leiden darunter, hin und her gerissen zu werden.« Wem sagte er das? Für mich ist das doch noch viel schwerer als für ihn, das zu sehen! »Meinst du immer noch, dass der Schritt richtig war?« Die Scheidung war inzwischen eingereicht, ich lebte seit eineinhalb Jahren nicht mehr in A. »Von außen gesehen ist das schon schwer zu verstehen. Und dann gleich zwei Ehen, die deshalb kaputt gehen.« Als ich einwarf: »Nicht deshalb!« entgegnete er: »Vielleicht machst du dir da auch etwas vor. Von außen sieht es jedenfalls schon so aus, als wäre C. (mein neuer Freund) der Grund für eure Trennung.« Was sollte ich darauf noch sagen? Er wusste es ja angeblich besser als ich.

»Dein Schritt, aus dem Pfarrhaus auszuziehen, war schon schlimm. Noch schlimmer ist aber der mit C. Für mich jedenfalls. Das kann ich nicht verstehen. Das ist schwer für viele, für ganz viele mit denen ich darüber rede. Damit hast du der Gemeinde schlimmen Schaden zugefügt!« Da war es wieder! Er hatte mit ganz vielen darüber geredet, nur nicht mit mir. Und als ehemaliger Pastor dieser Gemeinde hatten seine Worte nach wie vor viel Gewicht. Ich versuchte ihm zu sagen, dass die Menschen ihre eigenen Probleme an mir fest machen wollten und dass ich selbst jetzt auch eine ganze Menge Probleme hätte, die zu bewältigen waren. Es sei eine wichtige Erfahrung in meinem Leben zu sehen, wie Gemeinde mit Gescheiterten umgeht. Er hat, glaube ich, nicht verstanden, dass die Gemeinde auch mir schlimmen Schaden zugefügt hat. »Es ist ja auch von außen schwer zu verstehen«, sagte er fast ein bisschen rechtfertigend. Ich habe daraufhin zum Glück nicht angefangen, ihm offen zu legen, was in unserer

Ehe schief lief. Unser Gespräch endete damit, dass er mich einlud, ich sei bei ihm und seiner Frau jederzeit auf einen Tee herzlich willkommen. Mit der letzten Kraft und Fassung, die ich noch aufbringen konnte, hörte ich mich sagen: »Du wirst vielleicht verstehen, dass mir – insbesondere nach diesem Gespräch mit dir – nicht der Sinn danach steht. Grüß deine Frau von mir!« Ich drehte mich um und ging. Seit dieser Begegnung bin ich nicht wieder in A. einkaufen gegangen.

Eine Freundin sagte einmal zu mir, dass sie nicht begreifen kann, dass sich eine Gemeinde so einmischt in das Privatleben der Pastorenfamilie und in deren Gefühle. Alle wollen mitreden. Wenn sie sich von ihrem Mann trennen würde, dann würde vermutlich niemand reinreden; vielleicht mal eine gute Freundin fragen, warum oder wie es soweit gekommen sei, aber dann hätte sich das auch. Die Pfarramtssekretärin versuchte zu trösten: »Weißt du, heute seid ihr dran, morgen treiben sie wieder ein anderes Schwein durchs Dorf.«

Schweine hin oder her! All diese Erlebnisse führten in mir zu einer großen Verunsicherung. Bislang hatte ich ein Menschenbild, das von Vertrauen und Gutem geprägt war. Ich selbst konnte den Menschen gegenüber offen und herzlich auftreten. Das änderte sich jetzt. Die »Ent-Täuschung«, dass ich mich sogar in meiner besten Freundin so getäuscht hatte, saß tief. Die anonymen Telefonanrufe verstärkten in mir das Gefühl, dass es in A. Menschen gab, die an mich mit Hass und Groll dachten und mich mit Absicht verletzen wollten. Wer auch immer es war, er/sie war für mich durch die Anonymität nicht greifbar und zu benennen, so dass es (fast) jede(r) hätte sein können. Ich konnte mich nicht mehr auf meine Menschenkenntnisse verlassen.

Sah ich in meinem neuen Wohnort in der Fußgängerzone Leute aus A., war ich sofort angespannt. Sehen sie mich? Wie sehen sie mich? Wie begegnen sie mir? Meist war die Verunsicherung wohl gegenseitig und wir gingen aneinander – zum Teil grüßend – vorbei. Nur selten fand ein Gespräch statt. Ich erinnere mich aber gerne an eine Begegnung, bei der es anders war.

Eine Frau aus A. sah mich, kam freudig auf mich zu und legte unbefangen herzlich zur Begrüßung ihren Arm auf meine Schulter. In A. hatten wir nur wenig miteinander zu tun, aber wir kannten uns aus der Gemeinde. Sie freute sich einfach, mich mal wieder zu treffen. Nicht mehr und nicht weniger. An dieser Begegnung merkte ich hinterher, wie anders viele andere gewesen waren, beklommen und verhalten.

Nun mag man sich fragen, wie ich all das überstand. Ich schrieb diese Zeilen ja unter dem Blickwinkel, welche Ängste ich erlebte, als ich aus dem Pfarrhaus auszog. Doch ich habe auch außergewöhnlich viel Positives erlebt, was mir half, diese Zeit durchzustehen. Zu allererst will ich den Mann an meiner Seite nennen, der mit mir inzwischen schon durch viel dick und dünn gegangen ist und mit dem ich glücklich bin. Da war aber auch meine Mutter, die in ganz toller Weise für mich ein Ohr hatte und mitfühlte, die für mich da war. Da waren Menschen, die mir praktisch halfen, indem sie sich von Möbelstücken, von Gartengeräten und Stühlen trennten und sie mir schenkten; da waren die Freunde, die beim Renovieren halfen; da war die Freundin, die mich mit meinem Freund ganz offen und herzlich aufnahm in ihrer Familie und die mir das Gefühl gab, dass ich ihr auch jetzt noch wertvoll bin als die, die ich jetzt bin. Ich bekam liebe Zeilen zugeschickt von Menschen, die hofften, dass unser Kontakt so bleibt wie er einmal war. Menschen boten ihre Hilfe an, von denen ich es nicht erwartet hätte. Gute Wünsche erreichten mich und ganz treue, liebe Mitchristen hielten von sich aus den Kontakt zu mir aufrecht, obwohl ich eine lange Zeit selbst keine Kontakte pflegen konnte und von mir aus keine Initiative ergriff. Wenn eine Ehe zerbricht, dann gehen mit ihr auch ganz viele Träume und Bilder, Hoffnungen kaputt, die man für sein Leben hatte. Das war sehr schmerzhaft für mich. Manchmal fühlte ich mich wie eine Trauernde, doch meine Umwelt begegnete mir anders. Ich war müde und leer. Mir fehlte der Antrieb, wieder neu anzufangen, neu zu hoffen.

Für mich war neben meinem Glauben eine ganz entscheidende Hilfe die Gesprächstherapie, die ich während der Zeit hatte. Sie baute mich auf und stärkte mich wieder die zu sein, die ich eigentlich bin und dabei ganz lebendig und gerade durchs Leben gehen zu können.

Ganz besonders dankbar war ich für den Brief, den der Kirchenvorstand mir schrieb. Darin brachten sie ihre Traurigkeit zum Ausdruck, aber auch ihre Dankbarkeit und Anerkennung dafür, wie und womit ich in der Gemeinde tätig war und gewirkt hatte. Sie wünschten mir für meine Zukunft alles Gute und Gottes Geleit auf allen meinen neuen Wegen.

Als der damalige Superintendent von unseren Trennungsabsichten hörte, bot er sofort meinem Noch- Ehemann und mir an, dass er uns segnen würde, wenn wir soweit seien und es auch wollten. Leider wurde er dann vorher versetzt und ich selbst hatte weder Kraft noch Mut, jemanden anders darum zu bitten. Grundsätzlich finde ich den Gedanken aber gut, wenn »die Kirche« auch bei solch einem wichtigen Wendepunkt im Leben zweier Menschen bzw. einer Familie, präsent ist, nicht als richtende Instanz, sondern als begleitende. Im Kreis der getrennt lebenden und geschiedenen Pfarrfrauen weiß ich von mehreren Frauen, denen solch eine Geste gefehlt hat oder denen sie zumindest gut getan hätte.

Inzwischen sind zwei Jahre vergangen und ich bin geschieden. Auch in der Kirche beginn ich wieder, meinen Platz zu suchen und zu finden. Da ist der Gesprächskreis, in dem ich mich – auch mit meiner Geschichte als Pfarrfrau und mit meinem Freund – angenommen fühle. Das tut mir gut und hilft mir, wieder Vertrauen in Christen zu fassen. Ich glaube aber nicht, dass es schnell und leicht gehen wird, all die Verletzungen wegzustecken, die im christlichen Raum erleben musste. Ich hoffe, dass ich mich bald wieder mit mehr Offenheit und Unbefangenheit in der Kirche bewegen kann. Sicherlich wird immer eine Portion Vorsicht gegenüber enger gläubigen Christen dabei sein. Sie gehören zu dieser Kirche – so wie auch ich – und sie werden mir hier auch immer wieder begegnen.

Das soll für mich jedoch kein Grund mehr sein, die Kirche zu meiden und das, was sie mir sein kann, aufzugeben. Oft fällt es mir noch schwer, in kirchlichen Kreisen meinen Namen zu nennen und die dann folgenden Blicke auszuhalten. Mein Nachname ist in dieser Gegend belegt von meinem geschiedenen Mann und von der Geschichte, die nun von unserer Trennung in den verschiedensten Versionen in den Köpfen der Menschen herumschwirrt. Trotzdem! Anfangs dieses Jahres fasten mein Freund und ich uns ein Herz und wirkten gestalterisch im Karfreitags- und Osternachtsgottesdienst unserer neuen Kirchengemeinde mit. Dabei wurden wir namentlich erwähnt und es (er-)ging mir gut damit. Ein Anfang ist gewagt.

JA
Einen neuen Anfang wagen
Eigene Grenzen sehen
und dafür gerade stehen
Eigene Träume wieder bejahen
und dafür einstehen
JA zu den Erinnerungen an das erlebte Glück
und das Gestern
JA zu meinem Aufbruch
und zu den vielen Abschieden
JA zu meinem Weg
JA zu dem Wagnis des neuen Weges
mit der Gewissheit
dass es MEIN Weg ist
obwohl so viel neben mir
wegbricht, abbricht
Und JA dazu
dass ich mich heute und morgen
geborgen wissen darf in der liebevollen Hand Gottes.

In dem Jahr, in dem ich mich von meinem Mann trennte, war die Jahreslosung: JA, GOTT IST MEINE RETTUNG, IHM WILL ICH VERTRAUEN UND NIEMALS VERZAGEN. Daran habe ich mich oft geklammert, wenn alles unter mir zu wanken begann. In dem darauf folgenden Jahr, als so viele Menschen meinten, sie wüssten, dass mein Weg mit dem »anderen Mann« falsch für mich sei, war die Jahreslosung: DER MENSCH SIEHT, WAS VOR AUGEN IST, GOTT ABER SIEHT DAS HERZ.« »Gott sei Dank!« habe ich oft geseufzt und GOTT mein Herz geöffnet .Noch nie waren mir Jahreslosungen so wichtig, ihre Zusagen so tief in meinem Herzen.

Rückblickend kann ich sagen, dass das, was ich erlebt habe, mich zwar bis an die Grundfesten meiner Existenz erschüttert hat, aber dass ich mit Gottes Hilfe und dank einiger Menschen, die zu mir hielten in der ganzen Zeit, heute wieder zuversichtlich in die Zukunft blicke. Es gibt ein Leben nach der Trennung, auch für Pfarrfrauen! *Ich freu mich drauf!*

Ich bin Andrea Auster dankbar, dass sie es gewagt hat, ihre Erfahrungen zu schildern. Viele Pfarrfrauen fühlen sich von ihrer Kirche stigmatisiert, wenn es eine Scheidung gibt. Oft geht der Mann in eine neue Stelle, eine neue Dienstwohnung und sie bleibt – in der Regel – mit den Kindern zurück. Gerade der Pfarrfrauenverband hat sich, wie hier auch geschildert, dankenswerterweise dieser Herausforderung menschlich angenommen. Mich bedrückt oft, wie schwer es ist, mit Scheidung in unserer Kirche umzugehen. Nicht, dass wir die Ehe auf die leichte Schulter nehmen dürften. Nein. Mir liegt gerade daran, Menschen zu Verbindlichkeit zu ermutigen, zu dem Glück auch, das Leben in einer Familie bedeuten kann. Aber Menschen scheitern, niemand ist, wenn wir das christliche Menschenbild anschauen, von sich aus perfekt. Deshalb ist auch Vergebung angesagt, ein Freigeben bei aller Ermutigung zur Verbindlichkeit. Dabei in Gott eine Stärkung zu sehen, das ist die entscheidende Komponente. Auch die Angst vor dem Scheitern einer Ehe, vor einer Trennung mit all den Belastungen, sie kann Gott anvertraut werden. Bei mehr als 200 000 Scheidungen im Jahr darf unsere Kirche die Augen nicht verschließen. Wir sind nicht nur für den glücklichen Tag der Trauung da, sondern für den ganzen Menschen mit allen Sorgen und Ängsten. Nur wenn wir über Scheidungserfahrungen sprechen, machen wir anderen Mut, sich anzuvertrauen.

Angst vor Krieg und Terror

Mein Gott, mein Gott, warum hast du mich verlassen?
(Ps 22,12/Mt 27,46)

Die Angst vor Terror, sie geht um, auch in unserem Lande. Die Attentate auf Djerba und in Madrid, sie haben den Terror nahe rücken lassen, der uns in New York, im Irak und Afghanistan immer fern erscheint. Wie leben die Menschen mit Terror? Was geht in ihnen vor, wenn sie in einer Stadt wie Moskau leben, die immer wieder Terror erlebt, in einem Theater, in dem junge Leute etwas Schönes erleben wollen oder ganz einfach in einer Straßenbahn? Das, was bei uns eine Nachrichtenmeldung ist, die ganz schnell wieder von den Tickern verschwindet, prägt Menschen nahe am Terror lange, manchmal für immer. Es verändert das Leben, das Miteinander. Im Februar 2004 habe ich Anna Tomarovskaya kennen gelernt. Sie ist eine junge Frau, die bei der Heinrich-Böll Stiftung in Moskau arbeitet. Sie schreibt über den »Terror in der Moskauer Metro«:

Anna Tomarovskay

In den vier Jahren meines Lebens in Moskau hatte ich es gelernt, die Moskauer Metro-Rituale exakt und gedankenlos auszuführen. Dem martialischen Tempo im Schlund der Stadt vertraute ich mich ohne Zögern an. »Wozu die Eile?«, fragen die Zugereisten immer. Aber nach ein paar Monaten geraten sie selbst in diesen rasenden Takt. Oft wissen die Neumoskauer über Jahre hinweg nicht, wie die äußerliche Beschaffenheit der Stadt zwischen Metro-Stationen aussieht. Aber die Metro, den inneren Kreislauf dieser Stadt, ohne den das Leben in Moskau sofort stehen bliebe, kennen sie bis ins letzte Detail. Und sie begreifen intuitiv sehr schnell, wie man funktionieren muss, um dieses normalerweise perfekt arbeitende Menschenbeförderungssystem in ununterbrochener Fahrt zu halten.

Die Metro in der Hauptverkehrszeit ist einfach bedrückend. Drehkreuz, Rolltreppe, rechts stehen, links gehen, zwei Stufen zwischen den Passagieren, um beim Auftreten auf den festen Boden nicht übereinander zu stolpern. Dann gleich in den richtigen Menschenstrom einfließen, um von der Masse nicht in eine falschen Richtung getragen zu werden. In den Metro-Waggon einsteigen. Paar Schritte nach vorn, dann umdrehen, wenn man nicht die ganze Fahrt in einer Zentimeternähe Besonderheiten der Gesichtshaut seines Visavis betrachten will. Man versteckt die Augen, schaut in sich hinein. Diese körperliche Distanzlosigkeit ist schwer zu ertragen. Vorsichtig, nach Möglichkeit niemanden berühren oder gar anlehnen, keine unwillkürliche Bewegung machen, die als Rücksichtslosigkeit oder gar Grobheit interpretiert werden kann, wer weiß, ob sich nicht ein Verstörter oder Unausgeschlafener mit Dir auf diese Fahrt durch überfüllte Labyrinthe begeben hat. Und ich bewundere meine Mitbürger, wenn ich die Rolltreppe zum Aufstieg erreicht habe, mich umdrehe und die in leichten Wellen aus Köpfen vorwärtsströmende Menschenmasse betrachte: Soviel Disziplin und Geduld bringen sie mindestens zweimal täglich auf, um die zwei Übel der großen Metropolen – weite Strecken und permanenten Zeitmangel – zu verschmerzen. Ist es nicht eine Leistung?

Bis vor kurzem habe ich bei meinen täglichen Metro-Fahrten kaum mehr registriert, was um mich herum geschah. Nach dem Terroranschlag ist für mich vieles anders geworden. Bei einer Sprengstoffexplosion in einem Metro-Waggon im Tunnel am 6. Februar um 8:30 sind laut offizieller Statistik 40 Menschen umgekommen, 142 wurden verletzt. Die Untersuchung am Tatort ergab praktisch kein Ergebnis, weil sich alle Indizien bei der Explosion im Tunnel spurlos aufgelöst hatten. Man suchte nach Teilen einer Bombenanlage, aber da waren so viele geschmolzene und zerbrochene Mobiltelefone, CD-Player und elektronische Spielzeuge verstreut, deren Teile Elemente einer solchen Anlage sein konnten, dass die Suche keinen Sinn machte. Diese Information hat mich sehr getroffen. Und auch Zeugenaussagen derer, die überlebt haben: Was haben sie gemacht, als die Explosion geschah? Gelesen, gepennt, durchs Fenster geschaut. Man grübelte, hörte Musik, träumte – man lebte voll und ganz in diesem Moment, in der Moskauer Metro in der Hauptverkehrszeit. Man lebte schon deswegen, weil man in dem Moment nicht tot war.

Die Ereignisse des 6. Februar gingen mir nahe wie die Tragödie vor anderthalb Jahren, im Oktober 2002, als tschetschenische Separatisten in einem Moskauer Theater während der Vorführung des Musicals »Nord-Ost« 800 Menschen als Geisel nahmen. Die zweieinhalb Tage, die die Geiseln in einer permanenten Todesangst, auf einem Minenfeld aus lebenden Bomben, zwischen Selbstmordattentäterinnen und vor dem Visier geladener Maschinenpistolen verbrachten, war die Zeit, als sich mein Weltbild zu häuten begann. Außer einer hilflosen Angst um diese Menschen wurde ich von einem anderen, existenzielleren und nachhaltigeren Gefühl ergriffen. Ich empfand keinen Hass oder Zorn, weil man diese Empfindungen nur gegenüber seinesgleichen hat. Mich überwältigte ein verzehrendes Entsetzen. Ich war erschüttert über das Ausmaß des Verbrechens, das diese – für mich offensichtlich – in einer ganz anderen Dimension existierenden Wesen gegen unsere Menschenwelt verübten.

In den 15 Monaten, die zwischen diesen zwei Tragödien liegen, ist um mich herum und in mir selbst viel geschehen. Mein seit der Geiselnahme besonders wachsamer und feinnerviger Blick hat Begebenheiten registriert und verarbeitet, die für mich den Terrorismus in ein anderes Licht gerückt haben. Terroranschläge erschrecken mich nach wie vor jedes Mal. Nur überkommt mich jetzt immer heftiger neben einer Todesangst und einem stumpfen Grauen eine andere Art von

Angst – die Angst vor einem selbstzerstörerischen Gefühl der Abscheu und Aggression gegenüber der mich umgebenden Welt, der Gesellschaft und dem Staat, für den der Kampf gegen den Terror zu einem dominierenden Faktor seiner Ideologie geworden ist.

Am 6. Februar geschah das, was viele Moskauer schon lange befürchtet hatten. Schamil Bassajew, ein Kampfgenosse des Präsidenten der seit Jahren nur virtuell existierenden tschetschenischen Unabhängigen Republik Itschkeria, Aslan Maschadow, hat bereits vor mehr als einem Jahr seine Absicht erklärt, die Metro in Moskau in die Luft zu sprengen. Das war sofort nach der Geiselnahme im Moskauer Theater. Bassajew hat damals die Verantwortung für den Terroranschlag übernommen. Auf seiner Website hielt er fest, dass die von ihm nach Moskau geschickten Selbstmordattentäter ihr Ziel – den Abzug der russischen Truppen aus Tschetschenien – nicht erreicht hatten. Von nun an, verkündete Bassajew, würden keine Geiseln mehr genommen und keine politischen Forderungen mehr gestellt. Er erklärte sich zum Kommandeur des »Schachiden-Bataillons« der Selbstmordattentäterinnen und verabschiedete den Plan der terroristischen Operation »Bumerang«. An diesen Plan hat er sich anscheinend bis jetzt gehalten. Am 5. Juli 2003 rissen auf einem Rock-Festival in Moskau zwei Selbstmordattentäterinnen mit Splitterbomben 16 Menschen in den Tod. Am 7. Dezember kamen infolge einer Sprengstoffexplosion in einem Zug in der Nähe der südrussischen Stadt Jessentuki 42 Menschen ums Leben. Am 9. Dezember starben sechs Menschen durch eine Bombenexplosion 50 Meter vom Parlament entfernt. Am 6. Februar geschah der Terroranschlag in der Moskauer Metro.

Die Reaktion unseres Präsidenten auf den letzten Terroranschlag kam schnell und stand an Strenge des Tonfalls und Brutalität des Inhalts den Drohungen von Bassajew nicht nach. Er sprach nicht über die Opfer und deren Angehörige. Er zeigte keine Schwäche. Mit einem wutentbrannten Gesicht, fest und entschlossen wie jedes Mal, nannte er die Schuldigen »Maschadow und seine Banditen« und versicherte: »Russland verhandelt nicht mit Terroristen, Russland vernichtet sie.«

In seiner Erklärung vom 30. März verspricht Bassajew »nach Möglichkeit zu sprengen, zu bomben, zu vergiften, zu brandstiften«. Er verkündet: »In diesem Jahr werden Menschen verschwinden, die älter als zehn Jahre sind, genauso wie sie im belagerten und abgequälten Tschetschenien verschwinden.« Die Schuld für weitere Ereignisse auf dem Territorium Russlands schreibt er dem russischen Präsidenten Putin zu.

All diese Äußerungen klingen für mich so irreal grausam, gleichzeitig pathetisch und ohnmächtig, dass sich vor meinem inneren Auge ein Bild andeutet, das eigentlich nur einer nicht ernst zu nehmenden Kinderphantasie oder sogar eher einer Dummejungenangeberei entstammen kann: Da stehen sie, zwei Todfeinde mit knirschenden Zähnen und Funken sprühenden Augen auf einem Schlachtfeld, das so groß wie das ganze Russland ist. Putins Heer ist die ganze Bevölkerung Russlands mit Ausnahme von Tschetschenien, mit den Moskauern als Vortrupp. Bassajew hat nur die tschetschenische Bevölkerung und Flüchtlinge in anderen Regionen Russlands in seiner Armee, aber dafür auch als seine Geschosse. Beide Feldherren geben sich Mühe, mit kriegerischen Aufrufen den Kampfgeist aufrechtzuerhalten. Aber wir erwachsene Trampel verstehen die Ernsthaftigkeit der Sache nicht und geben uns als Kanonenfutter für den Feind her. Aber auch unser eventueller Tod hat einen Sinn – insofern, als er mit Rache vergolten wird. Die Zahl der Russen übersteigt die Zahl der Tschetschenen um vielleicht mehr als das Hundertfache. Vielleicht ist das die Erklärung, warum offizielle Statistiken bei Opferzählungen oft so ungenau und nachsichtig sind?

Die Operation zur Befreiung der Geiseln im Oktober 2002 wurde als erfolgreich gefeiert, weil die Zahl der 129 Opfer, die infolge der Anwendung eines narkotischen Gases ums Leben gekommen sind, den solche Operationen qualifizierenden Satz von 30 Prozent der Gesamtzahl der Geiseln nicht überstieg. Die meisten

Todesfälle hätten verhindert werden können, wenn Mediziner und Rettungsbrigaden rechtzeitig über das angewendete Gas in Kenntnis gesetzt worden wären und ihre Arbeit besser organisiert gewesen wäre. Die offizielle Opferzahl der Explosion in der Moskauer Metro beläuft sich auf 40 Tote, obwohl Mitarbeiter der Rettungsdienste und andere Zeugen erzählen, dass sich im explodierten Waggon 150 bis 200 Menschen befanden, von denen nur 50 überlebten. Es gab auch Tote in anderen Waggons. Der Journalist der unabhängigen Zeitschrift »Nowoje Wremja«, Wadim Dubnow, schreibt, die Zahl 40 sei ein »vernünftiger Kompromiss«, nicht allzu sehr bedrückend für eine politische Debatte, aber auch keine Durchschnittsexplosion, die man in einer Woche vergisst: »Eine mittelmäßige Gräueltat, die wir den tschetschenischen Banditen nie verzeihen werden.«

Eine Assoziation aus der russischen Literatur entsteht bei mir, wenn ich darüber lese. Die Opfer von Terroranschlägen sind wie Gogolsche Tote Seelen: eine Ware auf dem Markt für politische PR-Werkzeuge. Je nach Marktkonjunktur lassen sie sich unterschiedlich bemessen und von Politikern und anderen Interessierten nach Bedarf in Gebrauch nehmen, ignorieren oder zurückweisen. Solche Manipulationen mit Informationen und der Kampf um die Medien begleiten den ganzen zweiten tschetschenischen Krieg, der hauptsächlich aus Einsätzen von russischen Militärtruppen in Tschetschenien und einem Partisanenkampf von Tschetschenen innerhalb der Tschetschenischen Republik und Terroranschlägen in verschiedenen Regionen Russlands besteht.

Dieser Krieg, offiziell »Anti-Terror-Kampagne« genannt, begann im September 1999 als Reaktion auf das Vordringen tschetschenischer Rebellen in die russische Republik Dagestan, vor allem aber auf Sprengstoffexplosionen in Wohnhäusern in Moskau und Wolgodonsk. Auf der Welle dieses Vergeltungsfeldzuges in Tschetschenien kam Putin im Jahre 2000 an die Macht, und die soeben ausgeschlüpfte pro-Putinsche Partei

»Einheit« gewann in den Parlamentswahlen 23 Prozent Stimmen.

Für neue Wahlen brauchte man neue Fahnen und neue Losungen. Ein Jahr vor den Wahlen Ende 2003 und Anfang 2004 begann Putins Administration in systematischer Arbeit die Implementierung der Vorstellung ins Bewusstsein der Bevölkerung und der Weltöffentlichkeit, dass der Tschetschenienkonflikt gelöst sei. Eine wichtige Komponente dieser Arbeit war die Neutralisierung von unabhängigen Massenmedien. Der letzte unabhängige nationale Fernsehsender TVS fiel dem Kremlschen Drive nach Kontrolle im Juni 2003 zum Opfer. Eine von den offiziellen Verlautbarungen abweichende oder einfach kritische Information findet man seitdem nur in wenigen unabhängigen Zeitschriften und im Internet, zu dem die Mehrheit der Russen immer noch keinen Zugang hat.

Laut Medien existieren jetzt in Tschetschenien zwei parallele Realitäten. Ich gehe ins Internet. Ein englischer Journalist berichtet von Grosnyj wie von einer Stadt, die sich im Zustand »einer apokalyptischen Verwüstung« befinde. Man könne eine halbe Stunde durch die Stadt mit dem Auto fahren, ohne einem einzigen heilen Gebäude zu begegnen.

»Stabilität? Was für eine Stabilität?«, wunderte sich eine Frau im inguschetischen Flüchtlingslager über die Frage eines Journalisten. »Wir glauben nicht, dass Frieden eingekehrt ist. Alles ist wegen Putins Wahlen.« Sie will nicht zurück: Sie habe Angst um ihre Söhne, weil sie von vielen Leuten aus Tschetschenien gehört hat, dass tschetschenisch sprechende Bewaffnete nachts in die Häuser eindringen und junge Männer verschleppen. Ich schalte das Fernsehen ein und sehe fröhliche Menschen, die über einen von der Frühlingssonne überfluteten Boulevard in Grosnyj flanieren und erzählen, wie schön und sicher es in ihrer Heimat geworden ist. Man zeigt eine kinderreiche Familie, die gerade aus einem Flüchtlingslager in Inguschetien in eine neue, gut möblierte Wohnung in Grosnyj umgezogen ist. Die Mutter der Familie erzählt, dass die jüngste Tochter, die im Zeltlager die ganze Zeit nur in der Ecke gesessen hat, jetzt jeden Abend für die Familie tanzt und singt. Das durfte sie dem Kameramann sofort demonstrieren, man hatte sogar eine Nationaltracht für sie zur Hand.

Gibt es dafür ein anderes Wort als Propaganda? Ist die Lage in Tschetschenien so schlimm, dass es sich für die Politik lohnt, mein Restvertrauen, meine schwache Hoffnung, dass bessere Zeiten kommen, sowie mein eventuelles bürgerliches Engagement aufs Spiel zu setzen bzw. zu missbrauchen? Ich bin eine blinde Zielscheibe für Putins Feinde. Und ich kann eine Stimme für oder gegen Putin in der Operation »Putins Wiederwahl« sein. So wird meine bürgerliche Funktion in diesem Staat gesehen, nicht mehr und nicht weniger.

Nach der Version des Kremls hat sich die Situation in Tschetschenien im Laufe des Jahres 2003 stabilisiert. Im März fand ein Referendum über die neue Verfassung statt. Im Oktober folgte die Präsidentschaftswahl. Während der Vorbereitung und Durchführung dieser beiden politischen Events wurde eine Vielzahl von Manipulationen und Fälschungen festgestellt. Die Wahl wurde jedoch als Besiegelung der letzten Stufe der Stabilisierung gefeiert. Während des gesamten Jahres 2003 wurden die in der Nachbarrepublik Inguschetien residierenden Flüchtlinge genötigt, nach Tschetschenien zurückzukehren. Ende Februar lebten in Inguschetien etwa 65 000 tschetschenische Flüchtlinge, die nach Putins Friedensplan zum 1. März in ihre Heimat heimkehren sollten. Der eigentliche Grund war, dass zwei Wochen später in Russland die Präsidentschaftswahl anstand. Es war ein Teil der Strategie der russischen Regierung, das Tschetschenien-Problem wieder in die Grenzen von Tschetschenien zurückzudrängen und damit das Thema Tschetschenien aus dem öffentlichen Kontext verschwinden zu lassen.

Die Menschenrechts- und Sicherheitssituation in Tschetschenien und seit einiger Zeit auch in Inguschetien bleibt aber nach wie vor kritisch. Verschleppungen, willkürliche Festnahmen, Folter zur Beschaffung von

Schuldbekenntnissen sind dort eine tagtägliche Angelegenheit. Die tschetschenische Administration bestätigte, dass im vergangenen Jahr etwa 400 Menschen verschwunden sind. Menschenrechtsorganisationen behaupten, die Zahl sei dreimal so hoch. Zuständige Behörden weigern sich, Untersuchungen durchzuführen und Verbrecher gerichtlich zu belangen. Die meisten in Tschetschenien verbliebenen Rebellen haben die Seite gewechselt und kämpfen jetzt Schulter an Schulter mit Russen in Militärtruppen, Sicherheitsdiensten und in der Polizei. Russen und Tschetschenen messen sich miteinander in Grausamkeit und Zynismus gegenüber der zivilen Bevölkerung. Kritiker behaupten, Moskau würde dieses Verhalten tolerieren, wenn nicht sanktionieren, weil es als ein Instrument zur gewaltsamen Unterwerfung der tschetschenischen Bevölkerung unter die neue tschetschenische Administration gesehen wird.

Für die tschetschenische Bevölkerung brachte das letzte Jahr viel Demütigung. Bei all den Misshandlungen, die sie in ihrer Heimat und in anderen Regionen Russlands über sich ergehen lassen mussten, wurden diese Menschen mehrfach zur Bezeugung ihrer Loyalität gegenüber dem Kreml gezwungen. Die Farce aus Referendum und tschetschenischer Präsidentschaftswahl fand ihre Krönung, als Putin bei der russischen Präsidentschaftswahl am 14. März den höchsten Prozentsatz der Stimmen ausgerechnet in Tschetschenien gesammelt hat: 93,9 Prozent in Tschetschenien, 71 Prozent in ganz Russland. Das war für mich wie ein letzter Verzweiflungsschrei: Diese Menschen wollen Frieden, Frieden um jeden Preis, auch um den Preis des Eingeständnisses ihrer völligen moralischen Unterdrückung.

In offiziellen Quellen lese ich, dass der separatistische Kampf der tschetschenischen Rebellen besiegt worden sei. Im Moment sei Russland dabei, mit seiner Anti-Terror-Kampagne den internationalen Terrorismus zu bekämpfen. Dabei sei kein Preis zu hoch, und es gebe mit Terroristen nichts zu verhandeln, weil ihre wahre Absicht die Vernichtung der ganzen westlichen Zivilisation sei.

Aber der Terror des Staates gegenüber seinen Bürgern, den wir jetzt erleben, macht das Menschenleben wertlos und lässt jegliche moralischen und psychologischen Schranken fallen. Das Gerede von der Rettung des westlichen Wertesystems als Haupterrungenschaft der modernen Zivilisation klingt für mich in diesem Kontext widersinnig und heuchlerisch. Bei dieser hochtrabenden Rhetorik handelt es sich vielmehr um die Erhaltung des politischen Regimes und die Beibehaltung der Macht.

Der Fisch stinkt vom Kopf. Politiker jeden Ranges haben in der Anti-Terror-Suada langsam auch die Fertigkeit erlangt, aus dem Terrorismus politischen Gewinn zu ziehen. Der Terroranschlag in der Metro wurde von den Machthabern entsprechend ihrer Vorstellung, wie sie das Sehnen und Verlangen ihres Elektorates am genauesten treffen, interpretiert. Wenn der Moskauer Bürgermeister Jurij Luschkow nach seinem Urteil über die Ursachen von Terroranschlägen gefragt wurde, legte er sofort über seine auf diesem Gebiet bereits geleistete Arbeit Rechenschaft ab: Im Jahre 2003 wurden aus Moskau 35 000 illegale Migranten abgeschoben. Zu den Migranten zählen dabei nicht nur alle Ausländer, sondern auch Russen wie ich. Ich bin zwar russische Staatsbürgerin, jedoch nicht in Moskau, sondern in Sankt Petersburg polizeilich gemeldet. Das bedeutet, dass ich alle sechs Monate in einem Polizeirevier das Dokument über die Registrierung in Moskau erneuern muss.

Für Ausländer gilt eine Dreimonatsfrist. Russische Staatsbürger aus Tschetschenien bekommen »ohne Inanspruchnahme von Spezialmitteln« gar keine Registrierung in Moskau. Vor kurzem wurde nichtsdestotrotz ein Inspektor der Passabteilung eines Moskauer Polizeireviers zu sieben Jahren Freiheitsstrafe verurteilt, weil er für viel Geld eine der Selbstmordattentäterinnen von »Nord-Ost« in Moskau registriert hatte, wobei er die Unterschrift seines Vorgesetzten fälschte.

Es entstehen logische Fragen: Was wäre, wenn der Vorgesetzte die Unterschrift selbst geleistet hätte? Und wie hart wäre die Strafe gewesen, wenn die Tschetschenin nicht in die Geiselnahme involviert gewesen wäre?

Moskauer Behörden dürfen mir eine Registrierung zum Glück nicht verweigern, weil ich eben aus Petersburg bin und nicht wie eine Kriminelle aussehe. Der Revierinspektor, unter dessen Augen ich am Anfang meiner langwierigen Registrierungsepisode treten durfte, hat mir offensichtlich ein Kompliment gemacht, indem er nach einem kurzen Blick auf mich auf einen Fetzen Papier kritzelte: »Ich verfüge über kein kompromittierendes Material gegen Frau Tomarovskaya.« Aber vielleicht lag seine Resolutheit lediglich darin begründet, dass Petersburg, wie die Russen so sagen, »die Kulturhauptstadt Russlands« ist?

Meine Petersburger Herkunft hat aber zwei andere »Mitarbeiter der Rechtsschutzkräfte« nicht gehindert, das Sechsfache der Normalstrafe, 500 anstelle von 80 Rubel, von mir zu erpressen, als ich vor zwei Jahren gegen Mitternacht im Zentrum von Moskau kontrolliert wurde und noch keine Moskauer Registrierung vorweisen konnte. Das war für mich das erste Mal, ich fand die Situation absurd und wollte sie aufklären, obwohl ich über die neue Moskauer Realität sehr gut informiert war. Ich ließ mich ungeschickt auf eine Diskussion mit den Polizisten ein. Ich sagte, dass ihre Forderung gegen mein in der Verfassung verankertes Recht auf Bewegungsfreiheit verstoße und dass ich wisse, dass ich vor Gericht das Gesetz auf meiner Seite hätte, dass es viele solcher Gerichtsfälle schon gegeben habe, und dass sie es sicherlich auch wüssten. Die Polizisten erwiderten, sie seien nur dazu da, ihre Befehle zu erfüllen, die auf einer Verordnung der Moskauer Regierung basierten. Deswegen müssten sie mich jetzt ins Polizeirevier mitnehmen, wo ich die Nacht (in einer Zelle mit Prostituierten, Obdachlosen und Dieben, wie ich es aus Erzählungen von erfahrenen Leuten kannte) verbringen würde, um am nächsten Morgen, wenn die

Banken aufmachten, die Strafe zu zahlen. Danach könne ich den Kampf um mein Verfassungsrecht starten. Als sie das Geld von mir annahmen, wollten sie sich für einen Moment menschlich zeigen und fügten hinzu: Alles, was sie machten, diene nur dem Zweck, mich und andere russische Bürger gegen Banditen zu schützen. Sollte ich mich bei ihnen bedanken?

So verschmilzt dank Luschkov für viele Menschen der Begriff »antiterroristische Tätigkeit« mit dem Begriff »Passregime«. Polizisten in ihren grauen Uniformen, die nach jedem Terroranschlag zahlreicher werden, kommen mir immer häufiger wie Ratten auf einem untergehenden Schiff vor. Mit ihrem bloßen Dasein verstärken sie das Gefühl der Unvermeidlichkeit von weiteren Katastrophen; mit ihrem zynischen Verhalten symbolisieren sie unsere Rechtlosigkeit. Ich habe vor kurzem über eine Studie »Was fürchten Russen am meisten« gelesen, die eine Befragung der öffentlichen Meinung zu diesem Thema analysiert. Die Befragung zeigt, dass 22 Prozent der Russen Willküraktionen von Seiten der Behörden und staatlichen Institutionen am meisten fürchten. Und die Angst vor krimineller Gewalt hat sich in den letzten Jahren auf Gewalttätigkeit von Seiten der Rechtsschutz- und Sicherheitsorgane verlagert. Nach meinem Empfinden rührt dies daher, dass diese Art von Willkür und Gewalt die Kernsubstanzen eines Individuums zerrütten: Würde, Glauben an die eigene Bedeutsamkeit für die Gesellschaft, Glauben an eine Möglichkeit von Gerechtigkeit und Humanismus. Nachdem eine Freundin von mir, die ihren Pass auf der Arbeit vergessen hatte, eine Stunde in einem Polizeirevier verbringen musste, fiel sie in eine mehrwöchige Depression, die sie alleine mit dem verbalen Umgang der Polizisten mit ihr erklärte.

Die Angst vor Terror wird vom Staat als ein mobilisierender Faktor für die Bevölkerung genutzt. Unsicherheit, Wunsch nach Stabilität, Frustration und Elend bringen Menschen dazu, Entscheidungsbefugnisse und die Verantwortung dem Staat zu überlassen. Menschen reflektieren weder über Politik noch über ihr eigenes Verhalten. Ein russischer Gouverneur sagte vor kurzem über Putin: »Die Macht wird von Gott gegeben, und alles, was der Präsident macht, ist richtig.«

Die Machthaber vergiften das Massenbewusstsein, indem sie zur Einholung der Zustimmung ständig an die dunkelsten, ignorantesten Seiten der menschlichen Seele appellieren: Hass, Neid, Erbitterung, die zu einem Nährboden für zunehmende Xenophobie und für Nationalismus in der Bevölkerung werden. Ich fand den Fall von Sergej Glasjew, dem ehemaligen Kommunisten, damaligen Führer der zweitgrößten Parlamentspartei »Rodina« und Präsidentschaftskandidaten, besonders dreist. Er erklärte Journalisten im Kreml, dass die Terroranschläge von Leuten finanziert werden, die auf Moskauer Märkten arbeiten: »Sie sammeln Geld von uns und zahlen dann den Rebellen, damit sie unsere Menschen ermorden.« Damit hat er alle Kaukasier gemeint, insbesondere aber Aserbaidschaner. Sie sind unter den Marktverkäufern am häufigsten vertreten und rufen deswegen bei Moskauern eine besonders starke Aggression hervor, die sich in den letzten Jahren mehrfach in Schlägereien und Pogromen Luft gemacht hat.

Während der Geiselnahme im Theater haben die tschetschenischen Terroristen noch die Hoffnung gehabt, Solidarität bzw. Verständnis von der Bevölkerung zu erzwingen. Deswegen forderten sie, dass Angehörige der Geiseln auf dem Roten Platz eine Protestaktion gegen den Krieg in Tschetschenien beginnen, die das Fernsehen zeigt. Das war ein äußerst zynischer, aber gleichzeitig auch ein verzweifelter Versuch, die öffentliche Meinung zu zersetzen. Die Behörden haben ihr Bestes getan, damit es nicht gelingt.

Das Musical »Nord-Ost« ist mir sehr tief im Gedächtnis geblieben. Mein Freund hat mir damals zum Geburtstag Eintrittskarten geschenkt. Er wusste, dass das Buch »Zwei Kapitäne«, das diesem Stück zugrunde lag, bei mir wie bei vielen sowjetischen Mädchen ein zu

Fetzen gelesenes Buch war. Es ging um Liebe, Stolz, Heldentum, Verrat und Buße, viel Drama, aber zum Schluss doch Glück und Hochzeit. Ich fand das Musical großartig. Es war ein nostalgisch-romantischer, aber absolut der heutigen Realität adäquater Blick auf die bunte sowjetische Lebensart und die klare sowjetische Gefühlswelt. Ein mit einer warmen, behutsamen Ironie erfüllter Blick. Ein universales, Generationen und Zeiten einigendes und total humanistisches Stück. Es war für mich bis heute das letzte Mal, dass ich ein intensives Gefühl der Verbundenheit mit meinem Land und meinen Mitmenschen erlebte. Ich habe später meinen Eltern zwei Karten für dieses Musical geschenkt, sie waren im Theater fünf Tage vor der Geiselnahme…

Die Geiselnahme hat mich in eine Kluft von Machtlosigkeit, Entfremdung, Verlassenheit fallen lassen. Konnte ich seitdem aus dieser Kluft wieder herausfinden? Wo konnte ich einen Halt aufgreifen? Mein Kopf hat eine ständige Verdrängungsarbeit leisten müssen, und immer wieder ereigneten sich neue Terroranschläge.

Und nach wie vor steige ich jeden Morgen in die Metro ein und werde gefahren, eng gepresst an meine Landsleute, entsprechend den elf bunt gezeichneten Linien auf dem Plan, in die Macht der anonymen Maschinerie in der schwarzen Tunnelwelt ergeben. Etwas hat sich verändert: Angespannt ruhelose Blicke und ein leicht hysterischer Tonfall bei Durchsagen durchdringen mich immer wieder. Was verbindet uns, Passagiere eines Metro-Waggons in Moskau in der Hauptverkehrszeit? Ich will hoffen, dass es nicht nur die blinde Angst ist, dass jeden Moment etwas Schreckliches passieren kann. Ich denke, wir haben zusammen in letzter Zeit viel erlebt. Wir hatten genug Anlässe und Gründe, etwas tiefer in uns hineinzuschauen und zu begreifen, dass unsere körperliche, aber vor allem auch seelische Unversehrtheit sehr fragil ist. Und dass sie uns am wertvollsten bleibt, wertvoller als die zerstörerische Mächtigkeit und Unverletzbarkeit unseres Staates.

Mir ist dieser Beitrag besonders wichtig, weil »Terror« für uns so oft ein abstraktes Wort ist. Für viele Menschen aber ist der Begriff verbunden mit alltäglicher, sehr realer Angst, im Heiligen Land, in Indonesien, an viel zu vielen Orten. Vielleicht sollten wir uns wieder neu an die Morgenandacht von Dietrich Bonhoeffer auf Fanö/Dänemark 1934 erinnern: »Es gibt keinen Frieden auf dem Weg der Sicherheit.« Gerade in Zeiten von Terrorangst ist es von großer Bedeutung, sich daran fest zuhalten. Wir müssen neue und andere Weg zum Frieden finden. Durch Versöhnung. Durch die Überwindung von Gewalt. Durch Mediation. Durch Gerechtigkeit.

Angst vor dem Krieg hat in unserem Land eine ganze Generation geprägt, die selbst Krieg erlebt hat. Was die Angst vor Krieg bedeutet, habe ich von meinen Eltern gelernt. Mein Vater musste als junger Mann in einem Panzer nach Russland. Meine Mutter hat als junge Krankenschwester in Berlin die Bombennächte erlebt, später die Flucht mit verwaisten Kindern und Verletzten nach Rügen, dann die Flucht nach Dänemark und die Internierung dort. Der Rest der Familie konnte hunderte von Geschichten über die Flucht aus Hinterpommern erzählen. Die Angst der Kinder, die Angst der Frauen vor Vergewaltigung, die Angst der Männer, das war für mich durchaus nachvollziehbar. Ich bin dankbar, dass ich ohne Krieg aufwachsen durfte.

Wir wissen heute, dass der Krieg Täter wie Opfer ein Leben lang prägt. Und sie prägt heute Generationen von Kindern im Sudan, in Tschetschenien, in Kolumbien, in Nigeria. Die Traumata können ein Leben lang prägen, noch stärker, wenn Kindern zu Tätern werden, zu Kindersoldaten gemacht werden – die wohl perfideste Art des Missbrauchs von Kindern im Krieg.

Seine eigenen Kriegserfahrungen reflektiert der ehemalige Bischof unserer Landeskirche Horst Hirschler unter der Überschrift »Angst hat ein deutscher Junge nicht.«:

Horst Hirschler

Angst hat ein deutscher Junge nicht. Aber seine Feinde, die sollen Angst vor ihm haben. So ähnlich hatten wir das gelernt.

In den 70er Jahren kam die Mode auf, in Gruppen höchst freizügig über seine Ängste zu reden. Wer dominieren wollte, bedrückte die Gesprächspartner mit seinen Ängsten. Erst nach und nach haben wir gelernt, auf die Funktion solcher offen dargebotenen Störungen und Ängste zu achten und uns dagegen zu wehren.

Andererseits, in der vergangenen Woche war ich im Nussbaum-Museum in Osnabrück. Felix Nussbaum (1904-1944), jener deutsche Maler, der als Jude in der NS-Zeit verfemt war und schließlich in Auschwitz zusammen mit seiner Frau ermordet wurde. Seine Bilder, die, je später, desto unverhüllter, von der nackten Angst geprägt sind. Gesichter mit einer tiefen, fast apathischen Traurigkeit. Die Angst, die Aussichtslosigkeit prägt alles. Das sind Bilder, die einem jedes sich selbst bespiegelnde Angstgerede im Hals stecken lassen. Ein Bild dazwischen: Nussbaums Selbstportrait im Vordergrund. Er drückt den Kopf eines Mädchens an seine Wange um es in der Angst zu trösten. Ein Plakat dahinter mit der Aufschrift »Luftangriff«. Oben, kaum erkennbar, ein Flugzeug. Der Beschützende ist selbst von der Angst gezeichnet. Ich bin lange davor stehen geblieben.

1944 im Herbst – damals 11-jährig – war ich von unserem Fähnlein des Jungvolks abgeordnet zu einem Prüfungslehrgang für die Aufnahme in eine der Nationalpolitischen Erziehungsanstalten (Napola). Der Lehrgang fand in den Blockhäusern auf dem Rottsberg bei Hildesheim – der späteren Jugendherberge – statt. Zwar hatte die Mutter unmissverständlich erklärt, dass sie mich auf eine solche Schule nicht gehen lassen würde. Ich sagte ihr, dann würde mich eben die Polizei holen und hinbringen. Da ich freilich nicht sicher war, wer die größere Macht hatte, habe ich meinen Wunsch vorsichtshalber auch ins stille Abendgebet eingebracht.

Der Prüfungslehrgang war, wie ich später begriffen habe, eine gut gemachte Rattenfänger-Veranstaltung. Wir wurde geschliffen und verhätschelt. Wir durften reiten, bekamen Kleinkalibergewehre zur freien Übung an der Schießscheibe. Als die feindlichen Jagdflieger über uns hinwegbrausten, schossen wir mit unseren kleinen Dingern darauf und kamen uns tapfer vor.

Nachts wurden wir herausgescheucht und mussten in wenigen Minuten fertig angezogen vor dem Feldbett stehen. Zum Waschen ging es früh morgens im Dauerlauf zu einem kalten Bach in der Feldmark. Und es gab Kakao zu trinken – im Herbst 1944.

Mittags an einem jener Herbsttage geschah der Bombenangriff auf den Güterbahnhof Hildesheim. Vor den Blockhütten gab es einen Hügel, den wir den Feldherrnhügel nannten. Wir saßen dort nach dem Essen, schauten zur Stadt Hildesheim hinunter und sahen plötzlich die ziemlich niedrig vom Südwesten anfliegenden feindlichen Bomber mit ihrem bedrohlichen Motorengeräusch. Die Flak am Flugplatz begann wild zu schießen. Von den feindlichen Maschinen lösten sich dunkle Gegenstände mit Kondensstreifen, beim Aufschlag gab es fürchterliche Explosionen. Aber die sahen wir schon kaum noch. Wie die aufgescheuchten Hasen rasten wir, von tiefer Angst gepackt, in den nahen Wald. Die anderen waren plötzlich weg. Ich lief allein ziellos enge Waldwege entlang. Das schreckliche Krachen hörte überhaupt nicht auf. Plötzlich tauchte unser Blockhaus auf. Weiter zum Versammlungshaus. Da stand, draußen, auf der Terrasse, unser Bannführer in SA-Uniform und hatte seine Pistole umgeschnallt. Die Pistole machte mir Mut. Ich fasste mir ein Herz, stellte mich in meiner Pimpfen-Uniform, die wir ständig trugen, neben ihn und fragte: Was ist denn da getroffen worden? Er erklärte mir, dass da auf dem Güterbahnhof wohl ein Munitionszug gestanden haben müsse. Die Terrorbomber hätten den angegriffen, deshalb krache es wahrscheinlich da unten ständig. Die feindlichen Flugzeuge waren längst verschwunden.

Die anderen Jungen kamen nach und nach aus dem Wald. Einige hatten einen großen Schrecken bekommen. Spätabends standen wir lange draußen auf dem Hügel und sahen hinunter auf den immer noch brennenden Güterbahnhof. Von seiner Angst sprach niemand.

In den folgenden Monaten wurden die Einflüge der feindlichen Bomberflotten schlimmer. Unsere Jäger holten leider – so fanden wir – viel zu wenige der großen Bomber vom Himmel. Als einer abgeschossen wurde und in unseren Wald stürzte, waren wir alsbald dort, schlichen vorsichtig um die toten Piloten herum und nahmen mit, was wir gebrauchen konnten. Bei schönem Wetter war oft der ganze Himmel mit einem schaurig-schönen Netz von Kondensstreifen überzogen. Nachts mussten wir bei Fliegeralarm aufstehen, lasen in unseren Kriegsbüchern und hörten das Geräusch der vielen Flugzeugmotoren. Ich höre es noch heute, wenn ein Propellerflugzeug mit nicht synchronisierten Motoren über uns dahinfliegt. Angst hat es uns nicht gemacht. Es war lästig und auf eine unangenehme Weise übermächtig.

Knapp fünf Monate später, am 22. März 1945 mittags gegen 13:00 Uhr brach dann der große Angriff über Hildesheim herein, der die wunderbare alte Fachwerkstadt fast völlig vernichtete. Wir wohnten im Hildesheimer Wald, in der Bosch-Siedlung neben dem Bosch-Werk (Elektro- und Feinmechanische Industrie – ELFI hieß es damals). Mein Vater war schon fast zwei Jahre tot. Lungenkrebs. Als der Hauptalarm mittags kam, gingen wir, meine beiden jüngeren Brüder und ich, mit der Mutter, die wichtigsten Habseligkeiten im Koffer, in den Keller. Es folgten dann ziemlich fürchterliche 25 Minuten, in denen es entsetzlich krachte, und wir das Zittern des Bodens, obwohl wir doch 4 - 5 km Luftlinie vom Hildesheimer Stadtkern entfernt waren, überdeutlich spürten. Nach meiner Erinnerung habe ich immer wieder zur Mutter, den Brüdern und den anderen Familien gesagt: Die armen Menschen in Hildesheim, die armen Menschen. Als nur noch vereinzelt Spätzünder explodierten, liefen wir hinauf zum Sportplatz oberhalb von Neuhof. Über den Bäumen des Waldes sahen wir schon die riesige Rauchwolke. Die Sonne verlor ihren Schein. Es brach wie eine abendliche Dämmerung über uns herein. Alles war düster geworden an diesem herrlichen Sonnentag. Aus den riesigen schwarzen Rauchwolken flatterten Tausende feindlicher Propagandablätter herab. Wir schauten fassungslos auf die

Stadt, sahen den brennenden Kirchenturm von St. Andreas. Das Rote Kreuz auf dem Dach des Bernwards-Krankenhauses leuchtete herüber, aber auch dort begann es zu brennen. Überall Flammen und Qualm. Der Fähnleinführer pfiff uns zu sich, und wir bekamen in Ermangelung anderer Aufgaben den Auftrag, Flugblätter aufzusammeln. Wir lasen sie durch und lieferten sie ab. Es wurde uns auf ihnen mitgeteilt, dass wir den Krieg verloren hätten, die deutschen Verluste waren sorgfältig aufgelistet. Wir wussten, dass diese Banditen logen.

Für den nächsten Morgen um 8:00 Uhr wurden wir zum Abmarsch in die Stadt befohlen. In der Morgensonne marschierten vor uns am nächsten Morgen die von uns sehr geachteten indischen Soldaten aus dem englischen Gefangenenlager, mit ihren Turbanen und den wieder tadellos gebügelten Uniformhosen. Sie schliefen darauf, hieß es. Freiwillig hatten sie sich zu Aufräumarbeiten in der Stadt gemeldet. Das imponierte uns. Über der Stadt stand noch immer eine Rauchwolke, und es roch scheußlich nach verbrannten Matratzen. In der Stadt konnten wir nur noch über die brennenden herabgestürzten Dachgiebel und Fassaden steigen. Aus einem der Keller gelang es uns eine Familie zu befreien. Die Backsteine waren sehr heiß. Wir kletterten über die heißen Schuttberge, wichen den verkohlten glimmenden Balken aus und kamen zum Rathaus. Die Fassade des Rathauses stand noch. Innen brannte es.

Ein Mann stand auf dem Marktplatz und weinte, wir liefen hin und fragten, ob wir helfen könnten. Nein, sagte er, das dort, das war einmal das Knochenhauer-Amtshaus. Jetzt sah ich es auch. Wir hatten es vor Monaten noch abgezeichnet in einer Zeichenstunde draußen auf dem Markt. Nur noch rauchende Holzstümpfe. Zwei Männer standen dort und schauten im Eingang hinter die Außenwand. Wir liefen hin. Da lagen zwei verkohlte, zusammengeschrumpfte Menschen mit grotesk großen schwarzen Köpfen. Schrecklich.

Tage später war ich noch einmal dort, die beiden Toten waren weggebracht worden. Stattdessen war nun ein Galgen errichtet, an dem Menschen aufgehängt waren, fünf etwa. »Plünderer werden sofort erschossen« stand auf einem grellroten Plakat. Es waren hauptsächlich Zwangsarbeiter, hieß es, die sich etwas zum Essen genommen hatten. An jenem 23. März aber zogen wir weiter, halfen beim Freilegen von Kellerräumen. Es meldete sich niemand mehr. Auf dem Zingel, der großen Straße, lagen die toten Menschen am Rande. Sie hatten schwarz-blaue Gesichter, waren offenbar erstickt, weil durch den ungeheuren Brand der Sauerstoff ins Feuer gerissen wurde. Wir gingen scheu vorüber.

Plötzlich fuhren Lastwagen auf. Es waren Handsirenen auf ihre Ladeflächen geschraubt, die Sirenen auf den Häusern waren alle vernichtet. Das auf- und abklingende Heulen bedeutete Vollalarm und ging mir so in die Knochen, dass ich es noch heute zu spüren meine. Wir liefen wie die verschreckten Hühner. Nein, lieber Gott, nicht noch einmal. Bloß weg, nach Hause, in den Wald. Das ferne Flugmotorengeräusch war schon zu hören. Am Paul-von-Hindenburg-Platz liefen die Menschen, die Frauen mit den Kindern, den Koffern und Taschen in den Luftschutzbunker. Sie schrieen vor Angst. Wir hätten Ihnen eigentlich helfen müssen, waren doch in Uniform und deutsche Jungen. Aber wir liefen und beteten im Stillen, dass wir durchkämen, und beteten und liefen. Erst oberhalb von Neuhof kamen wir zum Stehen, fielen ins Gras und starrten auf die noch immer brennende und qualmende Stadt. Die Flugzeuge kamen, aber sie hatten ein anderes Ziel.

Etwa eine dreiviertel Stunde später tauchte hinten auf dem Weg eine kleine Gestalt auf. Der dicke Braun. Wo war der denn geblieben? Wir spotteten über ihn, denn wir kannten ihn. Beim Geländespiel war er immer dort, wo es ungefährlich war. Am liebsten versteckte er sich hinter einem Baum. Also: Na Braun, wo hast du dich denn diesmal wieder versteckt? Da sagt der in seinem breiten Schwäbisch: »Ich hab mich nicht versteckt. Am PvH (Paul-von-Hindenburg-Platz) schrieen doch die Leute so. Da hab' ich einer Frau mit drei Kindern und zwei großen Taschen geholfen. Ich hab' die Taschen für sie zum Bunker getragen. Und dann kamen immer mehr, denen man helfen musste.« Wir haben ihn, den oft Verhöhnten, nur groß angeschaut, nichts mehr gesagt, sind zur Seite gerückt, damit er sich zwischen uns setzen konnte und haben uns geschämt.

In der Woche danach wurden wir an jedem Tag in Hildesheim eingesetzt als Lotsen für die auswärtigen Fahrer der Holzgaslastwagen, die aus den halbzerstörten Häusern die noch brauchbaren Möbel und Sachen abtransportierten. Schulunterricht gab es nicht mehr. Einmal wurden Bomben und Phosphorkanister abgeworfen. Aber das machte uns nur noch wenig Angst. Es waren spannende Tage. Voller Arbeit bis zur Erschöpfung. Aber es hatte eher den Charakter eines Geländespiels mit Erwachsenen. Wir waren als Lotsen wichtig, kamen uns auch so vor, und es war alles sehr aufregend. Zwei Wochen später waren nach einer kräftigen Schießerei die Amerikaner da. Die deutschen Truppen hatten ihre Waffen und Munition in den Wald geworfen, und wir machten allerhand Unsinn damit. In den Wochen darauf begannen die Jungen und Mädchen aus den Zwangsarbeiterlagern, besonders die Polen, in Uniformen zu exerzieren und durch unsere Siedlung zu marschieren. Nun mussten wir uns vor ihnen, wie sie sich zuvor vor uns, in acht nehmen.

Erst in den späteren Jahren habe ich zu begreifen begonnen, in welcher schwer zu entwirrenden Mischung aus humanen wie inhumanen Maßstäben wir erzogen worden waren. Dass uns die Zeit der Bomben innerlich zugesetzt hatte, merkten wir eigentlich nicht. Man sprach nicht darüber. Gut, dass es vorbei war. Nachts manchmal, in den Träumen, wenn wir schreiend aufwachten, da war vieles von dem Grauen allerdings noch Jahrzehnte lang wirksam.

1985, Anfang Mai, wurde versehentlich in Göttingen die Sirene für den Katastrophenalarm ausgelöst. Das war der auf- und abschwellende Ton für Vollalarm aus der Kriegszeit. Da war mit einem Schlag die alte Erfahrung für viele wieder gegenwärtig. Und, als ich jetzt die sicherlich nicht vergleichbare Angst in den Bildern von Felix Nussbaum sah, da spürte ich, wie sehr mich das doch in der Tiefe berührte.

Die Erfahrungen eines Jungen 1945. Wie werden sie verarbeitet? Müssen wir nicht von den Erfahrungen auch dieses Gefühls der Gottverlassenheit sprechen, die im Psalm 22 genannt werden? Mir ist es geradezu ein Trost, dass Jesus diese Worte am Kreuz selbst schreit. Er zeigt damit nicht unendliche Überheblichkeit und Distanz, sondern ein Wissen um das Leiden. Angst. Und nach dieser Angst kommt das Gottvertrauen, nach der Stille des Karsamstages die Freude des Ostersonntages: »Fürchtet euch nicht!« Und: »Was sucht ihr den Lebendigen bei den Toten?«

Heute wächst in unserem Land schon die dritte Generation ohne Krieg heran und wird plötzlich eingesetzt in ehemaligen Kriegsgebieten, konfrontiert mit Menschen, die heute ganz real erleben, was Krieg heißt, gar nicht weit von hier. Gott sei Dank nicht im Irak. Aber in Afghanistan und an anderen Orten, plötzlich konfrontiert mit einer völlig anderen Kultur, mit unbekannten Lebenssituationen. Gewöhnt haben wir uns daran, dass Deutsche in Afghanistan und im Kosovo Dienst tun. Aber von ihren Erfahrungen hören wir selten. Martin Weidner aus Hannover berichtet von seinen Erfahrungen als Polizist im Kosovo, eine Erfahrung, die sein Leben veränderte, wie er selbst sagt.

Martin Weidner Im Jahre 2000 erhielt das Bundeskriminalamt von der Bundesregierung den Folgeauftrag für den Strafgerichtshof von Den Haag zur Aufklärung von Kriegsverbrechen im ehemaligen Jugoslawien im Kosovo tätig zu werden. Unsere Arbeit sollte sechs Monate dauern und die bereits von Mai bis Oktober 1999 begonnene Mission abschließen. Das 20köpfige Team bestand aus Mitarbeiterinnen und Mitarbeitern des Bundeskriminalamtes (BKA) und den unterschiedlichen Bundesländern; es war in seiner Zusammensetzung einmalig.

So war der junge spezialisierte 25jährige Beamte aus dem BKA mit weniger Dienst- und Lebenserfahrung ebenso am Start wie der 55jährige Kollege, der in Süddeutschland seit 15 Jahren die Funktion eines Fachkommissariatleiters ausübte. Eine Beamtin kam aus der Tatortgruppe des BKA und war deshalb bereits in der Sachbearbeitung von Tötungsdelikten qualifiziert, ein anderer Kollege dagegen besaß ein sehr breit gefächertes Fachwissen als Sachbearbeiter im Kriminalermittlungsdienst. Dieser Mix aus kriminalpolizeilichen Erfahrungswerten, gekoppelt mit einem hohen Engagement und Improvisationsvermögen, sollte für diesen Einsatz als wertvolle Grundbasis dienen.

Unser Auftrag war neben der Exhumierung und Obduktion auch die Identifizierung und abschließend die Aushändigung der Leichen an die Angehörigen. Durch die Übergabe der identifizierten Leichen an die Opferangehörigen wurden die Toten aus der Anonymität geholt und bekamen letztendlich nun Gesichter, *sie begannen zu leben*. Ergänzend nahmen die Ermittlungsteams Zeugenaussagen auf, um Täter der Gräueltaten ermitteln zu können. Während der oftmals bis ins letzte Detail beschriebenen Vorgehensweisen des Aggressors glaubte ich oft, den erlebten Alptraum in den Augen der Überlebenden sehen zu können. So hörte ich zu, schrieb auf und kämpfte das eine oder andere Mal mit den Tränen.

Im Rahmen der Ermittlungen bekamen Stefan[6] und ich nun einen Hinweis auf einen wichtigen Zeugen, einen circa 80jährigen Roma. An dieser Stelle muss ich kurz den Hintergrund der Roma im Kosovo-Krieg erläutern: Aussagen zufolge mussten Roma die von Serben getöteten Albaner verscharren (beerdigen wäre hier nicht das richtige Wort). Als *Entlohnung* dafür, konnten die Roma die bei den Leichen befindlichen Wertgegenstände behalten. Für dieses für die Roma oftmals überlebenswichtige Verhalten wurde diese Minderheit zwar von den Serben verschont, von den Albanern allerdings gehasst.

Stefan und ich bereiteten uns also auf unseren Einsatz vor. Da die Roma in einer Art Enklave von zehn Häu-

---

6 Name geändert

sern wohnten, fiel man als Fremder dort zwangsläufig sofort auf. Wir fuhren deshalb mit einem zivilen Geländefahrzeug und in bürgerlicher Kleidung. In der Enklave ankommend, trafen wir dort unvermittelt auf unseren Zeugen. Er saß vor seinem Haus und genoss auf einer Holzbank die Tagessonne. Wir waren uns noch nicht schlüssig, ob wir sofort mit der Befragung beginnen oder den Zeugen ins Auto setzen sollten, um mit ihm in Ruhe außerhalb seiner gewohnten Umgebung die Befragung durchzuführen.

Diese Entscheidung wurde uns dann allerdings abgenommen, da innerhalb von einer halben Minute ein Dutzend Angehöriger und Nachbarn aus dem Nichts kommend um uns herumstanden. Wir waren im Halbkreis eingeschlossen, lediglich unser Fahrzeug deckte uns den Rücken. Nachdem unser Dolmetscher kurz unser Anliegen übermittelt hatte, schloss sich der Kreis um uns herum, und man gab uns somit eindeutig zu verstehen, dass wir hier nicht erwünscht seien. Wir sollten verschwinden. Stefan und ich versuchten die Situation zu entschärfen und fragten freundlich nach. Der Dolmetscher wurde daraufhin sehr unruhig. Man sagte ihm, dass wir unverzüglich einsteigen und wegfahren sollen, da wir sonst keine Gelegenheit mehr dazu bekommen würden. Die meisten Roma hatten die Hände in den Taschen und fuchtelten mit Dingen rum, die wir nicht sehen konnten. In diesem Moment hatte ich das Gefühl, also ob mir jemand den Hals zudrücken würde. Ich bekam kaum noch Luft. Mein Herzschlag wurde so laut, dass mein Kopf zu sprengen drohte. Stefan und ich schauten zuerst in die Gesichter der Roma und dann kurz uns an. Wir waren uns sofort einig, diese Warnung müssen wir beachten. Innerhalb weniger Sekunden saßen wir im Wagen und ließen mit durchdrehenden Reifen eine riesige Staubwolke zurück. Erst als wir ein paar Kilometer von der Enklave entfernt waren, hielten wir an und atmeten tief durch. Ich werde nie den versteinerten, fest entschlossen Gesichtsausdruck der Menge vergessen und bin der festen Meinung, dass man uns hier nicht bluffen wollte.

Auf der Dienststelle angekommen, schrieben wir zum Vorfall einen Bericht mit unserer Gefährdungseinschätzung an den Strafgerichtshof. Auf dessen spätere Weisung durfte diese Örtlichkeit aus Eigensicherungsgründen nicht weiter aufgesucht werden. In der täglichen Lagebesprechung am Abend haben Stefan und ich den Sachverhalt vorgetragen und besprochen. Letztendlich waren hier Sekunden von Todesangst vohanden. Dem Instinkt folgend taten wir das einzig richtige, wir flüchteten. Stefan und ich hatten den Vorfall relativ schnell verarbeitet, die Teamgespräche taten gut. Ich werde aber nie vergessen, wie knapp es in dieser Situation gewesen war.

In einer fremden Kultur, einem fremden Umfeld in eine Gefahr geraten, das erscheint besonders bedrohlich, steigert die Angst. Wir können die Reaktionen und Rituale noch schwerer einschätzen als in der Heimat. Ob wir selbst manchmal nachempfinden können, wie es Menschen geht, die fremd in unserer Kultur sind, nicht wissen, wie die Verhaltensregeln aussehen?

Noch einmal anderer Art sind die Versuche, bewusst als Ausländerin oder Ausländer zur Konfliktvermittlung beizutragen, wie es die Organisation Peace Brigades International (PBI) tut. Hier wird versucht, durch die Präsenz Öffentlichkeit zu schaffen, Konflikte zu deeskalieren. Das ist oft erfolgreich, wie ich in Südafrika und Argentinien selbst sehen konnte. Aber es ist auch gefährlich, wie die Ermordung von ausländischen Geiseln im Irak jüngst gezeigt hat. Evelyn Burgmaier, 33 Jahre alt, Soziologin und Freiwillige bei PBI im Kolumbienprojekt, erzählt von ihren Erfahrungen am »Einsatzort Medellín«:

Evelyn Burgmaier

Als mich ein Journalist kurz vor meiner Ausreise fragte ob ich denn Angst hätte, fand ich die Frage absurd, ja sogar unmöglich. Ich antwortete nur: »Wenn ich Angst hätte, dann würde ich nicht mit PBI nach Kolumbien gehen.« Diese Frage, die im Grunde eine völlig legitime Frage ist, v. a. im Anbetracht der politischen und sozialen Situation des Landes, in das ich zu gehen gedachte, sowie der Arbeit, die mich dort erwartete, überraschte mich vollkommen. Der Hauptschwerpunkt meiner Vorbereitung für den Einsatz als internationale Begleiterin von kolumbianischen Menschenrechtsorganisationen lag vor allem auf der Thematik Sicherheit für die Freiwilligen und für die begleiteten Organisationen. Daher waren mir die Methoden von PBI und besonders die Werkzeuge, wie z. B. die ständigen Gespräche mit allen legalen zivilen und militärischen Autoritäten Kolumbiens, die präzisen Vorbereitungen jeder Reise in konkrete Krisengebiete, die vollständige Transparenz der Arbeit vor Ort, das Nicht-Einmischungsprinzip und die Neutralität, aber auch das internationale Unterstützernetzwerk, mit dem in Extremsituationen politischer Druck ausgeübt wird, der die Sicherheit der lokalen NGOs und von uns Freiwilligen erhöhen soll, theoretisch bereits so bekannt und ich vertraute, bis heute, derart auf ihre Wirksamkeit. Wahrscheinlich verdrängte ich den Gedanken an all das was passieren könnte, falls wir Freiwilligen in Kolumbien in der Vorbereitung von Reisen einen Fehler machen, oder sonst irgendwelche Dinge schief laufen, weitgehend. Ich bin jedoch auch heute noch davon überzeugt, dass nicht nur ich, sondern auch kein anderer Freiwilliger in die Projekte ausreisen sollte, wenn er nicht von der Bedeutung der Arbeitsweisen von PBI und deren Effektivität vollkommen überzeugt ist.

Es wäre jedoch vermessen zu behaupten, dass mich während meines Kolumbieneinsatzes nicht Ängste, in ihren verschiedensten Ausprägungen von Unsicherheit und Unwohlsein, bis zu dem Gefühl sich ausgeliefert zu fühlen, begleiteten.

»Kann ich in einem Kriegsgebiet wirklich leben und arbeiten?«

Ich erinnere mich z. B. noch genau an meine Ankunft in Bogotá, wo ich im Haus des regionalen PBI-Teams, das auch die Hauptzentrale von PBI in Kolumbien ist, eine einwöchige Trainingsphase durchlaufen sollte, bevor ich an meinen endgültigen Einsatzort nach Medellín fliegen konnte. Selbstverständlich hatte ich viel über das Land und vor allem auch zu Medellín gelesen und gehört, da ich mich natürlich so gut wie möglich auf meinen Einsatz vorbereiten wollte. Das heißt ich wusste sehr wohl, dass zum Zeitpunkt meiner Einreise der Staatspräsident Alvaro Uribe Vélez, der nicht einmal eine Woche zuvor sein Amt angetreten hatte, den Ausnahmezustand im Land ausgerufen hatte. Ich hatte auch eine grobe Ahnung dessen, was dies konkret für das Alltagsleben in Kolumbien bedeuten würde; grob vor allem daher, da sie rein theoretisch war, bin ich doch in einem Dorf in Süddeutschland aufgewachsen, wo der Zweite Weltkrieg, der für mich, die ich in den 70er Jahren erst geboren wurde, bloß erzählte Erinnerung meiner Großeltern war.

Doch als ich den Ankunftsbereich des Flughafens in Bogotá verließ und neben dem mir vertrauten Gesicht eines Spaniers, mit dem ich wenige Monate zuvor das Ausbildungstraining in Spanien absolviert hatte, mehrere bewaffnete junge kolumbianische Militärdienstleistende sah, die mir mit ihren 18 Jahren und ihren unschuldigen Kindergesichtern einerseits, und andererseits ihren schweren Munitionsgurten, den Handgranaten in ihren Jacken-Brusttaschen und den Maschinengewehren wie Figuren aus einem billigen Actionfilm vorkamen, wurde mir so richtig klar, dass ich im Begriff war in eine völlig andere Realität einzudringen; eine Welt, deren Spielregeln mir zwar theoretisch vertraut waren, die ich jedoch praktisch überhaupt nicht kannte. Ich wurde mir plötzlich unsicher, ob ich dem allem, was mir nun bevorstand, wirklich gewachsen war. Ich fragte mich, ob all das was ich bisher gelernt hatte, was ich wusste und dessen ich mir sicher war, dass ich es auch in die Tat umsetzen könnte, auch wirklich ausreichend war, um nun ein Jahr zusammen mit bedrohten Menschenrechtsverteidigern in zum Teil äußerst gefährlichen Teilen des Landes mich vermutlich auch illegalen bewaffneten Akteuren gegenüber zu sehen, die aufgrund von jahrelangen Bürgerkriegserfahrungen und ihres oft jungen Alters vielleicht auch nicht so reagierten, wie ich mir das theoretisch vorstellte.

Die 30 Minuten Taxifahrt bis zum Haus erlebte ich dann wie im Traum. Ich erinnere mich, dass mein Kollege versuchte mir schon einmal die wichtigsten Dinge, die ich über Bogotá zu wissen hatte andeutungsweise zu erzählen und mir auch vermitteln wollte, was mich im Haus in Bogotá an diesem Abend erwartete. Aber es drang nur nebelhaft zu mir. Ich antwortete zwar und fragte auch wie es ihm denn nun ginge. Im Grunde war ich jedoch vielmehr mit mir selbst beschäftigt und mit der Frage: Was kommt jetzt wirklich auf mich zu, bin ich dem allem gewachsen, reicht mein Spanisch aus, um auch in gefährlichen Situationen genau das Richtige mit den richtigen Worten sagen zu können, um weder die von mir begleiteten Organisationen noch einen meiner Kollegen oder mich in unnötige Gefahr zu bringen. Ich war auch äußerst verunsichert bzgl. der Frage, inwieweit ich überhaupt unser PBI-Haus verlassen könnte und wohin es für mich als Ausländerin überhaupt sicher war alleine zu gehen.

Zusammen mit einer Dänin, die einen Tag nach mir in Bogotá ankam, machte ich dann meinen ersten Spaziergang in Kolumbien ohne erfahrene Begleitung. Wir ertappten uns gegenseitig, auch zu unserer Belustigung, wie wir immer wieder nervös über die Schulter blikkten, nur weil wir wieder einen schwer bewaffneten Uniformierten bemerkten, der uns, die wir uns rein sprachlich als Ausländerinnen von der üblichen Bevölkerung des Stadtviertels abhoben, nachschaute. Ich bewunderte die Gelassenheit, mit der die Freiwilligen, die bereits mehrere Monate Erfahrung in Kolumbien hatten, sich in ihrer Freizeit bewegten. Sie fragten mich immer wieder, ob ich ins Kino mitkommen, mit ihnen zu Freunden in die Altstadt von Bogotá oder etwa in die Disko gehen wolle, und ich nahm ihre Einladung immer dankbar an. Dennoch blieb meine Unsicherheit noch bestehen. Dies änderte sich ironischerweise erst an meinem ersten Tag in Medellín – dem wahrscheinlich als gefährlichste Stadt der Welt geltende Einsatzort, an dem ich ein Jahr bleiben sollte –, als ich bereits sechs Tage in Kolumbien gewesen war.

Mit all meinem Gepäck beladen sollte meine erste Begleitung die eines Anwalts von CAJAR, einer renommierten Anwaltskanzlei in Bogotá, nach Medellín sein. Da zu diesem Zeitpunkt Mangel an Freiwilligen herrschte, weder im Flugzeug, noch im Taxi zu unserem Haus größere Gefahren für uns zu erwarten waren und ich ohnehin zu meinem Einsatzort nach Medellín fliegen musste, stand schnell fest: »Evelyn, das kannst Du schon.« Das Problem war, dass ich den Anwalt zwar tags zuvor in seiner Kanzlei gesehen hatte, in meinen ersten fünf Tagen in Kolumbien jedoch so viele Leute und Gesichter auf mich einprasselten, dass ich, als ich aus dem Taxi ausstieg, das mich zum Flughafen gebracht hatte, wo ich den Anwalt treffen sollte, diesen Mann nicht mehr unter all den vielen ähnlichen Gesichtern identifizieren konnte. »Fängt ja gut an«, dachte ich mir bloß, »jetzt finde ich schon die erste Person, die ich begleiten soll, nicht«, als mir jemand auf die Schulter klopft und in freundlicher, kolumbianischer Machoart meinte: »Hola Evelyn, como te va? Déjame tu maleta y buscamos el despacho de ACES para los ticketes.«[7] Selbstverständlich hatte mich der Anwalt vor allem am grünen PBI-Jackett erkannt, mit unserem großen Logo. Es war nun auch eher er, als ich, der sich auskannte und der mir den Weg zeigte. Für ihn war es selbstverständlich, denn auch das ist PBI-Begleitung, und er hatte über die damals 9 Jahre, die PBI bereits in Kolumbien war, schon viele neue Freiwillige kommen und gehen sehen. Die Kolumbianer sind die Experten und die Funktion von uns Ausländern ist, einfach als Nicht-Kolumbianer deutlich präsent zu sein, sodass sie nicht angegriffen werden und ihre Arbeit erledigen können, nicht jedoch sie zu führen, oder uns gar besser auszukennen als sie. Ich erkannte, dass es vor allem um Vertrauen ging, d. h. Vertrauen der Organisationen und der Personen, die wir begleiten in uns, und Vertrauen unsererseits in sie, und dass sie, die sie unsere Beglei-

---

7 Hallo. Evelyn, wie geht es Dir. Gib mir deinen Koffer und lass uns zum ACES-Schalter gehen, um die Flugtickets zu holen.

tung angefordert hatten, durchaus bereit waren, uns zu helfen, uns in dieser uns völlig fremden Welt einzuleben. Dies waren wesentliche Gründe, weshalb ich mich ab meinem ersten Tag in Medellín zuhause fühlte, ein Gefühl, dass ich immer besonders stark wiederempfand, wenn ich von Reisen außerhalb der Stadt nachts wieder den Lichtern des Valle de Aburras[8] entgegenfuhr und wusste, dass die konkrete Gefahren, die jede Reise in Konfliktgebiete mit sich bringt, nun nicht mehr so groß war.

Zu diesem Gefühl der Sicherheit, das mir mein Zuhause in Medellín vermittelte, trug zusätzlich mit bei, dass ich mir bereits bei meiner Ankunft darüber bewusst wurde, dass ich nicht alleine war, sondern dass ich Leute hatte, die mir vertrauten, mich kannten und mich willkommen hießen, obwohl ich vermeintlich noch gar niemanden in Medellin kannte. So betrat ich das Haus des PBI-Teams in Medellin und wurde bereits damit begrüßt, dass die Direktorin von ASFADDES[9] Medellin meinem Team bereits mitgeteilt hatte, wie ich aussehe, wer ich bin und dass sie mich ganz sympathisch findet. Sie kannte mich von meinem kurzen Besuch im Büro von ASFADDES Bogotá, wo sie zufällig auch anwesend war, ich sie jedoch unter all den anderen fremden Gesichtern gar nicht richtig wahrgenommen hatte. Und aus dem selben Grund wurde ich auch von den anderen Organisationen, die ich fortan begleiten sollte, sinngemäß mit den Worten begrüßt: »Martha hat uns schon gesagt, dass Du ganz nett bist, schön dass Du hier bist.« Andererseits war es jedoch auch der Vorteil, in einem Team zu arbeiten und mit meinen PBI-Kollegen zusammenzuwohnen, der dazu beitrug, mich im Haus in Medellin »geborgen« zu fühlen, obwohl gerade dieser Aspekt der PBI-Arbeit mir vor meiner Abreise eigentlich die meiste Angst gemacht hatte. Dinge, die mich erstaunten oder sogar verunsicherten, konnte

---

8 Name des Tales, wo sich Medellín mit seinen Vororten befindet.

9 Menschenrechtsorganisation, die sich mit dem Thema gewaltsames Verschwindenlassen beschäftigt und deren Mitglieder hauptsächlich Familienangehörige von Betroffenen sind.

ich »zu Hause« mit meinen Teamkameraden besprechen. Und wenn ich noch nicht zum vereinbarten Zeitpunkt wieder zu Hause war, kam ein Anruf: »Hola chica, dónde estás?« »Tranquillo. Estaré en casa en unos cinco minutos. Mi taxista está haciendo vueltas otra vez .«[10]

Dass ich mich in einem Bürgerkriegsland befand, wurde mir eigentlich immer so richtig bewusst, wenn ich die als relativ sicher geltenden Zonen Medellins[11] verließ und in die ärmeren Stadtrandviertel oder in ländliche Gebiete Antioquias oder anderer Provinzen Kolumbiens fuhr. Es sind auch diese Reisen, die von uns PBIlern immer gründlich geplant wurden, d.h. für dessen Vorbereitung wir uns stets mit mehreren, für die Region verantwortlichen Militärs und Polizeichefs persönlich trafen, um wirklich sicher zu gehen, dass sie von unseren Reiseplänen Bescheid wussten und uns im Terrain nicht aufhalten würden.

»Schüsse: Sind meine Teamkollegen in Sicherheit?«

Wenn ich auf meine Zeit in Kolumbien zurückblicke, muss ich jedoch ehrlicherweise sagen, dass ich stets weniger Angst um mich selbst hatte, sondern vielmehr Angst um die Person oder Personen, die ich mit meinen Teamkameraden zusammen begleitete bzw. um meine PBI-Kameraden selbst, wenn ich z. B. zu Hause im Büro Bereitschaft hatte und die Nachricht kam, dass in der Nähe des Ortes, an dem sich meine Kollegen befanden, Schüsse zu hören waren, man Gefechten zwischen Militärs oder Paramilitärs und Guerillagruppen, bzw. Angriffe auf die Zivilbevölkerung in den Vertriebenengemeinden am Jiguamiandó befürchtete. In solchen Momenten galt es, alle übrigen Teammitglieder sofort ins Haus zurückzurufen, den Leuten in Bogotá, London und Madrid Bescheid zu geben und so ruhig wie möglich ein Ablaufprotokoll zu eröffnen, in welches dann alle getätigten und erhaltenen Nachrichten

---

10 Hallo, wo bist Du denn gerade? – Ganz ruhig. In fünf Minuten bin ich zu Hause. Mein Taxifahrer dreht mal wieder Extrarunden.

11 Zonen Medellíns, die unter starker staatlicher Bewachung stehen und zusätzlich von privaten Sicherheitsdiensten abgesichert werden.

eingetragen wurden. Dieses musste dann in regelmäßigen Abständen, bzw. sofort nach Erhalt einer wichtigen Information, an alle anderen Projektteams verschlüsselt per e-Mail verschickt werden. Verschlüsselt daher, um trotz des Hindernisses, dass unsere Telefone abgehört wurden, dennoch jede Information so präzise wie möglich an den Rest des Projektes weitergeben zu können, sodass diese ihrerseits auf die brenzlige Situation mitreagieren konnten, und ihren Rat an uns weitergeben konnten. In solchen Momenten glichen Sekunden, in denen wir noch keine genauere Information dessen hatten, was wirklich geschah, Stunden. Diese Unsicherheit, nicht zu wissen, was wirklich passiert war und v. a. auch die Tatsache, dass eine konkrete Beschreibung aller Fakten per Telefon nicht möglich war, schienen unerträglich, und der Wunsch, handeln zu können, d.h. Anrufe bei den verantwortlichen staatlichen und militärischen Stellen zu tätigen, die Botschaften zu benachrichtigen mit den Leuten der UNO-Büros zu sprechen, etc., wurde in mir dominant. Dieses erzwungene Warten, bis alle nötigen Informationen endlich da waren, und wir definitiv wussten, ob es sich nur um einen Benachrichtigungsanruf unserer Leute handelte, weil etwas in der Region geschehen war, sie selbst aber weiterhin in Sicherheit waren, bzw. ob unsere Kollegen und die von uns begleiteten Personen wirklich selbst in Bedrängnis geraten waren, war kaum auszuhalten, und das, obwohl es sich in den seltensten Fällen länger als 1 Stunde bis 1 Stunde 30 Minuten hinzögerte.

Glücklicherweise erlebte ich während meiner aktiven Zeit im Team in Medellín nur zwei Situationen, in denen ich von mir behaupten muss, dass es mir wirklich mulmig wurde, da die Lage für uns PBI-Leute, bzw. unsere begleiteten Organisationen wirklich nicht mehr so sicher war, wie wir es vorbereitet hatten. In einer war ich selbst anwesend, in der anderen keiner von uns PBIlern, sondern nur die Leute einer von uns begleiteten Organisation. Und diese zweite empfinde ich bis heute, als die mich in Medellin am stärksten beängstigende Situation überhaupt.

Seit drei Wochen hatten wir eine Überlandbegleitung eines Anwaltes des Rechtsanwaltkollektives Corporación Jurídica Líbertad minutiös vorbereitet. Wir trafen uns mit den verschiedensten Kommandanten der für das Gebiet verantwortlichen Militärbataillone, führten persönliche Gespräche mit allen Verantwortlichen für Menschenrechtsangelegenheiten im Departement Antioquía und kontaktierten allen uns bekannten Quellen, um möglichst detaillierte Informationen über die militärische Situation der zu bereisenden Region zu erhalten. Eine Analyse der möglichen Gefahren der Reise und deren Quellen war bereits angefertigt und alle nötigen legalen kolumbianischen und internationalen Kontakte, die zu einer Reduktion des Risikos der Reise bedeutend beitragen konnten, waren informiert. Die Botschaften war hinsichtlich der bevorstehenden Reise alarmiert. Wir arbeiteten über das Übliche hinaus gründlich, da wir wussten, dass es sich um eine besonders heiße Zone handelte, wohin der von uns zu begleitende Anwalt reisen wollte, um dort eine Versammlung unter den ansässigen Bauern einzuberufen und sich vor Ort nach der Situation der Zivilbevölkerung zu erkundigen. Neben der Tatsache, dass das Gebiet als Region mit hoher Guerillapräsenz galt, stand es auch im Zentrum einer Militäroperation, die bereits über drei Monate andauerte und in die zu jenem Zeitpunkt sechs Bataillone der I. Division involviert waren.

»Warum haben wir die Schutzbegleitung in letzter Minute nur abgesagt?«

Alles stand. Wir hatten das o.k. des Projektes, die Militärs, die Polizeistationen und die zivilen nationalen und internationalen Autoritäten wussten, dass es am nächsten Morgen losgehen sollte, als wir um circa 21:00 Uhr einen Anruf von einem Mitarbeiter einer baskischen Organisation erhielten, welcher ebenfalls bei der Fahrt dabei sein sollte, der uns mitteilte, dass er unbedingt sofort mit uns reden wolle, da uns die Leute des in Medellin ansässigen UN-Menschenrechtsbüros dringend etwas bzgl. unser geplanten Reise mitteilen wollten. Sofort beriefen wir ein Treffen mit dem Basken und den UNO-Mitarbeitern ein. Letztere erzählten uns, dass sie soeben aus genau der Gemeinde zurückkamen, wohin wir gehen wollten. Noch völlig vom Erlebten aufgewühlt informierten sie uns über das von ihnen Erlebte, was die Sicherheitseinschätzung unserer Reise in ein völlig anderes Licht stellte. Da diese Information jedoch noch so frisch war, und sie noch keine Zeit hatten, sie an die Hauptzentrale ihrer Organisation in Bogota weiterzugeben, baten uns die Leute, das soeben Erzählte auch noch nicht aus unserem Haus hinauszutragen, d. h. nicht einmal an unsere Leute in Bogotá, Madrid und London weiterzugeben. Wir bemerkten sehr wohl, dass sie sich nur dazu entschlossen hatten, uns sofort zu informieren, da sie um unsere Sicherheit besorgt waren.

Mit dieser Bitte, die wir zumal als Forderung auffassten, verunmöglichten sie uns, ein wichtiges Werkzeug in der Entscheidungsfindung innerhalb von PBI-Kolumbien einzusetzen. Da wir von PBI jede Entscheidung in vollkommenem Konsens mit allen Teilen des Projektes treffen, und dies in solchen Fällen umso dringender ist, wo es um die Sicherheit von PBI-Freiwilligen geht, waren wir uns sehr wohl bewusst, dass wir die erhaltene Informationen nicht ignorieren konnten, sondern sie eigentlich weiterleiten müssten. Andererseits wussten wir jedoch auch, dass wir nur aufgrund unserer persönlichen Freundschaften zu den UN-Mitarbeitern an diese Informationen gekommen waren. Diese für uns wichtige Freundschaft wollten wir keinesfalls aufgrund einer Indiskretion unsererseits aufs Spiel setzen.

So entschieden wir nach 4-stündiger Abwägungen aller Möglichkeiten, völlig unzufrieden und ziemlich übermüdet um 3:00 Uhr nachts, dass uns keine andere Wahl blieb, als so konservativ wie möglich zu reagieren. Wir durften weder uns, noch das gesamte Projekt durch emotional begründete Kühnheit gefährden. Sofort informierten wir unsere Projektstellen außerhalb Medellins über die Tatsache, dass wir im Besitz von Informationen waren, die uns dazu bewegt hatten, die vorgesehene Begleitung abzusagen, fügten jedoch gleichzeitig hinzu, dass wir noch auf ein o.k. einer befreundeten Organisation warten würden, um diese Informationen weitergeben zu können und baten unsere Kollegen, bzgl. dieses Vorgehens einfach Vertrauen in uns zu haben. Am schwierigsten erschien es uns jedoch, diesen Entschluss dem Anwalt und den ihn begleitenden Mitarbeiter eines Agrarprojektes zu vermitteln, zumal wir sie um diese späte Stunde nicht mehr erreichen konnten. Da allerdings geplant war, dass meine zwei Teamkameraden, die für die Begleitung vorgesehen war, um 6:00 Uhr morgens bei uns im Haus abgeholt werden sollten, verabredeten wir, den eigentlich zu Begleitenden die Neuigkeit gemeinsam mitzuteilen.

Auch wenn wir alle vorhatten, zumindest ein wenig zu schlafen, fand keiner von uns sechs im Hause Ruhe. Jeder zog sich irgendwie zurückzog. Keiner wollte reden. Die fast drei Stunden erschienen wie eine Ewigkeit. Bezeichnenderweise trafen wir uns schließlich, ohne es irgendwie besprochen zu haben, alle in der Küche wieder, um den von uns Erwarteten wenigstens neben der schlechten Nachricht auch ein ordentliches Frühstück bieten zu können. Als sie endlich bei uns eintrafen erkannten sie sofort, dass wir ihnen etwas Unangenehmes zu sagen hatten. Nachdem wir ihnen schließlich unsere Entscheidung so detailliert und verständlich wie möglich erläutert und erklärt hatten, warum wir so entscheiden mussten, bzw. welche Konsequenzen ein womöglich zu erwartender Zwischenfall für das gesamte PBI-Projekt in Kolumbien haben könnte, und somit auch für ihre künftigen Begleitungen, trat eine, zwar nur etwa eine Minute andauernde, jedoch kaum auszuhaltende Stille ein, die allein durch eine einzige, aber bestimmte Frage einer der Agraringenieurinnen des produktiven Projektes unterbrochen wurde: »O.k., PBI kann uns nicht begleiten. Aber die Bauern können wir von hier aus nicht mehr informieren, dass wir nicht kommen können. Wenn wir nicht kommen glauben sie, dass uns was passiert ist oder dass wir sie im Stich lassen. Warum fahren wir übrigen dann nicht wenigstens in den Hauptort der

Gemeinde und entscheiden dort, ob wir weiter, bis zur Versammlung gehen können? Wer geht mit?« Ich war mir sicher, dass zumindest der Baske es für viel zu gefährlich hielt, und das v. a. weil er noch wenige Stunden zuvor genau in dem Raum, in dem wir nun wieder saßen, noch eingestanden hatte, dass es ihm noch nie zuvor in seinen ganzen Jahren in Kolumbien so bang vor einer Reise war, wie vor dieser. Doch was dann in Sekundenschnelle geschah war ein einstimmiges sofortiges »Gehen wir« aller nicht-PBIler, und ohne dass wir auch nur ein Wort hätten sagen können, waren sie schon aus unserem Haus zum Auto gelaufen und meinten, uns freundlich aus dem Wagen zuwinkend: »Macht Euch keine Sorgen.«

Doch ganz klar machten wir uns alle Sorgen; nein nicht nur Sorgen, wir machten uns selbst Vorwürfe. Vorwürfe entschieden zu haben die Begleitung im letzten Augenblick abzusagen, obwohl wir genau wussten, dass die Bauern, die sich zu der Versammlung angekündet hatten, erhebliche Strapazen auf sich nehmen würden, um den Anwalt treffen zu können, und es selbstverständlich nicht mehr möglich war, ihnen nun Bescheid zu geben. Vorwürfe, weil wir die Gruppe nicht aufgehalten hatten, sie nicht daran gehindert hatten so schnell das Haus zu verlassen. Und Vorwürfe weil wir wie PBI-Freiwillige innerhalb unseres Mandates entschieden hatten und nicht als Privatpersonen. Wir wussten, dass wir alle sofort mitgegangen wären, um wenigstens internationale Präsenz zu zeigen, wenn wir nicht mit PBI im Land wären. Und das absolute Schweigen und stumme Nebeneinander der letzten Stunden wandelte sich in absolute Geschäftigkeit und unendliche Gespräche über die uns in diesem Augenblick fast unverständlichen Grenzen der Entscheidungsfreiheiten als PBI-Freiwillige.

Keiner von uns kam zur Ruhe. Jeder flüchtete sich in Arbeit, um sein Gewissen nicht zu laut zu hören. Alle waren wir gereizt, und dies besonders hinsichtlich Fragen von anderen Teilen des Projektes nach den Gründen, warum wir ihnen die angekündigte Informationen nicht sofort geben könnten. Dies war absolut nicht das, was uns beschäftigte. Uns sorgte allein die Sicherheit der Organisationen, die wir eigentlich in diesem Moment begleiten sollten. Auch wenn ich versuchte, mich abzulenken, waren meine Gedanken immerzu bei den Leuten, die wir so unvorbereitet alleingelassen hatten. Sie baten uns doch um unsere Begleitung, weil sie genau wussten, dass die Wahrscheinlichkeit, dass sie auf dieser Reise in eine äußerst problematische Region getötet, verschwunden gelassen oder entführt und gefoltert werden könnten, äußerst hoch war. Und nun waren sie genau dort allein unterwegs.

Ich erinnere mich, wie mir ein Teamkollege in absoluter Vertrautheit plötzlich gestand, dass er darüber nachdachte, warum wir ihnen nicht wenigstens unser Satellitentelefon geborgt hatten, sodass sie die Möglichkeit gehabt hätten, uns bei akuter, direkter Bedrohung zumindest anrufen zu können, obwohl dies absolut gegen das PBI-Mandat wäre und wir genau wussten, dass dies unmöglich ist. Völlig zustimmend musste ich ihm beipflichten, da auch ich seit der Abreise der von uns zu Begleitenden genau über das gleiche nachgedacht hatte. Auch wenn die Wahrscheinlichkeit, dass sie das Telefon in einer Bedrohungssituation wirklich hätten benutzen können, fast null war, wir hätten wenigstens etwas getan. Ohne es besprochen zu haben herrschte auch absoluter Konsens im Medellin-Team darüber, dass wir die obligatorischen Anrufe an die Militärs, die über unsere Präsenz im Konfliktgebiet informiert waren, bzgl. der Absage der Reise unsererseits so lange wie möglich hinauszögern und erst gegen Mittag tätigen wollten, um die Fahrenden nicht unnötig noch dadurch zu gefährden, dass öffentlich publik wurde, dass sie nun alleine unterwegs sind.

Welche Erleichterung überfiel uns, als wir um circa 13:00 Uhr den insgeheim heiß erwarteten Anruf des Anwalts erhielten. Damit wussten wir, dass sie wieder in einer Medellín nahen Zone sein mussten, da sein Handy sonst keinen Empfang gehabt hätte. Er wollte uns eigentlich nur mitteilen, dass sie auf dem Rückweg seien, da sie sich auf halbem Weg entschieden hätten, dass sie ohne PBI keine Möglichkeit sähen, weiter in die Konfliktzone einzudringen. Gleichzeitig erklärte er uns, dass sie uns selbstverständlich allen ansahen, wie mies wir uns fühlten, als sie am Morgen wegfuhren, und dass er sich sicher war: »Ihr alle hättet mich sofort begleitet, wären da nicht die hohen, aber auch nötigen Sicherheitsbestimmungen von PBI. Daher beschlossen wir auch sofort einstimmig, zuerst Euch anzurufen, um Entwarnung zu geben. Wir sind in einer Stunde bei Euch. Stellt doch mal Bier kalt.« Dass uns ein Stein vom Herzen fiel, wäre eine absolute Untertreibung, es war ein Fels, nein vielmehr ein ganzer Berg und die beklemmende Stimmung, die die ganze Zeit über im Haus geherrscht hatte, wich einer tief empfundenen Freude und einer Ausgelassenheit, die die Probleme völlig unwichtig erscheinen ließ, die wir mit Teilen des Projekt bekommen sollten, da wir in der Situation entschieden hatten, unsere guten Beziehungen mit den UNO-Mitarbeitern über das Einbeziehen anderer Mitglieder von PBI-Kolumbien in unsere Informationen zu stellen.

War ich in einer schwierigen Situation selbst mit anwesend, empfand ich dies für mich selbst immer als viel einfacher. Das lag sicherlich vor allem daran, dass ich gemeinsam mit meinem PBI-Kollegen und den Leuten der Organisation, die wir begleiteten, genau wussten, was gerade passierte und so die Situation vor Ort bezüglich unserer Sicherheit abschätzen und reagieren konnten.

»Keinesfalls trenne ich mich von der Person, die ich begleite.«

Auf meinen verschiedenen Begleitungsreisen kam ich in so manche prekäre Situation. Knapp eineinhalb Monate nach meiner Ankunft in Kolumbien, sollte ich gleich auf meiner ersten Überlandfahrt meine Feuertaufe erhalten, da wir völlig unerwartet die bis dahin in der Geschichte von PBI-Medellin komplizierteste Reise durchlebten. So gerieten wir, als Mitglied einer aus mehreren NGOs und Vertretern des UNO-Menschenrechtsbüros in Medellín bestehenden Arbeitskommission im Osten von Antioquía, in eine Straßensperre der Paramilitärs. Ich weiß noch, dass ich mich, als wir unsere Wagen gezwungenermaßen verlassen hatten, nach meinen Mitreisenden umschaute und bemerkte, wie der Anwalt, den wir begleiten sollten, zitterte. Ich dachte mir nur, jetzt nur selbst keine Aufregung zeigen, auch wenn ich selbst innerlich zittre, sonst denken diese uns bewaffnet gegenüberstehenden Männer noch, dass ich was zu verbergen hätte.

Blitzschnell ging ich nochmals durch, was ich zuvor mit meinen Teamkameraden abgesprochen hatte: was ist unser Diskurs im Hinblick auf Paramilitärs, sollten wir wider Erwarten mit ihnen zusammenstoßen? Wie können wir unsere Leute im Büro informieren? Was macht mein Teamkollege, der schon fast ein Jahr im Medellinteam war und sich sicherlich nun auch noch für mich verantwortlich fühlte? Ich war so froh, dass wir als Arbeitskommission im vorab bereits vereinbart hatten, dass der Sicherheitsbeauftrage der UNO bei auftretenden Schwierigkeiten unser Wortführer sei. Während der Anführer des Paramilitärtrupps sich jedoch mit den Worten vorstellte: »Sicherlich wisst ihr wer wir sind. Wir ihr auf unserer Armbinde sehen könnt sind wir von den Autodefensas Unidas de Colombia«, schoss mir idiotischerweise nur durch den Kopf: »O.k., so sehen Terroristen also in Realität aus.«[12]

Das Einzige, wessen ich mir absolut bewusst war, war dass ich mich nicht von dem Anwalt, den wir begleiteten, trennen lassen würde und ebenso wenig von meinem Teamkameraden. Ansonsten hatte ich das merkwürdige Gefühl, eine vollkommen surreale Szene zu erleben, in der die Wortführer der Paramilitärs uns erklärten, dass sie auch für unsere Sicherheit in diesen Teilen Antioquias da seien, selbst soziale Projekte hätten, die sie uns gerne vorstellen würden, und vor allem von mir als einziger Frau in der Gruppe wissen wollten, ob ich in Kolumbien nicht Angst um mein Leben

---

12 Paramilitärische und Guerillagruppen wurden kurz zuvor nach den USA auch von der europäischen Union zu terroristischen Gruppen erklärt.

hätte, wo doch so viele kriminelle Banden ihr Unwesen trieben. Gleichzeitig wies unser Gruppensprecher die Bewaffneten immer stärker darauf hin, dass es außerhalb unserer Kompetenzen läge, uns mit Mitgliedern von illegalen bewaffneten Gruppen, zu denen auch die Paramilitärs offiziell zählten, zu verabreden, und diese Kommission außerdem ganz andere Ziele verfolge. Ich selbst hatte das Gefühl, ohne jede Empfindung in der Situation völlig mechanisch so zu reagieren, wie ich es während meiner Ausbildung gelernt hatte, und einfach immer unser PBI-Mandat abzurufen. Ich dachte über das Ausmaß der eigentlichen Gefahr, in der wir uns befanden, gar nicht nach.

Diese merkwürdige Haltung löste sich erst, als wir nach mehreren Anrufen bei unserem Medellíner Büro auf dem Heimweg an einer Straßensperre der staatlichen Militärs vorbeikamen, die wir schon von Weitem rufen hörten »Da kommen sie« und uns durchwinkten. Und auch die Anspannung in unserem Wagen, die sich in einer fast tödlichen Stille äußerte, löste sich kurz nach diesem Augenblick und wandelte sich in ein unreifes Witze-Reißen und Lachen. Ich wusste, dass unsere Leute sich sofort nach unserem Anruf telefonisch mit den verantwortlichen Militärs in Verbindung gesetzt und alles getan hatten, um uns aus dem Gebiet herauszuholen, und ich war ihnen so dankbar. Für mich war es ein manifester Beweis, dass ich mich in gefährlichen Situationen auf die Leute von PBI vollkommen verlassen konnte, und ich fühlte mich ihnen gegenüber so zu Dank verpflichtet, dass ich die leise Stimme kaum wahrnahm, die trotz der Witze zu mir durchzudringen versuchte, um mir anerkennend zu versichern, dass ich trotz meiner totalen Unerfahrenheit im Kontakt mit illegalen Akteuren, außergewöhnlich ruhig reagiert hätte.

Nach meiner ersten Begleitungsreise, galt ich fortan als die Paramilitär-Expertin, zumal der andere Begleiter der Reise PBI kurz darauf nach Ablauf seines Freiwilligeneinsatzes verließ. Im Gegensatz zu anderen Freiwilligen, die während ihrer ganzen Zeit in Kolumbien nie auch nur einen Paramilitär zu Gesicht bekamen, sollte mir ein anderes Schicksal beschieden sein. Diese erste Begegnung blieb jedoch die, die mich am stärksten prägte und nach der ich mir so richtig bewusst wurde, warum unsere NGOs dringend unsere Begleitung brauchen. Nie vergesse ich das Gesicht des von uns begleiteten Anwalts und seine Dankbarkeit allein dafür, dass mein kanadischer Kollege und ich als ausländische Zeugen einfach nur anwesend waren. Auch Wochen später noch kam es vor, dass er mir bei kurzen Besuchen in seinem Büro versicherte, dass er sich absolut sicher war, dass er nicht mehr leben würde, wären wir in dieser Situation nicht bei ihm gewesen.

Um ehrlich zu sein, empfinde ich die Situation in Kolumbien heute viel bedrohlicher, da ich wieder in Deutschland bin und nicht mehr unmittelbar hinsichtlich der Sicherheitssituation unserer Menschenrechtsverteidiger einwirken kann. So hatte ich z. B. Albträume im vergangenen September, als ich davon erfuhr, dass Staatspräsident Álvaro Uribe Vélez in einer Rede vor kolumbianischen Luftstreitkräften Menschenrechtsverteidiger als guerillanah bezeichnete. Ich träume erst seit wenigen Monaten davon, mit jenen Menschen, die ich einst begleitete, in Situationen zu sein, die ich glücklicherweise in Wirklichkeit niemals durchleben musste. Eine Ex-Freiwillige hatte mir einmal erzählt, dass sie nach ihrer Rückkehr die Gewohnheit übernommen hatte, in jeder Kirche, die sie besuche, eine Kerze für die Leute, mit denen sie so viel Zeit verbracht hatte, anzuzünden. Es kam mir damals albern vor, heute mache ich es ihr nach.

Ich habe großen Respekt vor der Arbeit der Organisation und habe in den vergangenen Jahren auch immer wieder auf Bitten der Organisation Briefe an Botschaften oder Regierungen geschrieben. Das sind Möglichkeiten, andere zu schützen, zur Überwindung von Unrecht, Gewalt und Angst beizutragen. Und es geht auch darum, Rituale für die Angst finden, Gesten, die übertragbar sind; das ist sicher von entscheidender Bedeutung. Das gilt für die eigene Angst, aber gerade auch mit Blick auf die Angst um andere. Mir ist immer wieder wichtig, das Gebet füreinander, die Fürbitte nicht zu unterschätzen. Da gehen Gebete füreinander um die Welt.

Ein Beispiel sind für mich Kirchenräume. Ihnen ist abzuspüren, dass Menschen vor mir, oft Jahrhunderte vor mir gebetet haben. Es sind durchbetete Räume. Ebenso ist der Welt abzuspüren, ob Gebet sie trägt. In Einsamkeit und Angst zu wissen, dass andere an dich denken, für dich beten, eine Kerze für dich anzünden, das kann Kräfte und Mut wekken. Dann fühlen sich Menschen nicht verlassen, sondern können etwas von der Lebenszusage Gottes spüren, die alle Angst und Verlassenheit durchdringen kann.

Angst vor Gewalt

»Selig sind die Sanftmütigen, denn sie werden das Erdreich besitzen« (Matthäus 5,5)

Die Angst vor Gewalt ist vielfältig. Es ist die Angst, persönlich verletzt zu werden, die Angst, ausgeliefert zu sein, Angst vor körperlicher und struktureller Gewalt zugleich. Im Folgenden kommen vier Angsterfahrungen zum Tragen aus dem Umfeld von Demonstrationen. Zunächst ist da die Erfahrung eines Polizisten in Grohnde. Er möchte ungenannt bleiben, noch heute, 27 Jahre später plagt ihn die Erinnerung.

Mein Angsterlebnis während und nach dem Großeinsatz am 19.03.1977 in Grohnde

Einsatzvorbereitung/-auftrag

Mit 23 Jahren war ich als Gruppenführer mit der 1. Einsatzhundertschaft Hannover zum Einsatz »Demonstration gegen den Bau des Kernkraftwerkes in Grohnde« eingeteilt. Es wurden ca. 20 000 – 30 000 Demonstranten erwartet; circa 1 000 Teilnehmer waren als radikal gewalttätig eingeschätzt.

Die Polizeieinsatzleitung (PEL) hatte genügend Kräfte, Hunde, Pferde und Fahrzeuge für den Einsatz eingeplant, die Kräfte waren gut mit ihren Einsatzaufträgen und der Örtlichkeit vertraut, alle waren anhand vorheriger Übungen gut geschult, topfit und bester Laune.

Uns konnte hier innerhalb des Geländes vom Kraftwerkneubau eigentlich nichts beunruhigen:

- Ein neuer Doppelzaun, miteinander verschweißt, sollte sogar das Überrollen mit einem Leopard-1-Panzer unmöglich machen.

- In den benachbart angrenzenden Orten waren schwere Sandcontainer und Sonderwagen der Polizei aufgefahren worden, um ein Befahren der B 83 direkt am Bauzaun des KKW zu verhindern, und mittels dieser Vorsperren möglichst nur unbewaffnete Demonstranten durchzulassen.
- Mehrere tausend Kollegen mit Schutzhelm, Schild und Schlagstock, unterstützt mit einer stattlichen berittenen Einheit lagen vorsorglich in der Nähe in Bereitschaft, im Kraftwerksgelände waren ein halbes Dutzend Wasserwerfer stationiert, Hubschrauber der Polizei und des BGS überflogen stündlich das gesamte Einsatzgebiet und hatten den besten Überblick über das Geschehen.
- Schließlich bewachten mehrere Hundertschaften den doppelten Bauzaun von innen. Unsere Hundertschaft erhielt den (unattraktiven) Einsatzauftrag, sich in Reserve für mögliche Einsatzmaßnahmen bereit zu halten.

Die Eskalation nimmt zu

Somit vertrieben wir uns die lange Wartezeit mit Doppelkopfspiel. Am Tisch saßen drei Kollegen aus meiner Gruppe, darunter auch der Kollege M., Polizeiobermeister (POW), 18 Jahre, ledig, schmächtig und lebenslustig. Über Funk hörten wir die polizeilichen Einsatzmeldungen rund um das Kernkraftwerk mit.

Nach circa drei Stunden ungestörtem Kartenspiel änderten sich die Funkmeldungen drastisch:

- In Emmerthal hatten mehrere tausend Demonstranten die Kräfte an der Polizeisperre ultimativ aufgefordert, die Polizeisperren zu beseitigen.
- Nach einem Überrennen der Kräfte wurden die Sperr-Lkw, gepanzerten Fahrzeuge und Sandcontainer mit etlichen langen Seilen, an denen bis zu 200 Personen rhythmisch zogen, einfach zur Seite gezogen, so dass die Demonstranten ungehindert mit ihren Fahrzeugen (Lkw bis 7,49 t, Lautsprecherwagen, Krankentransportfahrzeuge) die B 83 Richtung KKW-Neubau befuhren die per Hubschrauber ermittelte Stärke der Demo-Teilnehmer wurde auf über 30 000 Personen geschätzt.

Wir wurden alarmiert und erhielten den Auftrag, einen Teil des Bauzaunes zu schützen, der zusätzlich noch durch einen tiefen Graben geschützt war. Nach kurzer Zeit erreichten wir den Zaunabschnitt. Hier tat sich gar nichts.

Mehrere Hundertschaften des BGS, der Bereitschaftspolizei aus Oldenburg und Braunschweig hatten sich am Bauzaun Höhe B 83 aufgestellt. Für mich war es beeindruckend, wie diszipliniert und zuversichtlich die Kräfte auf die weiteren Ereignisse warteten. Wir dagegen standen ganz hinten und wussten nicht, warum man uns in eine Ecke gestellt hatte, in der offenkundig nichts passieren konnte.

Als die Spitze der Demonstranten die Hauptzufahrt (Tor 1) zum Kraftwerkneubau erreichte, wurde der gesamte BGS dorthin verlegt, die Kräfte aus Oldenburg und Braunschweig zogen nach.

Und wer sollte bitteschön nun den restlichen freigemachten Zaunabschnitt entlang der B 83 am Tor 2 beschützen?

Wir verlegten aus dem südlichen/westlichen Zaunbereich in den ostwärtigen Teil. Circa 200 Meter vor dem Doppelzaun stellten wir uns als Einheit auf. Der BGS hatte am Tor 1 bereits gewalttätige Konfrontationen mit Störern, die versuchten, den Bauzaun niederzureißen. Die Störer hatten Bauhelme auf, brachen mit großen Zangen die Vergitterung der Doppelzäune auf, bewarfen mit einem dichten Steinhagel die Kollegen.

Da wir nicht direkten Blickkontakt zum Tor 1 hatten, konnten wir nur erahnen, was dort im Augenblick los war. Der Funkverkehr wurde hektisch, die Qualität der Meldungen wurde schlecht, die Ereignisse am Tor 1 überschlugen sich, erste Verletzte wurden gemeldet.

Am Tor 2 tauchten etwa zeitgleich die ersten dick vermummten und mit Kradhelmen ausgestatteten Störer auf. Ohne zu zögern sprangen sie in den circa 1 Meter tiefen Graben, kletterten auf unserer Uferseite hinauf, setzten sich vor den Bauzaun und begannen emsig damit, die Vergitterung durchzukneifen.

Sollten sie bloß versuchen, uns konnte nichts passieren:

- Die ersten Wasserwagen fuhren auf und bespritzten die Zaunkneifer mit circa 5 bar Wasserdruck aus C-Schläuchen.
- Nachgefordertes Tränengas in Wurfkörpern traf bei uns ein (es war eine Menge, die die gesamte niedersächsische Bereitschaftspolizei nicht in einem Jahr zuvor verbraucht hatte).

Immer noch zuversichtlich schauten wir dem Spektakel am Zaun zu. Die Wasserwerfer setzten mittlerweile Tränengas dem Wasser zu, um die Zaunkneifer zu vertreiben. Diese in Ölzeug gut gepolsterten Störer hatten eigene Gasmasken mitgeführt, setzten diese auf und fuhren mit ihrer Zaunzerstörung unbeeindruckt fort. Die Wirkung der Wasserwerfer war durch den drei Meter hohen Zaun gebremst, so dass sich immer mehr Demonstranten auf der B 83 unbeeindruckt von den riesigen verspritzten Wassermengen sammelten. Der zuvor zugefrorene Graben füllte sich mit Wasser und Tränengas, Nebeldämpfe zogen auf und tauchten die tausend und abertausend Demonstranten in eine unwirkliche Nebelwand dick angereichert mit Tränengas.

Uns hatte man immer wieder gezeigt, wie wirkungsvoll und gesundheitsschädlich dieses Tränengas sein sollte. Und nun in mehrtausendfacher Anwendung wirkte das Teufelszeug überhaupt nicht mehr.

Nachdem die Zaunkneifer ein Großteil der Vergitterung aufgeschnitten hatten, warfen andere Störer selbstgebastelte Wurfanker über den ersten Zaunabschnitt. Circa ein Dutzend solcher Anker vergruben sich in einem circa 20 Meter langen und 3 Meter hohen Zaunelement. An jedem Ankerseil fassten circa 200 Personen an und begannen rhythmisch zu ziehen.

Das Unfassbare geschah:

- Das Zaunelement begann sich zu bewegen, verbog sich und konnte so aus den sich ebenfalls verbiegenden Stützpfeilern (50 cm Durchmesser!) herausgebrochen werden.
- Unter triumphalem Jubel setzten die Kneifer sofort am nächsten Element an, wieder wurden ein Dut-

zend Anker über den Zaun geworfen. Das Herausbrechen des nächsten Elementes war nunmehr eine Frage der Zeit.

Sie lassen sich durch nichts aufhalten

Es kam noch schlimmer:

- Als der letzte Anker über das Zaunelement geworfen werden sollte, hatten alle anderen schon mit dem ruckartigen Ziehen begonnen.
- Der bereits verbogene Stützpfeiler gab unversehens nach.
- Das gesamte Zaunelement sprang förmlich aus der Halterung, kippte so schnell in Richtung B 83, dass der Werfer des letzten Ankers sich nicht mehr aus dem flachen mit Tränengaswasser gefüllten Graben retten konnte. Der Werfer, ein circa 25-jähriger Mann mit wilden blonden Locken und Vollbart, wurde so unter dem Element begraben, dass die obere Zaunkante offensichtlich beide Oberschenkel zerschlagen hatte.

Aus circa 150 Metern mussten wir hilflos mit ansehen, wie sich der Werfer unter Schmerzen laut schreiend nach Hilfe umsah. Aus dem linken Oberschenkel schoss eine Blutfontäne circa 30 cm hoch.

Unversehens war ein Rettungsteam am Graben, spritzte sofort in den Oberschenkel ein Medikament, band die beiden Oberschenkel ab. Nachdem über 20 Personen das Zaunelement angehoben hatten, wurde der Werfer geborgen, sofort in einen Pkw-Kombi gelegt und Richtung Krankenhaus Hameln abgefahren. Meine Hoffnung war, dass dieses tragische Ereignis dazu führen würde, dass die Demonstranten von weiteren Attacken gegen die Umzäunung Abstand nehmen würden.

Nichts dergleichen geschah. Scheinbar unberührt setzten die Kneifer am Innenzaun an und begannen auch dort die Verdrahtung zu durchbrechen. Mit vereinzelten Vorstößen durch unsere Kräfte konnten wir nur kurzfristig die Kneifer aus ihrem letzten Element vertreiben.

Jetzt wurde es bei uns brenzlig:

- Wir forderten verstärkt die Wasserwerfer an, um die

Kneifer aus dem inneren Zaunelement zu vertreiben.

- Wir forderten lange Stangen an, um mit diesen die Annäherung der Störer an den Innenzaun zu verhindern.
- Der Funkverkehr setzte aus, Verstärkung war nicht zugesichert, alle innerhalb des Baugeländes befindlichen BGS- und Polizeikräfte waren in schwere Auseinandersetzungen mit den Demonstranten gebunden.
- Circa 200 Meter des bereits von zwei Zaunelementen geschwächten »Super-Leo-1-Zauns« war nur durch unsere Hundertschaft zu schützen.
- Die Wasserwerfer fielen aus, weil Demonstranten die unterirdische in vier Metern Tiefe gelegene Wasserleitung zwischen Weser und Baugelände aufgegraben und die Zuleitung zerstört hatten.
- Die PEL konnte nicht an allen Stellen gleichzeitig Entscheidungen treffen und dringend benötigte Unterstützungskräfte heranschicken.

Wir gegen den Rest der Demonstranten

Wir standen allein auf circa 200 Metern nur noch durch einfachen, schon angeknabberten Zaun circa 20 000 – 30 000 Demonstranten gegenüber. Einige von ihnen hatten sich auch nicht in ihrem Eifer durch die tragische Verletzung ihres eigenen Mannes von der Attacke gegen den Zaun abhalten lassen.

Wir, das war eine erfahrene Führungscrew die nun annähernd hundert junge Polizeibeamte, ausgebildete POW im Alter von circa 17 – 22 Jahren, gegen 20 000 – 30 000 Demonstranten nahezu schutzlos einsetzen sollte.

Als auch das erste innere Zaunelement herausgebrochen war und es somit absehbar war, dass ohne unser Einschreiten der Zaun innerhalb kürzester Zeit auf bis zu 200 Metern Länge aufgerissen worden wäre, die Demonstranten innerhalb des Geländes für den Bau der Anlage wesentliche Teile hätten vernichten können, rückten wir vor:

- mit neuesten Schutzschilden ausgestattet (50 cm breit, ein Meter hoch, durchsichtiges Plexiglas mit ge-

polsterter Armauflage und Halterung für einen circa 80 cm langen Hartholzstab),
- mit dem zigfachen an Tränenwurfgeschossen versehen.

Je näher wir dem Loch im Zaun kamen, desto heftiger wurde der Steinbewurf. Noch heute kann ich gedanklich diese Situation vor meinem geistigen Auge aufrufen:

- meine Gruppe in vorderster Linie, zu meiner rechten der Zugführer, zu meiner linken zehn Kollegen meiner Gruppe,
- alle mit Schild vor dem Körper, unaufhörliches Prasseln von Steineinschlägen,
- knöcheltief watend in dichtem Tränengaswassergemisch, der Erdboden getränkt damit.
- Zerplatzende Farbbeutel verkleben unsere Gasmaskenfilter, unsere Visiere, unsere Schilde.
- Alle – bis auf mich – haben die Gasmaske aufgesetzt, keiner kann sich mehr verbal verständlich machen.
- Jede Bewegung, selbst der Flug der Steine geschieht wie in Zeitlupe.
- Ich verliere das Gefühl für Zeit und Raum.
- Meine Gruppe kniet sich in den Tränengasmatsch, die dahinter hockenden Kräfte der nächsten Gruppe halten ihre Schilde überdeckend über unsere Helme, die letzte Gruppe steht dahinter und deckt uns von oben gegen Steinwürfe ab.

Ein kleines Wunder geschieht, die Demonstranten ziehen sich auf die andere Straßenseite der B 83 zurück. So bleibt uns ein freier Raum von circa 15 – 20 Metern zu den Steinewerfern. Nach und nach gehen den Demonstranten die handlichen annähernd quadratischen Schottersteine aus. Sie sammeln auf der Straße liegende Steine ein und bewerfen uns erneut. Mehrfach vernehme ich in unmittelbarer Helmhöhe ein schnelles Zischen. (Nachträglich wird festgestellt, dass nicht nur die Blechwände und Wassertanks der Wasserwerfer mit Stahlkugeln circa 10 mm Durchmesser durch Katapulte und Präzisionszwillen beschossen wurden, die das circa 1 mm starke Blech durchschlagen haben, sondern dass diese Zwillenschützen auch auf unsere Helme zielen!).

Nach Stunden oder Minuten – das Zeitgefühl ist noch nicht zurückgekehrt – sitzen wir immer noch in der Zaunlücke fest. Auf der linken Seite registriere ich, wie drei männliche Personen rhythmisch an dem Vorfahrtszeichen (vor der Zufahrt zum Baugelände) die Stange hin- und herbiegen, bis diese in Höhe des Betonsockels abbricht. Bewaffnet mit dieser Stange, die plattgedrückte und scharfkantige Spitze auf uns gerichtet, queren sie die B 83. Da ich nur eine Tränengasbrille aufgesetzt hatte, um das Funkgerät bedienen zu können, kann ich meine Gruppe auf die Gefahr von links aufmerksam machen.

Wir beschließen einen Ausfall zu machen, diese drei Angreifer abzuwehren und dann wieder in die Formation zurückzukehren. Auf meinen Befehl stürmen die Kollegen aus der ersten Reihe auf die Störer los, als diese gerade den Grabenrand erreicht haben, um uns mit der Stange zu bewerfen. Wir können die drei Angreifer und mehrere Steinwerfer auf der Straße erreichen und setzen mit großer Wucht den langen hölzernen Schlagstock gegen sie ein. Hierbei gibt es auf Seiten der Demonstranten einige Verletzte. Beim Rückzug werden wir beworfen. Da wir im Rücken nun kein Schutzschild haben, werden einige von uns böse im Bein-, Rücken- und Schulterbereich getroffen.

Nach dieser Aktion bleiben die Demonstranten nur noch auf der anderen Straßenseite. Die Würfe und der Zwillenbeschuss lassen langsam nach.

Der Albtraum ist vorbei

Nach unvorstellbar langer Zeit kommen von Südosten über den Acker die Dienstpferde im gestreckten Galopp, zeitgleich rücken mehrere Einzeldiensthundertschaften durch die Zaunlücke im Tor 2 auf die B 83 vor und lösen uns so aus der brenzlichen Situation heraus.

Geschunden sammeln wir uns bei unseren Führungskräften vor unserem Zelt und beginnen die Anzahl der Verletzungen und Beschädigungen festzuhalten:

- Mein Armschutz hängt nur noch an einem Niet am Schutzschild; dieser ist restlos gesplittert (selbst eine weiche Tomate wäre nun ohne nennenswerten Widerstand durch den Schild geflogen).

- Anzug und Helm sind von Farbspritzern bunt gefärbt.
- Nach und nach stelle ich mehrere Prellungen an Bein, Arm und Schulter fest, alles halb so schlimm.
- Von den zehn Gruppenmitgliedern stehen noch zwei neben mir, wo die anderen sind, weiß ich nicht.
- Nach und nach werden mir die Namen und Personen bewusst, die sich offensichtlich beim Verbandsplatz oder in den Hamelner Krankenhäusern ihre Verletzungen behandeln lassen.

Mein Albtraum beginnt

Dann das Unfassbare:

Über Funk wird gemeldet, dass ein Kollege von Tor 2 tödlich verletzt worden sein soll.

Tor 2 – das war doch bei mir. Entsetzliche Stille.

Dann die Bestätigung von Kollegen aus der zweiten Linie: »...das war bestimmt POW M. aus deiner Einheit. Der ist getroffen worden und umgefallen wie tot. Als ihr draußen ward, haben sie ihn abtransportiert.«

Draußen? Mein Einsatzbefehl?

Nur langsam dämmert mir, dass mein Aufruf, die drei Schilderstecher aufzuhalten, wohl das Leben des Kollegen M. gekostet hat. Ich gehe zurück ins Zelt. Dort liegen noch die Karten, die Colaflaschen sind noch halbvoll. POW M.'s Karten liegen verdeckt auf seinem Platz an unserem Kartenspieltisch, ebenso wie die Karten der beiden anderen Kollegen. Sie liegen irgendwo verletzt im Krankenhaus, aber sie leben gottseidank. Wo noch am Vormittag lustiges Treiben und Zuversicht geherrscht hatte, ist jetzt, gegen 16:00 Uhr eine gähnende Leere.

Im Zelt und in mir.

Da ich diese Einsamkeit, die mich anklagt, nicht aushalten kann, gehe ich nach draußen und verlange eine Zigarette. Alle gucken mich blöd an. Seit vier Jahren hatte ich nicht mehr geraucht. Und nun? Es ist mir egal, was sie denken mussten: Lieber jetzt eine Zigarette rauchen und ruhig werden als meine Verzweiflung ganz laut rausschreien. Das wollte ich nicht! Nein!, keinen jungen Kollegen ins offene Feuer hetzen! Wie konnte ich nur den jungen M. so ungeschützt so einen gefährlichen Einsatzauftrag erteilen, die ihm das Leben gekostet hatte? Ruhe kehrte nicht mehr ein.

Über Funk versuchten wir die PEL zu erreichen, damit die in den Hamelner Krankenhäusern ermitteln, ob sich der Verdacht bestätigt hat. Da an diesem Tag mehr als 700 Kollegen und noch eine unbekannte Zahl an Demonstranten verletzt waren, herrschte in den Krankenhäusern sowie in der Verbandstelle im Baugelände das blanke Chaos. Niemand konnte unsere Anfrage bestätigen oder dementieren. Erst sechs Stunden später gab es die erste vorsichtige Entwarnung: Unser ärztlicher Dienst hatte alle erdenklichen Telefonate geführt, ohne dass ein Todesopfer bestätigt werden konnte.

Apathisch nahm ich am nächsten Tag nur wahr, dass alle verletzten Kollegen zum Verwaltungsgebäude gerufen wurden, weil unser Innenminister eine Ansprache halten wollte. Hier erfuhr ich erstmals, dass es am Tor 2 einen schwerverletzten Beamten aber gottlob keinen toten Kollegen gegeben hatte.

Nach Grohnde

Über 25 Jahre sind seitdem vergangen. Mehr als 25 Jahre lang habe ich in der Polizei maßgeblich versucht, die Ausbildung, Ausrüstung und Ausstattung der Kollegen im geschlossenen Einsatz (wie z. B. für Einsätze in Grohnde, Brockdorf, Wackersdorf, Gorleben, Berlin-Kreuzberg pp.) mit zu verbessern.

Noch heute kann ich unvermittelt die Bilder sehen, den Geruch von Tränengas riechen, die hektischen Funksprüche von damals hören. Aus meiner Gruppe von damals kenne ich noch alle Namen, sehe ihre Gesichter. Nachbereitungen stellten fest, dass die schwere Hüftprellung des Kollegen mit einem relativ schweren Basaltstein (größer als die handlichen annähernd quadratischen Steine, die zuletzt auf der Straße lagen) bereits zu einem Zeitpunkt erfolgt sein muss, als die drei Störer noch nicht das Verkehrszeichen abgebrochen hatten.

Obwohl ich mittlerweile sicher weiß, dass es nicht kausal mein Befehl war, der dem jungen POW M. so schwere Verletzungen einbrachte, hat mich die Angst, einen jungen Kollegen ungeschützt »ins offene Feuer zu schicken« und an seinem Tod vielleicht Allein- bzw. Mitschuld zu tragen, bis heute nicht verlassen.

Ich finde wichtig, diese Angst aufzunehmen, weil Polizisten tagtäglich mit Angstsituationen konfrontiert sind, die sie bewältigen müssen. Bei einer Aktion im Rahmen der Ökumenischen Dekade zur Überwindung der Gewalt haben wir in Hannover mit Polizei und Rundfunk kooperiert. Die Erfahrungen der Polizistinnen und Polizisten haben mich sehr bewegt, sie werden viel zu selten thematisiert, denke ich. Meines Erachtens gibt es in Deutschland ein gut funktionierendes Polizeisystem, bei dem Bürgerinnen und Bürger ihr Gewaltpotenzial sozusagen delegieren. Wir sollten es uns genau anschauen, denn die Vereinten Nationen können wohl kaum eine Militärmacht werden, sondern es sollte das Ziel sein, dass sie eine Polizeifunktion auf Weltebene ausüben.

Zum anderen gibt es aber auch ganz real die Angst der Demonstrierenden. Beim Besuch unserer Gemeinden in Lüchow-Dannenberg während des Wartens auf einen Castor-Transport konnte ich das geradezu spüren. Christinnen und Christen wissen sich gerufen zu Sanftmütigkeit und Gewaltlosigkeit. Aber es ist nicht leicht, vorher zu sagen, wie jeder und jede von uns in der direkten Konfrontation mit Gewalt den Ruf zur Gewaltlosigkeit umsetzen können. Pastor Jörg Prahler aus Qucikborn im Wendland erzählt von seinen Erfahrungen:

Jörg Prahler

Bevor ich als Pastor in den Landkreis Lüchow-Dannenberg und in die Kirchengemeinde Quickborn an der Transportstrecke kam, war meine Auseinandersetzung mit dem Problem der Atomenergie, der Zwischen- und Endlagerung und den Castortransporten eher theoretisch. Ich hatte zwar eine Meinung dazu, aber es war eben eine Kopfsache. Ich hatte ernste Sorge deswegen, aber ich hatte keine Angst.

Diese Angst habe ich erst hier in diesem schönen und dünn besiedeltem Landstrich kennen gelernt. Es ist ein Gefühl der Unruhe und der Bedrohung. Ein Gefühl, dass in der Gemeinde zehn Monate im Jahr schlummert. Doch immer wieder bricht es hervor.

Man könnte meinen, da wäre nichts. Es gäbe tatsächlich nur diese augenscheinliche Idylle in den Dörfern. Doch genau dieser Schein trügt. Ein Satz, ein Wort, zwei oder drei Kleinbusse der Polizei, die dicht beieinander vorüber fahren, die Nachricht, jemand habe Krebs und sofort sind die Erinnerungen an die letzten Transporte wieder da. Sofort werden die Geschichten wieder erzählt. Was man erlebt hat. Was man fürchtet. Was einem Angst macht.

Und wenn der Sommer zu Ende geht und der Herbst wieder kommt, dann lässt es sich nicht mehr verdrängen: Der November ist Castorzeit. Ausnahmezustand. Angstzeit.

Tatsächlich ist es in meinen Augen der Verlust von jeder Normalität, der die Menschen verunsichert und ängstigt. Erstes sichtbares Zeichen ist die Zunahme von Polizeipräsenz. Polizei, wo und wie sie hier sonst niemand sieht. Ein Wagen hier. Ein Bus da. Helme und Schilde im Rückfenster. Beamte und Beamtinnen im grünen Overall, Schusswaffe am Gürtel. Es werden mehr, Tag um Tag. Fahrzeuge werden herausgewunken. Papiere und Kofferräume werden kontrolliert. Straßen werden abgesperrt. Man wird zum Bittsteller auf dem Weg zum Bäcker, zur Arbeit, wenn man die Kinder zum Sport bringt. Selbst einfachste Vollzüge des Lebens klappen nicht mehr reibungslos. In der Nachbarschaft und in den Familien brechen Gräben auf zwischen Gegnern, Befürwortern und Ignorierern der Kernenergie. Es ist eine Stimmung von Verdächtigung, Bedrohung und Angst.

Wen diese Angst betrifft und wie sie ihn betrifft, ist vielfältig: Der Bauer, der Sorge trägt, dass der kleinste Skandal in Gorleben die Früchte seiner Arbeit und das Ackerland, seinen Besitz, für immer wertlos machen wird. Die alte Dame, die sich fürchtet, dass sich »Chaoten« durch ihren Garten schleichen, die Latten von den Zäunen reißen. Der Jugendliche, der trotz seines Alters über Stunden in Polizeigewahrsam gehalten wird. Junge Bereitschaftspolizisten, die ihre Pflicht tun und darunter leiden, dass sie in diesem Konflikt als die »Bösen« erscheinen. Dass sie angeschrieen werden, von empörten und verzweifelten Müttern und Vätern, die auch ihre Eltern sein könnten. Alte, die sich wegen der Unmengen an Behelmten und Uniformierten, wegen der allgegenwärtigen Wasserwerfer, Transporter und Räumfahrzeuge in den Krieg zurückversetzt fühlen. Die zu den durchgefrorenen Demonstranten heißen Kaffee tragen. Eltern, die sich um ihre jugendlichen Kinder ängstigen, die nachts irgendwo auf einer Straße sitzen.

Dazwischen wir, Frauen und Männer von der Kirche, die versuchen, die Gewalttätigkeit zu vermindern, Trost zu spenden, zu helfen und da zu sein. Manchmal, so sagt man uns, wirkt schon die bloße Anwesenheit von uns Kirchenleuten mit den violetten Namensschildern. Kritische Öffentlichkeit und besonnene Gegenwart. In anderen Fällen werden wir belächelt, genauso an den Rand geschoben, übergangen wie alle anderen auch. Immer beobachtet mit wachen Augen, was wir denn so tun. Manchmal kommt man uns von beiden Seiten mit Forderungen, die wir nicht erfüllen können oder wollen. Es ist beängstigend viel Platz zwischen allen Stühlen dieser Tage, doch es gibt auch viele ermunternde Worte.

Und dann kannst du doch wieder nichts tun, kommst zu spät, bist gar nicht da, wo etwas passiert ist. Und es passiert eine ganze Menge. Du liest es in den Gesichtern. Angst vor Schmerz bei der Räumung einer Blockade. Hunde und Pferde. Verdrehte Arme. Ruppige Behandlung. Haare ziehen. Schläge mit dem Knüppel auf den Kopf und in die Seite. Eine Nacht auf dem Beton. Gehässigkeiten. Demütigungen. Angst vor Gewalt auf und von allen Seiten.

Dazu kommt immer wieder die Angst der Menschen, die hier leben, abgeschrieben worden zu sein, vergessen, von Ignoranz verschüttet. »Was wollt ihr denn? Irgendwo muss dieser Dreck doch hin. Ist doch besser, er steht dann im Salzstock!«

Aber kein einziger Castorbehälter steht im Salz oder unter Tage. Sie alle stehen oberirdisch in einer Blechhalle. Dort werden sie Jahrzehnte stehen bleiben. Aber wen interessiert das? Und dieser Müll muss nicht irgendwo hin. Irgendwo ist kein guter Ort. Diese hochgefährlichen Stoffe müssen dort endgelagert werden, wo die Gegebenheiten nach wissenschaftlichen und sozialen Erkenntnissen am besten aufgehoben sind. Das ist nicht zwangsläufig dort, wo man schon mit viel Geld ein Loch gegraben hat.

Es ist nicht allein Angst da im Landkreis Lüchow-Dannenberg. Es herrscht Angst. In der Castorwoche. In den Tagen und Wochen zuvor. Du wachst auf mit gesträubten Nackenhaaren und ziehst so deine Kreise. Du legst dich schlafen und lauerst auf üble Geräusche. Das Telefon. Irgendwas auf der Straße. Alles ist möglich. Es ist zum Heulen.

Wenn der Transport schließlich durchgerollt, die Polizei wieder abgezogen ist, beginnt das Wundenlecken. Die Enttäuschung überwinden. Das Gefühl der Hilflosigkeit abwaschen. Anfangen, sich wieder aufrecht zu fühlen. Doch immer bleibt etwas zurück. Ein unterbödiges Gefühl. Eine neue Geschichte, die man gehört oder erfahren hat. Die man erzählen kann, die einem aber jemand von weiter weg wahrscheinlich gar nicht glauben kann.

Das folgende Erlebnis möchte ich erzählen. Es war die Nacht vom 11. auf den 12. November 2003. Wolf von Nordheim, der Propst des Kirchenkreises Uelzen, und ich waren gerade auf Umwegen aus dem Nachbarort Langendorf zurückgekehrt. Die Polizei hatte dort eine Kette auf dem Kirchengelände gebildet und war weder vom zuständigen Pastor noch von anderen Menschen dazu zu bewegen gewesen, ihre Linie um ein paar Schritte zurück auf den Bürgersteig zu verlegen.

In einer Teeküche in der Quickborner Dorfstraße tranken Propst von Nordheim und ich ein paar Schlucke Kaffee und aßen etwas. Um etwa 2:00 Uhr gingen wir über den Verbindungsweg zwischen Dorfstraße und Hauptstraße an die Transportstrecke.

Ein Kleinbus der Polizei stand mitten in der Einfahrt zum Pfarrgelände und versperrte diese. Entlang der Hauptstraße waren mehrere Polizeifahrzeuge abgestellt, in etwa 15 Metern Abstand. Aufgrund des Polizeiaufgebotes erwarteten wir, dass der Castor die Nordroute über Quickborn nehmen und dass der Transport in den nächsten Stunden stattfinden würde.

Ich forderte den dort stehenden Beamten auf, das Fahrzeug aus der Einfahrt zu entfernen und es zum Beispiel auf dem gegenüberliegenden Parkstreifen abzustellen. Als klar wurde, dass dies ein Pfarrgrundstück sei und ich der Ortspastor, wurde das Fahrzeug auf den Bürgersteig so geparkt, dass etwa zwei Drittel der Einfahrt frei blieben.

In den nächsten zwei Stunden führten wir mit diesem und anderen Beamten immer wieder freundliche und entspannte Gespräche. Während dieser Zeit geschah weiter nichts. Es war eine unaufgeregte Stimmung. Etwas nach 4:00 Uhr kündigte sich das Eintreffen des Transportes an. Es näherte sich aus Dannenberg eine Kolonne aus Polizeifahrzeugen mit Blaulicht. Hubschrauberlärm war zu hören. Wir sprachen noch davon, dass wir wohl in einer Stunde ins Bett könnten, alles wies auf einen störungsfreien Verlauf des Transportes durch Quickborn hin.

In diesem Augenblick kamen aus Richtung des Pfarrgeländes zwei uns unbekannte Personen, ein Mann und eine Frau, etwa im Alter von 30 Jahren über den Weg aus Richtung der Kirche auf die Straße zu. Der Beamte fragte, ob es noch einen weiteren Zugang zu dem Gelände gäbe. Ich teilte ihm mit, dass das Pfarrgelände an der Kirche zur Dorfstraße hin völlig offen sei. Die beiden Personen näherten sich dem Beamten und der Straße. Der Polizeibeamte breitete die Arme aus und hielt die beiden auf. Sie leisteten keinen Widerstand, ließen sich zurückschieben, machten auch keine Anstalten, auf die Straße durchzubrechen, aber sie gingen auch nicht. Das Gespräch zwischen den beiden Personen und dem Polizeibeamten verlief in etwa so: »Wir wollen hier durch!« »Das dürfen Sie nicht! Bitte gehen Sie 30 Meter zurück auf das Gelände.« »Warum denn?«

Der Beamte rief einen zweiten Kollegen zur Verstärkung, woraufhin sich die beiden Personen wieder ins Dunkel zurückzogen. Propst von Nordheim und ich hatten uns zu dieser Zeit an den Zaun in der Einfahrt gestellt. Es war nicht einzuschätzen, wie sich die Situation weiter entwickeln würde. Für den Augenblick dachte ich, dass die Beamten die Lage in Griff hätten, und es für Herrn von Nordheim und für mich weder die Möglichkeit, noch die Notwendigkeit gegeben hätte einzugreifen.

Noch verlief zudem alles friedlich, obwohl bereits Fahrzeuge den Bereich passierten und die Lage zusehends hektischer wurde. Vom Eintreffen der beiden Personen bis zu ihrem Rückzug waren eine, höchstens zwei Minuten vergangen.

Als ich meinen Blick wieder der Straße zuwandte, rollten die ersten Castorbehälter vorüber. Gleichzeitig sammelte sich etwa 10 bis 15 Meter von der Straße entfernt auf dem Weg auf dem Pfarrgelände eine Gruppe von mehr als zehn Personen. Auch hier war wegen der Dunkelheit nicht zu sagen, woher sie genau gekommen waren. Die Personen waren dunkel gekleidet, einige waren vermummt, bzw. durch Schals, Tücher und Mützen oder Kapuzen nicht zu erkennen. Um einen gewissen Sicherheitsabstand zu den Castoren einzuhalten, um in einer eskalierenden Situation nicht schutzlos zwischen den Fronten zu stehen, zog ich mich ein paar Schritte bis hinter die Gartenpforte zurück und blieb dann jedoch ratlos und unschlüssig stehen. Ich war zu diesem Augenblick etwa fünf Meter von Herrn von Nordheim entfernt, der zunächst noch an der gleichen Stelle in der Einfahrt zurückgeblieben war.

Ich hörte, wie unter den Personen unschlüssig diskutiert wurde. Nach wenigen Sekunden lief ein Teil der Gruppe auseinander, einige rannten auf den angrenzenden Spielplatz und entzogen sich damit meinen Blicken, andere schlossen die Pforte der Einfahrt, weitere verteilten sich auf dem Rasenstück neben dem Weg, andere blieben so wie ich einfach stehen. Vor der Einfahrt sammelten sich behelmte Polizeikräfte. Die Personen, die hektische Aktivität an den Tag legten, schienen einer Gruppe anzugehören. Sie riefen in der Dunkelheit fortwährend das Wort »Miami«, um sich zurechtzufinden.

Ich sah, dass Gegenstände über die Polizeibeamten hinweg auf die vorbeifahrenden Fahrzeuge geworfen wurden. Ich sah, dass diese mit einer zähen, kleisterartigen Masse gefüllte Plastikbeutel waren. Ich hörte einen dumpfen Knall, wie von einem Böller. Ich sah, dass eine Person mit etwas auf dem Rasen hantierte, es könnte ein Müllbeutel gewesen sein, woraus starker Rauch quoll. Ich sah eine kleine Leuchtkugel, die aus Richtung von links des Weges in die Luft geschossen wurde und wie eine Bogenlampe im Bereich der Straße oder dahinter wieder niederging. Ich war in dieser Situation in großer Angst und voller Ärger über die Aktionen der Personen. Ich rief in die Richtung, aus der ich den Knall gehört hatte und von wo ich den Rauch gesehen hatte, dass sie die Knallerei sein lassen sollten. Dies erschien mir gefährlicher zu sein als das Werfen der Kleisterbeutel.

Eher am Rande nahm ich flüchtig wahr, dass der Transport kurzfristig ins Stocken geriet. Dann rückten die Beamten vor und schubsten die Personen, die sich dort aufhielten, in Richtung Dorfstraße aus der Nähe der Straße weg. Ich ging zunächst weiter nach hinten, bis ich Herrn von Nordheim vor dem Eingang des Pfarrhauses unter der Lampe stehen sah. Ich sah Personen in verschiedene Richtungen weglaufen: in Richtung Dorfstraße, beziehungsweise auf die Wiese zwischen Kirche und Gemeindehaus und in Richtung Gemeindehaus. Ich versuchte, wieder zu Herrn von Nordheim zu gelangen, traf aber in Höhe des Weges vor dem Gemeindehauses auf Polizeibeamte, die mich wieder zurück schubsten. Ich rief dem Beamten zu: »Ich wohne hier. Ich bin der Pastor. Ich will zu meinem Kollegen.« Dieser antwortete: »Hau ab! Das ist mir scheißegal! Das interessiert jetzt keinen mehr.«

Ich zog mich auf den Weg auf dem Pfarrgelände einige Meter zurück, bis etwa zur Höhe, wo der Bewuchs endet. Zwei Beamte mit Helm kamen mir mit schnellem Schritt entgegen und schrieen mich an: »Los, weg! Weiter bis zur Kirche!« Ich sah, dass Beamte in das Gemeindehaus eindrangen und hörte das Splittern von Holz. Ich rief wieder: »Ich bin der Pastor! Das ist mein Haus! Reden Sie anständig mit mir!« Sie schubsten mich weiter. Ich drehte mich um und ging weiter in Richtung Kirche, während ich fortwährend geschubst wurde und mir von hinten mit dem Polizeiknüppel gegen die Wade getippt wurde. Dies tat zwar nicht weh, erinnerte mich aber daran, wie man Vieh treibt.

Als die Beamten abließen, drehte ich mich um und sprach sie an. Sofort wurde ich weiter geschubst und angeschrieen. Ich forderte, anständig behandelt zu werden. Als ich an der Kirche war, verlangte ich ein letztes Mal, durchgelassen zu werden, da machte ein Beamter einen Schritt nach vorn und schlug mir mit der behandschuhten Faust auf das linke Auge. Ich hatte Glück, dass dieser Schlag mich nicht mit voller Kraft traf, der Schmerz verflog rasch und es bildete sich keine Schwellung.

Ich war entsetzt und fassungslos, sah aber auch ganz deutlich, dass ich in diesem Augenblick dort nichts ausrichten konnte, ohne mich weiter in Gefahr zu bringen. Ich ging in die Teeküche in der Dorfstraße, um wieder die Fassung zu gewinnen. Ich schilderte den dort anwesenden Personen, worunter sich auch Gemeindeglieder befanden, was passiert war und trank einen Kaffee.

Fünf oder zehn Minuten später versuchte ich wieder zum Gemeindehaus zu gelangen. In Höhe der Kirche befand sich eine Gruppe von etwa acht Polizeibeamten mit Helm. Als ich mich ihnen näherte, sprachen sie mich an, in dem sie das gleiche Wort immer und immer wiederholten. Ich hatte den Eindruck, es handelte sich dabei um ein Codewort und dass ich jetzt eine Antwort geben müsste. Ich gab mich als Pastor zu erkennen und wies auf die Plakette hin, die ich die ganze Zeit an der

Jacke trug und die mich als kirchlicher Mitarbeiter kenntlich machte. Man ließ mich durch. Vor dem Gemeindehaus traf ich auch Herrn von Nordheim wieder. Es war relativ ruhig und es gab keine Bewegung mehr. Zwei Holzgestelle von Möbelstücken lagen auf dem Platz vor dem Gemeindehaus, eines war offensichtlich zerbrochen.

Der zuständige Einsatzleiter teilte mir mit, die Holzgestelle seien den Beamten entgegen geworfen worden, als sie sich Zugang zum Gemeindehaus verschaffen wollten. Man sei auf der Straße aus dem Pfarrhaus beschossen worden und habe im Haus zwei oder mehrere Türen aufgebrochen und wäre dadurch auf der Suche nach weiteren Personen auch in den Privatbereich eingedrungen.

Ich ging um das Haus herum und von unten sah ich durchs Fenster einen Beamten mit Helm in meinem erleuchteten Schlafzimmer. Ich öffnete die Eingangstür und traf dort zunächst auf einen, später auf einen zweiten Beamten, den ich auf seine Bitte hin durch die letzten Räume des Erdgeschosses führte. Danach wurde ich wieder vor das Gemeindehaus begleitet und mit Herrn von Nordheim aufgefordert zu warten.

Im Foyer des Gemeindehauses und im Konfirmandenraum befanden sich Personen, die von Beamten bewacht wurden. Vor dem Gemeindehaus hockten oder knieten etwa drei weitere Personen auf dem Boden. Im Laufe der nächsten Stunden wurden, die sich im Gemeindehaus aufgehalten hatten, durchsucht und abgeführt. Dies geschah in ruhiger Art und Weise. Ich wurde Zeuge, wie die Beamten gefragt wurden, ob sie sich verletzt hätten. Zwei bejahten dies. Beide Beamte machten jedoch einen guten Eindruck, so dass ich – Gott sei Dank – nur von leichten Verletzungen ausging.

Nach Ende der Festnahmen machten Herr von Nordheim und ich zusammen mit einigen Beamten noch einen Durchgang durch das Gemeindehaus, um die Schäden aufzunehmen. Zusätzlich zu dem kaputten Sofagestell war noch eine große Pinnwand zerstört. Zwei Türen waren am Türblatt eingedellt, mehrere Türen waren offensichtlich aufgebrochen, weitere hatten Risse an der Türzarge, weil sie mit großer Wucht aufgerissen worden waren. An einer Garderobe waren einige Haken abgebrochen. Bei diesem Durchgang wurde klar, dass aus den Fenstern des Gemeindehauses oder Pfarrhauses keine Angriffe gegen den Castor erfolgt waren. Die entsprechenden Räume zur Straßenseite gehörten alle zu dem vor dem Polizeieinsatz verschlossenen Bereich der Pfarrwohnung. Die Fenster waren zudem entweder eindeutig nicht geöffnet worden oder mit Fliegengittern nach wie vor verschlossen. Ein Angriff auf die Beamten oder den Castortransport konnte meiner Auffassung nach aus dem Pfarrhaus heraus also nicht stattgefunden haben.

Danach nahmen zwei Kriminalbeamten meine Aussagen und die von Wolf von Nordheim mit einem Diktiergerät auf. Ich erstattete eine Anzeige gegen unbekannt. Nachdem mir meine Aussage vorgespielt wurde – die Aufnahme war teilweise von schlechter Qualität, gab ich noch zwei Änderungswünsche an. Unter anderem wollte ich aufgenommen haben, dass die Beamten bei meiner Rückkehr zum Gemeindehaus nach meiner Meinung ein Codewort abgefragt haben. Die Beamten nahmen die Änderung nicht auf. Ich bestand dann allerdings auch nicht darauf. Die Vernehmung dauerte bis etwa 10:30 Uhr.

Inzwischen sind rund sieben Monate vergangen. Die ganze Angelegenheit geht zur Klärung vor Gericht. Natürlich hatte ich Angst in dieser Nacht: Angst, dass ich im Gedränge einen Schlag abbekomme. Die Angst, selbst nicht alles richtig gemacht zu haben. Die Angst, dass das Gemeindehaus oder meine Wohnung verwüstet werden. Was aber nach dieser Zeit wirklich hängen bleibt, das ist subtiler: Ich sehe den Beamten mit Helm, Schlagstock, Waffe, mit seiner ganzen Montur vollkommen schamlos in meinem Schlafzimmer stehen. Als ich den Raum wieder betreten durfte, standen alle Schranktüren offen. Ich fühle, wie der Beamte, der mich zur Kirche treibt, seine Wut an mir auslässt. Mich behandelt wie ein Stück Vieh oder wie ein Stück Dreck. Sein

Anschnauzen, sein herablassendes Geduze in der Uniform eines Staatsdieners. Sein willkürlicher, feiger, missglückter oder nicht ganz durchgezogener Schlag in einer dunklen Ecke ist da nur noch das I-Tüpfelchen.

Diese Bilder sitzen und wirken. Es ist da ein Mangel an Respekt und Achtung vor der Würde eines anderen Menschen, der hier hervorbricht. Das Recht auf die Privatsphäre der eigenen Wohnung, die körperliche Unversehrtheit des Anderen, alle diese Güter scheinen hier mit leichter Hand weggeworfen worden zu sein. Das ist widerlich! In dieser Situation ausgeliefert zu sein, das macht Angst. Beim Gedanken, diese Beamten könnten sich dabei auch noch vollkommen im Recht fühlen oder dahingehend bestärkt werden und dies könnte sich als polizeilicher Standard während der Castortage etablieren, packt mich das Grauen. Natürlich kann ich nachvollziehen, dass einzelne Beamte in bestimmten Situationen falsch reagieren. Das ist menschlich, aber es ändert und es entschuldigt nichts. Kein Bürger, der gegen den Castor demonstriert und seine Wut an einem Polizisten auslässt, könnte sich damit herausreden.

Von allem bleibt zurück, dass meine Sorge vor dem nächsten Castortransport größer geworden ist. Ich halte jetzt mehr von dem für wahr, was ich vorher nicht glauben konnte. Von dem, was mir meine Gemeindeglieder als ihre Erlebnisse erzählen. Und ich denke, dass es wichtiger denn je ist, dass die Kirche in diesen Tagen hier entlang der Strecke Präsenz zeigt. Vielleicht hilft es ja.

Besonders beeindruckt war und bin ich davon, wie der Ruf »keine Gewalt« von den Kirchen in Leipzig, Dresden und Berlin 1989 im Rahmen des konziliaren Prozesses für Gerechtigkeit, Frieden und die Bewahrung der Schöpfung hinausgetragen wurde auf die Straßen. Dazu gehörte Mut! Angst überwinden und ohne Gewalt aufstehen für die Freiheit, das ist sicher die größte Leistung der ersten unblutigen Revolution auf deutschem Boden. Viel zu oft aber vergessen wir heute schon, wie viel Willkür und Unrecht,

Schikane und Angst Menschen in der DDR ertragen mussten. Bischof Christoph Kähler aus Thüringen berichtet von den so ganz besonderen Erfahrungen der DDR-Zeit.

Christoph Kähler

»Die Montagsangst«

Montagsangst – das ist der Name einer Erzählung von Caritas Führer. Für uns, die wir als Christen in der unwirtlichen DDR-Schule aufgewachsen sind, ist er die nachträgliche Zusammenfassung eines Grundgefühls. Die fast kafkaeske Mischung von Erfahrungen und Gefühlen, konkreten Befürchtungen und diffusen Ängsten, die wir selbst und später unsere Kinder wieder erlebt haben, ist mit dem Wort gut eingefangen.
Worauf spielt »Montagsangst« an? Am Montagmorgen fand in alten DDR-Zeiten in den Schulen ein Fahnenappell statt. Die Schüler hatten dazu in der Kleidung der staatlichen Jugendorganisationen zu erscheinen: Die Jungen Pioniere in Pionierbluse und Halstuch, die älteren in der blauen Bluse mit dem Emblem der Freien Deutschen Jugend. Alle Klassen mussten in militärischer Formation antreten. Der Fahnenappell lag selbstverständlich in der Regie der Schulleitung. Die hauptamtliche Pionierleiterin der Schule gehörte ebenso wie der Parteisekretär und die Chefin der Betriebsgewerkschaftsleitung zur staatlichen Leitung. Für die meisten Schülerinnen und Schüler war der Fahnenappell eine mehr oder weniger lästige Pflicht. Auszeichnungen und Schultadel – vor der Fahne und damit vor dem ganzen Volk ausgesprochen – trafen ja nur wenige. Diese stellten sich dann entweder stolz oder eben trotzig-bedrückt der Situation bzw. wurden als die Sensationen des Schullebens zur Schau gestellt.

Für eine kleine Gruppe von Schülern allerdings geriet so ein Fahnenappell jeden Montag zu einer neuen Verlegenheit. Wir trugen kein blaues Halstuch auf der weißen Bluse und später kein FDJ-Hemd. Wir hatten oft in der letzten Reihe zu stehen, damit das geschlossene Bild uniformierter Schüler nicht gestört würde. Häufig demonstrierten wir damit die kirchliche und politische Überzeugung unserer Eltern, die nicht selten so auf Erfahrungen des Dritten Reichs reagierten. Ihren Kindern erlegten sie deswegen auf, der Staatsjugend nicht beizutreten. So unterschieden wir uns auch äußerlich von den Mitschülern, was im Alltag, auf den Zeugnissen und schließlich für die weitere Schullaufbahn spürbare Folgen haben konnte. Die erste längere Auseinandersetzung mit meinen Eltern, an die ich mich erinnern kann, betraf genau diesen Punkt. Ich wollte sein und aussehen wie alle meine Klassenkameraden, wollte genau den Platz in der Hierarchie einnehmen, der mir nach meinem Selbstbewusstsein zustand. Das klare Nein meiner Eltern ließ an dieser Stelle – leider, wie ich damals fand – keine Kompromisse zu.

Was aber hat uns eigentlich Angst gemacht? Zunächst und vor allem die Unberechenbarkeit der Reaktionen, von Lehrern, aber auch von Mitschülern. Es war nicht ausgemacht, wer wann von welchem Lehrer vor die Klasse gestellt wurde als Beispiel für verachtenswerten Aberglauben und gesellschaftspolitische »Abstinenz«. – Nahezu klassisch und häufig waren Auseinandersetzungen über die berühmte Liedzeile aus der Internationale: »Es rettet uns kein höh'res Wesen, kein Gott, kein Kaiser noch Tribun. Uns aus dem Elend zu erlösen, können wir nur selber tun!« Zehn-, elfjährige Schüler vermögen noch nicht zwischen dem gehorsamen Aufsagen des Gelernten und der eigenen Meinung zu unterscheiden. Es gab aber genügend Lehrer, die genau diesen Kotau wollten und fehlende »Leistung« unerbittlich abstraften.

Die Leistungen eines Schülers – und wenn sie noch so gut waren – reichten für sich genommen nie aus. Es bedurfte immer auch der »gesellschaftlichen Leistungen«. Die aber waren regelmäßig an das Engagement in der Staatsjugend gebunden. So war und blieb völlig unsicher, wer, wann, unter welchen Umständen auf die Oberschule kam und Abitur machen durfte – als allseits bekannter Christ und Nicht-Pionier.

Caritas Führer erzählt in »Montagsangst« eine Begebenheit, die sie als kleines Schulmädchen erlebt hatte:

Sie riss einen durch und durch verlogenen Zeitungsartikel von der Wandzeitung ihrer Klasse und trat zunächst für einen Moment seelisch befreit mit Schuhen auf ihm herum. Glaubens- und Gewissensfreiheit, so stand in dem Artikel, seien in der DDR verwirklicht. Sie allerdings hatte diese Freiheiten und Chancengleichheit für alle Kinder nicht kennen gelernt. Ihre ältere Schwester hatte das bereits erfahren und durfte nicht einmal die neunte und zehnte Klasse besuchen. Alle Beschwerden des Vaters bei der Partei- und Staatsführung in Berlin hatten nichts gefruchtet. Lüge, das war das einzig richtige Wort für diesen Fetzen Papier, auf dem das Gegenteil behauptet wurde.

Als aber die ganze Klasse dafür »büßen« sollte und nach einem Anstifter gesucht wurde, wollte das Kind auch bei der Wahrheit bleiben und meldete sich. Es hat nicht geahnt, was seinem Einsatz für die Wahrheit folgen sollte: Die Einsamkeit vor der Klasse, in der niemand mitgemacht haben wollte; das Verhör durch sieben Erwachsene im Direktorenzimmer; die Anklage als Staatsfeind; die einseitig machtbetonten Gespräche, die mit den Eltern geführt wurden; der Rufmord an den Geschwistern; die erhebliche Erschwerung der Gemeindearbeit des Vaters, der Pfarrer war. All das hat das Kind nicht geahnt, aber mit seinen Eltern und Geschwistern ohnmächtig ertragen müssen. Letztlich kam die Familie erst wieder zu etwas Ruhe, als der Vater sich nach längerer Zeit in eine andere Landeskirche versetzen ließ.

Die Schullaufbahnen der Geschwister sind bis heute einigen deutschen Kultusbürokraten ein Buch mit sieben Siegeln, weil sie sich diese Zustände nicht vorstellen können. Bis heute hat die Familie lästige und unangenehme Folgen zu tragen. Ein netter westlicher Pädagoge fragte mich nach der Lektüre, das sei doch sicher in der Erzählung zugespitzt, also so nicht abgelaufen. Der Hergang und die Atmosphäre, musste ich ihm zu seinem Entsetzen erklären, sind ohne wesentliche Veränderungen detailgetreu beschrieben.

Die »Montagsangst« war die Furcht vor den unabsehbaren Folgen eines redlichen Verhaltens. Nichts ließ sich vorherbestimmen, aber vieles konnte Folgen haben. So wussten wir als Schüler in vielen Situationen nicht genau, was womöglich geschehen würde. Nur die latente Drohung war fast körperlich spürbar. Aber auch später als Eltern in der verordneten Elternversammlung hatten wir nur zwei schlechte Möglichkeiten: Entweder hängten wir der Katze einmal eine klitzekleine Schelle um und versuchten, das verordnete Einverständnis zu verweigern. Dann konnten wir aber nicht wissen, an welcher Stelle die Kinder unseren Mutanfall letztlich bezahlen würden – in einem Schulalltag, in dem wir sie nicht schützen konnten. Oder wir hatten wieder einmal feige geschwiegen, obwohl wir doch wussten, wie es um die »Freiwilligkeit« unseres Fingerhebens bestellt war. Eine unabhängige Stelle, an der wir als Bürger Entscheidungen der Schulleitung überprüfen lassen konnten, gab es nicht – von einem Verwaltungsgericht ganz zu schweigen. Dieses existierte bis 1989 überhaupt nicht.

Was wirklich in den Lehrerkonferenzen und vorher in der Parteileitung als Strategie zur Bekämpfung des Klassenfeindes besprochen wurde, was dagegen nur einem übereifrigen einzelnen Lehrer zuzurechnen, was lediglich aus Laxheit an Freiheiten erlaubt war, das ließ sich von außen unmöglich erkennen. Indirekt gab es manchmal auch Privilegien für solche, mit denen die Staatsvertreter ihrerseits keine Schwierigkeiten riskieren wollten. Doch so genau wusste man das im Lande der unbegrenzten Unmöglichkeiten vorher nicht, das gehörte zum System. Sicher war nur, wenn die Auseinandersetzungen begannen, dann saß ein Kind mindestens zwei Erwachsenen gegenüber, hatte keine Fürsprecher, keine Zeugen und musste allein kämpfen, während ihm die Worte im Munde umgedreht wurden. Als meine Tochter vormilitärische Übungen im Sportunterricht verweigerte, begründete der Direktor seine Haltung mit dem Satz: »Wir wurden damals auch nicht gefragt.« Es war leicht auszurechnen, dass er seine braune Jugendzeit als Pimpf gemeint haben musste.

Die Angst vor dem launischen Chef, dem unberechenbaren Prüfer oder dem barschen Polizisten kennen wir natürlich auch jetzt bei uns und anderen. Solche Menschen haben Macht, das Leben zu erschweren. Die Angst, von der ich berichten wollte, gehört einerseits zu dieser Art von Ängsten vor Inhabern der realen Macht. Aber an zwei Punkten überstieg diese Angst vieles, was ich heute kenne. Das waren die Unberechenbarkeit und die Unüberprüfbarkeit.

Vielleicht hätte man als Erwachsener die »Montagsangst« irgendwann einmal abstreifen können. Aber sie kam als Grundgefühl sofort wieder auf, wenn einmal wieder die Staatsmacht in Überzahl den einzelnen »Bürger«, die »Bürgerin« zur »Klärung eines Sachverhaltes« vorlud, und nicht sicher war, ob und wie er oder sie dort wieder herauskam.

Abgestreift haben wir die Montagsangst in den Montagsdemonstrationen. Das geschah dann und genau dann, als die Signale aus Moskau wenigstens an einem Punkt klar waren: Gorbatschow würde nicht noch einmal die sowjetischen Panzer gegen das Volk in der DDR auffahren lassen. Als das auch die bekannten und unbekannten kleinen Machthaber begriffen, war ihnen das Unheimliche genommen und reduzierte sich ihre Größe auf menschliches Mittelmaß.

Auf menschliches Mittelmaß darf aber nicht reduziert werden, welchen Mut Menschen in der DDR besaßen, gerade auch Christinnen und Christen. Sie können ein Vorbild sein für Widerstandskraft aus Glauben. Und solche Vorbilder brauchen wir dringend.

Vorbilder sollten jedoch nicht auf hohen Sockeln stehen. Für die meisten von uns geht es um die Angst, einzugreifen, wenn jemand angepöbelt wird, für Menschenrechte einzustehen, wo sie verletzt werden. Besonders schwer ist das, wenn einerseits die Freiheitsrechte gewahrt werden sollen bei Menschen, die sie selbst mit Füßen treten. Die Menschenrechte eines Mörders beispielsweise. Oder die Rechte eines Randalierers. Eindrücklich beschreibt das der Bericht des Polizisten Uwe Reinert über seine persönlichen

Eindrücke beim Einsatz während der »Chaos-Tage 1995« in Hannover:

Uwe Reinert

Kurz zur Geschichte der »Chaos-Tage«:

Seit 1979 fanden in verschiedenen Städten im gesamten Bundesgebiet, »Punk-Treffen« statt. Teilweise kam es bei diesen Treffen zu Ausschreitungen. Auch in Hannover bildete sich eine Punk-Szene, die sich neben der Begehung von Straftaten und sonstigen Rechtsverstößen auch Auseinandersetzungen mit Skinheads und Fußballfans lieferte. Im Rahmen einer zentralisierten Bearbeitung dieser Straftaten wurde eine Lichtbildkartei von ermittelten Tatverdächtigen der Punker-Szene angelegt. Nach bekannt werden dieser »Punker-Kartei« gab es im Dezember 1982 eine versammlungsrechtliche Aktion von circa 800 Punks aus Protest gegen die Kartei. Die »Punker-Kartei« wurde 1984 vernichtet.

Am ersten Augustwochenende 1984 folgten circa 2 000 Punks einem im gesamten Bundesgebiet und in den europäischen Nachbarländern durchgeführten Flugblattaufruf, an den »Chaos-Tagen« in Hannover teilzunehmen. Es gab schwere Auseinandersetzungen mit der Polizei. Nach zehn Jahren »Pause« wurde die Aktion wiederholt. Unter dem Motto »Gegen Bonzen und Bullen« fanden sich am ersten Augustwochenende 1994 circa 1 000 Punks in Hannover ein. Wieder gab es erhebliche Auseinandersetzungen.

Zu den Chaos-Tagen 1995 wurde bundes- und europaweit in Flugblättern, Szene-Zeitungen und im Internet aufgerufen. Es fand eine starke Mobilmachung statt, weil die Tatsache, dass die Polizei 1994 628 Ingewahrsamnahmen durchgeführt hatte, in der Szene als Niederlage empfunden wurde. Insgesamt folgten circa 2 500 Punks, Hooligans, Autonome und andere gewaltgeneigte Jugendliche den Aufrufen und trafen sich, teilweise schon am Donnerstag, in Hannover. Das eigentliche Treffen fand vom 04.08. bis zum 06.08.1995 statt.[1]

---

[1] Quelle: »Chaos-Tage in Hannover«, Chronologie der Punktreffen, Dez. Öffentlichkeitsarbeit der Polizeidirektion Hannover, vom 20.06.1997

Ab dem 04.08.1995 war ich als stellvertretender Zugführer eines Einsatzzuges der Bereitschaftspolizei Hannover, im Rahmen des Gesamteinsatzes aus Anlass der »Chaos-Tage«, im Bereich der Nordstadt von Hannover eingesetzt. Auf dem Weg zu Dienststelle, so gegen 08:00 Uhr, hörte ich in den Medien von den Auseinandersetzungen der vergangenen Nacht. Es wurden Barrikaden errichtet und angezündet, Steine und Molotowcocktails gegen Einsatzkräfte geworfen und viele meiner Kolleginnen und Kollegen wurden verletzt. Nach der Einweisung in die Lage, fuhren wir alle mit einem sehr »flauen« Gefühl in der Magengegend in die Nordstadt.

Gegen 13:15 Uhr wurden erneut Barrikaden in der Nähe des Sprengelgeländes errichtet und wir sahen uns einer Vielzahl von jugendlichen Gewalttätern gegenüber, die uns mit Steinen und Flaschen bewarfen. Wir versuchten die Würfe mit unseren Schutzschilden abzuwehren. Trotzdem traf mich ein Pflasterstein am Helm und ließ mich kurz zu Boden gehen. Durch den Schutz des Helmes wurde ich jedoch nicht verletzt. Nach dem Einsatz von Wasserwerfern beruhigte sich kurzfristig die Lage und die Punks zogen sich auf das Sprengelgelände zurück. Danach fuhren wir im gesamten Bereich der Nordstadt Raumschutz und nahmen teilweise Punks in Gewahrsam.

Von circa 21:00 Uhr bis circa 01:00 Uhr kam es an unterschiedlichen Orten zu schweren Auseinandersetzungen. Barrikaden wurden entzündet und wir wurden wieder mehrfach mit Steinen, Flaschen und Molotowcocktails beworfen. Viele Kollegen/-innen wurde verletzt. Die Stimmung unseres Gegenübers war u.a. durch hohen Alkoholkonsum und vermutlich gruppendynamische Prozesse äußerst aggressiv. Überall lagen Steine und zersplitterte Flaschen, Müllcontainer und einzelne PKW wurden in Brand gesetzt und an verschiedenen Orten rotteten sich Jugendliche zu größeren Gruppen zusammen, verübten Gewalttaten auf der Straße und nutzten zum Teil leerstehende Gebäude zur Flucht. Dort verschanzten sie sich und bewarfen uns aus den oberen Stockwerken. Im Verlauf der Nacht wurde noch ein Supermarkt geplündert. Einige der Gesichter drückten für mich blanken Hass gegen die Polizei aus. Ich hatte den Eindruck, dass sie es für einen Teil der »Gewalttäter« keine Hemmschwelle mehr gab und sie zielgerichtet versuchten uns zu verletzen. Diese Erkenntnis erzeugte bei mir ein sehr ungutes Gefühl.

Nach Dienstende saßen wir kurz im Kollegenkreis zusammen und tauschten unsere Erfahrungen aus. Wir waren von der Gewaltbereitschaft bestürzt, so etwas hatten wir nicht erwartet. Wir alle hätten uns den Tag anders gewünscht und schauten mit Besorgnis auf unseren erneuten Einsatz ab 10:00 Uhr...

Der nächste Tag begann für uns relativ ruhig. Durch die intensive Medienberichterstattung kamen viele weitere Jugendliche nach Hannover, um »Randale« zu machen. Ab circa 21:00 Uhr wiederholten sich die Ereignisse an verschiedenen Stellen im Bereich der Nordstadt, u.a. beim sogenannten Fährmannsfest am Weddingufer. Wieder wurden Barrikaden errichtet und angezündet, wieder wurden wir massiv mit diversen Gegenständen beworfen und auch mit Signalmunition beschossen, wieder wurden viele Beamte/-innen verletzt und wieder schaute ich in zum Teil hassende Gesichter:... Um 05:30 Uhr war für uns der Einsatz beendet.

Am Sonntag führten wir Raumschutzmaßnahmen ohne größere Störungen durch. Viele Personen hatten die Stadt verlassen oder befanden sich im Gewahrsam. An Ausschreitungen, wie es sie die Tage zuvor gab, waren wir nicht mehr beteiligt. Insgesamt wurden 244 Polizeibeamte/-innen verletzt, 190 Personen festgenommen, 1 042 Personen wurden Ingewahrsam genommen und 1 339 Aufenthaltsverbote sowie 654 Platzverweisungen wurden verfügt. Es entstand ein Sachschaden von 830 000 DM.[2]

Dieser Einsatz hat mich emotional stark berührt. Es gab diverse Situationen, die für uns sehr gefährlich wa-

---

[2] a. a. O.

ren und in denen ich auch Angst verspürte. Am meisten hat mich jedoch der z.T. blanke Hass entsetzt. Bei der Verarbeitung des Erlebten war für mich der Erfahrungsaustausch mit den Kollegen/-innen sehr wichtig.

Angst und Politik

Jetzt bin ich ihr Spottlied geworden und muss ihnen zum Gerede dienen (Hiob 30,9)

Politikerinnen und Politiker sind vielen Ängsten ausgesetzt: Fehler machen, die eigene Politik nicht durchsetzen können, falsch reagieren. Und es gibt eine ganz elementare Angst, die vor einem Attentat. Sie ist auf der Tagesordnung, wie die Drohung gegen Bundespräsident Rau bei seiner Afrikareise 2004 wieder ins Bewusstsein gebracht hat. Dr. Wolfgang Schäuble hat ein solches Attentat am eigenen Leib erlebt. Er reflektiert die Angst vor Bedrohung:

Wolfgang Schäuble

Im Oktober 1990 wurde ich am Ende einer Wahlveranstaltung in einer Gemeinde meines Wahlkreises durch zwei Schüsse verletzt, war ein paar Tage ohne Bewusstsein und bin seither querschnittsgelähmt. Und nun werde ich immer wieder einmal gefragt, ob ich nicht angesichts dieser Erfahrung Angst vor einer Wiederholung hätte, insbesondere wenn ich bei öffentlichen Veranstaltungen auftrete. Als mir diese Frage das erste Mal gestellt wurde, war ich erstaunt, dass ich sie mir selbst nicht schon gestellt hatte und dass ich, was daraus unmittelbar sich ergibt, tatsächlich davor offenbar keine Angst habe. Dabei weiß ich sehr wohl um Ängste. Schon als Kind konnte ich kaum einen Aussichtsturm besteigen, weil ich unter Höhenangst litt, und mich freiwillig beim Bungee-Springen in den Abgrund zu stürzen, überschreitet meine Vorstellungskraft. Aber genau vor der Wiederholung einer Bedrohung, die sich für mich schon einmal mit einschneidenden Folgen verwirklich hat, habe ich offensichtlich keine Angst.

Ich habe irgendwann einmal mit Oskar Lafontaine über diese Frage gesprochen, der 1990 ein ähnliches Attentat erleiden musste und damit ganz andere Erfahrungen machte. Ein Unterschied, den wir beide fanden, war, dass er nach der Verletzung bei Bewusstsein geblieben war, unter starken Schmerzen auf Hilfe hoffte und gleichzeitig auch mit dem möglichen Ende rechnen musste, während ich unmittelbar ohnmächtig geworden war, jedenfalls hinterher keinerlei Erinnerungen an das hatte, was nach den Schüssen mit mir geschehen war. Aber eine richtig überzeugende Erklärung ist das auch nicht. Was also dann? Ich weiß es nicht und bleibe auf Vermutungen angewiesen. Könnte es sein, dass weniger ängstigt, was schon einmal passiert ist? Angst hängt mit Ungewissheit zusammen.

Vor meiner Verletzung musste ich nie als Patient in ein Krankenhaus, und die Aussicht darauf hätte mich gewiss sehr geängstigt. Seit ich nun ganz unversehens und unvorbereitet ins Krankenhaus kam, und auch noch richtig heftig, verbinden sich Krankenhaus, Ärzte, Schwestern und Pfleger für mich eher mit einer Vorstellung von Geborgenheit. Ich bekam damals viele Briefe auf die Intensivstation, und mehrfach wurden mir die berühmten Verse von Dietrich Bonhoeffer geschrieben »Von guten Mächten wunderbar geborgen, erwarten wir getrost, was kommen mag. Gott ist mit uns am Abend und am Morgen und ganz gewiss an jedem neuen Tag«. Auch Gottfried Forck, den ich als Bischof der Berlin-Brandenburgischen Landeskirche, die die Partnerkirche der Badischen Landeskirche war, kennen gelernt hatte, sandte mir diese Worte in die Klinik und fügte hinzu, dass er auch nicht so genau wisse, wie sich das Geborgensein nun für mich im einzelnen konkret auswirken würde, dass ich aber doch irgendwie darauf vertrauen dürfe. Das habe ich nicht vergessen.

Vielleicht kommt eine zweite Erfahrung hinzu. Bevor es mich selbst getroffen hat, hätte ich mir für mich ein Leben mit einer Behinderung nicht vorstellen wollen. Der Pfarrer meiner Kirchengemeinde, mit dem ich auch persönlich in Freundschaft verbunden war, sagte mir in der Klinik, auch behindertes Leben sei Leben, und ich hatte damals das Gefühl, dass er mit diesem Satz nicht nur mich trösten wollte, sondern auch sich selbst. Heute denke ich, dass ich in der Zeit seit und mit meiner Behinderung grundsätzlich eigentlich nicht weniger glücklich oder zufrieden bin, als ich es vorher gewesen zu sein meinte. Der Mensch passt sich an äußerliche Veränderungen an. Aber das ist auch weder neu noch überraschend, wenn jeder seine eigene Entwicklung von der Kindheit bis zum Älterwerden bedenkt.

Und damit bin ich wieder bei dem Punkt, dass die Angst vor dem künftig Ungewissen besteht und dass sie deshalb vielleicht vor einer Bedrohung abnimmt, wenn die sich schon einmal verwirklicht hat. Es bleiben viele Bedrohungen, es bleiben viele Ängste, und es wachsen neue. Aber wenn die Bedrohung sich realisiert, das ist meine Erfahrung, sind wir nicht verloren. Vielleicht ist das Geborgenheit.

Viele bewundern, wie Wolfgang Schäuble das Attentat und die Behinderung als Folge bewältigt. Er ist ein ermutigendes Vorbild. Aber die Politik insgesamt muss ja nicht nur mit dieser Angst leben, sondern auch mit der Angst vor falschen Entscheidungen, falscher Politik. Oskar Lafontaine, der wie Wolfgang Schäuble ein Attentat erlebte, schreibt über die *Angst vor dem Machtverlust*.

Oskar Lafontaine

Wenn von der Macht die Rede ist, dann denken wir an Ämter in Staat und Regierung. Aber die Macht ist allgegenwärtig, sie wirkt in der ganzen Gesellschaft. Eltern haben Macht über ihre Kinder, Unternehmensleiter haben Macht über ihre Mitarbeiter und die Menschen haben Macht über die Natur.

Die politische Macht, die im Zentrum vieler Überlegungen steht, ist am ehesten kontrolliert. Sie muss sich verantworten gegenüber den Parlamenten. Im demokratischen Rechtsstaat ist sie den Entscheidungen der

Gerichte unterworfen. Und vor allem die Medien sorgen dafür, dass Machtmissbrauch Konsequenzen hat.

Das sahen wir im März 2004 wieder in Spanien. Die konservative Regierung des José Maria Aznar setzte sich über den Willen der großen Mehrheit der Spanier hinweg und beteiligte sich an Bushs Irakfeldzug. Als die Al Qaida in Madrid kurz vor der Parlamentswahl zuschlug und 200 Menschen Opfer der Bombenattentate wurden, mißbrauchte die Partido Popular die Regierungsmacht. Sie unterdrückte Informationen und wollte die Presse manipulieren. Statt der Al Qaida sollte die baskische Terrororganisation ETA verdächtigt werden. Aber das Volk durchschaute die Mächtigen und wählte sie ab.

Die Geschichte der politischen Macht ist die ewige Geschichte von Aufstieg und Fall. Und bei aller Faszination, die von der Macht ausgeht: Ihre Kehrseite wird oft übersehen. Alles hat seinen Preis, auch der vermeintliche Glanz politischer Ämter. Sicher, die öffentliche Bühne und das Licht der Scheinwerfer geben dem Affen der Eitelkeit Zucker. Aber der Terminkalender ist gnadenlos. Er lässt den Akteuren zu wenig Zeit zum Nachdenken, zum Innehalten. Die Familie sieht man, wenn es gut geht, am Wochenende, manchmal nur noch in den Ferien. Für Kunst und Literatur bleibt kein Raum und frühere Freunde werden vernachlässigt. Die Ausübung der Macht verändert die Menschen, oft nicht zu ihrem Vorteil. Man muss sich nur die Portraits anschauen, die Fotografen von Politikerinnen und Politikern über mehrere Jahre hinweg gemacht haben. Das intimste, was der Mensch hat, ist sein Gesicht. Es ist die wahre Visitenkarte. Es verbirgt nichts. Selbst die zur Gesichtswahrung aufgesetzte Maske hilft nicht weiter, sie ist durchsichtig. Wenn man die erwähnten Portraitserien in die Hand bekommt drängt sich einem geradezu die Frage auf: Sieht so ein glücklicher Mensch aus?

Doch alles der Reihe nach. Das Streben nach politischen Ämtern entspringt nicht nur Geltungssucht und Karriereträumen. Oft ist auch Idealismus im Spiel.

Nehmen wir die Kommunalpolitik. Wer seine Heimat liebt, und an seinem Dorf oder seiner Stadt hängt, will mitmachen und mitgestalten. Die Freizeit opfert er gerne, wenn er zusammen mit anderen darüber entscheiden kann, ob ein Sportplatz gebaut wird, eine Kindertagesstätte eingerichtet oder welche Kulturveranstaltung in seiner Gemeinde angeboten wird. Gerade in der Kommunalpolitik können sich Menschen mit den unterschiedlichsten Interessen engagieren. Der eine für die Feuerwehr oder das THW, der andere für die Ausstattung der örtlichen Schulen, für den Naturschutz oder den Ausbau alternativer Energien. Ein Wesensmerkmal politischer Macht wird deutlich – sie bietet die Möglichkeit zu gestalten. Oft habe ich erlebt, wie Kommunalpolitiker stolz waren auf Einrichtungen, die sie geschaffen haben. Die kommunalen Bauten und Anlagen sind im Gegensatz zum eigenen Haus nicht nur für einen selbst und die eigene Familie da, sondern sie stehen der Allgemeinheit offen. Kennedys berühmter Satz: Frage nicht was dein Land für dich tun kann, sondern frage dich, was du für dein Land tun kannst, ist ein Motiv sich an der Arbeit in der eigenen Gemeinde zu beteiligen.

Anders verhält es sich mit der Ausübung politischer Ämter und Mandate auf der Landes- und Bundesebene. Es tritt eine strukturelle Veränderung ein. Die direkte Nähe zu den Menschen schwindet. Man übt sich im Blick für das Große und Ganze, verliert die kleinen Dinge, das Detail, aus dem Auge. Zwar sind auch die Motive von Landtags- und Bundestagsabgeordneten von Landes- und Bundesministern oft ehrenhaft. Viele engagieren sich glaubwürdig für Frieden und soziale Gerechtigkeit. Aber die Nähe geht verloren.

Zwei Beispiele: Haben die Bundestagsabgeordneten, die der Agenda 2010, die Bundeskanzler Schröder im März 2003 vorgelegt hat, zugestimmt haben, wirklich alle Details überblickt? Oft stellte sich erst nach Inkrafttreten der jeweiligen Gesetze heraus, welche Auswirkungen sie im Einzelfall etwa für die Bewohner von Altersheimen hatten, die nur noch Taschengeld bezogen. Oder nehmen wir die Entscheidungen für die militärischen Interventionen in Jugoslawien und Afghanistan. Hätten viele Abgeordnete wirklich zugestimmt, wenn ihnen im Moment der Entscheidung bewusst gewesen wäre, wie viel Tod und Leid die Bombardierung der Städte und Dörfer gebracht hat. Hier geht es nicht in erster Linie darum, den moralischen Zeigefinger zu heben, sondern vielmehr darum deutlich zu machen, dass der Verlust der Nähe, Qualität und Inhalt der politischen Entscheidungen wesentlich beeinflusst.

Oft stellt sich gegenüber dem Berg der Probleme, der abzutragen ist, bei den politisch Mächtigen das Gefühl der Hilflosigkeit und Ohnmacht ein. Schon in den siebziger Jahren, in der Ära Brandt, hatten viele Politiker das Gefühl wie Herkules gegen eine Hydra zu kämpfen. Wurde ein Kopf abgeschlagen, d. h. ein Problem gelöst, dann wuchsen mehrere andere nach. Im Zeitalter der Globalisierung ist das nicht besser geworden. Vielmehr kann ohne Einschränkung festgestellt werden, dass die nationale Politik für Entwicklungen verantwortlich gemacht wird, die von internationalen Strukturen vorgegeben werden. Der Forderungskatalog von Attac: Entschuldung der armen Länder, Bekämpfung der Steuerflucht, Austrocknen der Steueroasen, Schaffung einer neuen Weltfinanzarchitektur mit stabilen Wechselkursen und Kapitalverkehrskontrollen, die Demokratisierung des IWF und der WTO, der Abbau der Agrarsubventionen, die Änderung der Spielregeln des Welthandels, die Steigerung der Entwicklungshilfe und die Einführung einer Tobin-Steuer, kann nur durch internationale Zusammenarbeit verwirklicht werden. Und wenn Amerika nicht will, dann sind auch alle europäischen Staaten nicht in der Lage, Strukturreformen durchzusetzen, die der Globalisierung ein sozialeres Antlitz geben würden. Die Angst vor dem Machtverlust weicht hier einem Gefühl der Resignation.

Die Macht ist in dem angesprochenen Sinne längst verloren und den angeblich Mächtigen ist die Aufgabe gestellt, die Macht zurückzugewinnen um die Dinge zum Besseren zu wenden. Aber der hier festgestellte, längst eingetretene, Machtverlust ist gar nicht gemeint, wenn in der Öffentlichkeit die Angst des Politikers vor dem Machtverlust thematisiert wird. Vielmehr ist von einem Verzweifelten die Rede, nachdem er die Insignien der Macht verloren hat und nichts mehr mit sich anzufangen weiß. Ohne Chauffeur und Mitarbeiter irrt er durch die Gegend und ist noch nicht einmal in der Lage, sich eine Fahrkarte zu lösen. Das Büro, das früher auch die Dinge des täglichen Lebens für ihn mit erledigt hat, steht nicht mehr zur Verfügung. Zu Hause geht er der eigenen Familie auf die Nerven. Ich glaube, dass bei vielen Abhandlungen zum Thema Angst des Politikers vor dem Machtverlust Zerrbilder gezeichnet und Klischees gehandelt werden. Zwar gibt es Fälle, in denen der aus dem Amt geschiedene mit seiner Situation nicht fertig wird. Aber es gibt auch viele Gegenbeispiele.

Eine Gefahr allerdings, die die Ausübung politischer Macht mit sich bringt, kann nicht geleugnet werden. In der Mediendemokratie ist die Versuchung der Mächtigen sich zur narzisstischen Persönlichkeit zu entwickeln, groß. Der Narzisst ruht nicht mehr in sich, sondern giert nur noch nach dem Beifall der Öffentlichkeit. Allmählich verliert er das Gefühl für das Leben. Tritt in einem solchen Stadium der Machtverlust ein, dann kommt es oft zum Zusammenbruch der Persönlichkeit. Die Angst vor dem Machtverlust ist so betrachtet eher die Angst vor dem Verlust der Bühne, der öffentlichen Beachtung.

Der englische Schriftsteller W. Somerset Maugham schreibt dazu: »Jeder intelligente Mensch weiß, daß Eitelkeit die zerstörendste, universellste und unausrottbarste aller menschlichen Eigenschaften ist, und wer ihre Allmacht leugnet, tut es nur aus Eitelkeit. Ihre verzehrende Glut übertrifft sogar die Liebe. Glücklicherweise kann man in vorgerückten Jahren auf den Terror und die Sklaverei der Liebe pfeifen, aber niemand befreit das Alter aus der Knechtschaft der Eitelkeit... Eitelkeit kommt in hundert betrügerischen Masken. Sie ist unabdingbarer Bestandteil jeglicher Tugend, sie ist der Ursprung von Tapferkeit und Ehrgeiz, sie bewegt den Liebenden zur Treue und den Stoiker zur Ausdauer; sie gießt Öl ins Feuer des Künstlers, der nach Ruhm lechzt; sie ist das Rückrat und zugleich der Lohn der Ehrlichkeit und des Anstands, sie schleicht sich zynisch selbst in die Demut des Heiligen. Niemand entrinnt ihr...« Hier schließt sich der Kreis. Die Worte des englischen Schriftstellers machen deutlich, dass es bei der Angst des Politikers vor dem Machtverlust um eine allgemeine Erscheinung des menschlichen Lebens geht. Sie tritt in vielen Formen auf und wie in anderen Fällen übernimmt der Politiker eine Art Sündenbockfunktion. An seinem Beispiel wird exemplarisch geschildert, was passiert, wenn der Mensch den Verlust an Ansehen und Einfluss zu verkraften hat, wie am Ende seiner beruflichen Karriere.

So wenig wie der Berufstätige seine Erfüllung nur in der Arbeit finden kann, so wenig kann der politisch Mächtige seine Erfüllung nur in der Ausübung der politischen Macht finden. Außerhalb von Politik und Beruf bietet das Leben viele Möglichkeiten. Die Aufgabe eines jeden besteht darin, diese Möglichkeiten auch während der Berufs- oder Mandatszelt zu nutzen. Hermann Hesse schrieb einmal: »Suchen sie mit allen Kräften eine ihnen gemäße Lebensform, auch wenn sie alle Pflichten dafür versäumen. Die Pflichten beziehen einen großen Teil ihrer Heiligkeit, wenn nicht die ganze, aus einem Mangel an Mut im Kampf um das Privatleben,« Vor diesem Hintergrund relativiert sich die Angst des Politikers vor dem Machtverlust. Die Ausübung politischer Ämter bietet die Möglichkeit zu gestalten und sich zu bewähren. Wenn man weiß, daß die Macht nur auf Zeit verliehen ist, denkt man bei ihrer Ausübung auch an das Leben danach. Das mag manchmal schwer sein, aber nur wenn es gelingt, sich während der aktiven Zeit Freiräume für Familie und Freunde, für Kunst und Literatur zu erhalten, kann das Ausscheiden aus dem Amt nicht nur als Verlust sondern auch als Gewinn erlebt werden.

Ja, wie ist das mit der Privatheit? Die Medien haben ungeheure Macht in unserem Land. »BILD kann dich kaputt schreiben«, sagte kürzlich ein Politiker. Wie gehe ich um mit dem öffentlichen Spott, mit der Angst vor Öffentlichkeit und Machtverlust?

Angelika Beer, Parteivorsitzende der Grünen, gehört zu denen, die mit Angriffen und Häme immer wieder von den Medien zerrieben wurden. Sie schreibt über *»Angst und Medien«*:

Angelika Beer

Wenn Sie zu jenen Menschen gehören, die täglich ihre lokale Zeitung beim Frühstück durchblättern, dazu noch Radio- und Fernsehnachrichten verfolgen, also unterschiedliche Medien nutzen, um sich je nach Bedarf zu informieren oder sich Ihre eigene Meinung zu bilden, dann wird Sie der Titel dieses Textes überraschen. Angst und Medien – das ist in keiner Weise zu vergleichen mit jenen Ängsten, mit denen wir alle irgendwann in unserem Leben konfrontiert sind. Die Angst einen Menschen zu verlieren, Angst vor Verfolgung, vor Gewalt, Angst zu versagen… Angst vor Verlust der Lebensgrundlage oder vor dem Tod.

Wenn ich nun versuche, mich dem Thema Angst und Medien zu nähern, dann mit den Erfahrungen von vielen Jahren politischer Arbeit auf unterschiedlichsten Ebenen. Daraus ergibt sich nur logisch, dass ich nicht nur als Funktionär betrachtet werde, sondern auch als Mensch eine Rolle habe und manchmal auch in Rollen gedrängt werde. Für mich steht im Vordergrund, mich unabhängig von Schablonen, in die ein Mensch manchmal gesteckt wird, sich persönlich ständig weiter zu entwickeln, um auch in schwierigen Situationen verantwortungsbewusste Entscheidungen treffen zu können. Dass sich hierbei meine Wahrnehmung in großen Teilen von jener der unterschiedlichen Medien unterscheiden muss, ist für mich eine Selbstverständlichkeit.

Gerade in meinem Beruf spielen Medien ein wichtige Rolle. Anders verhält es sich bei Sportlern, Künstlern, Stars, etc. Sie leben davon, sich gut zu verkaufen, um positive Kritiken zu erhalten oder sich zumindest interessant zu machen. In der Politik ist das anders: Politiker gehören zu der am wenigsten anerkannten Berufsgruppe. Politikverdrossenheit und Veränderungen der gesellschaftlichen und sozialen Verhältnisse, die jede/r BürgerIn irgendwie am eigenen Leib erfährt, schaffen eine Bereitschaft, die »vermeintliche Schuld« den Politikern zuzuweisen. Politiker machen extrem selten als Lieblinge der Massen Schlagzeilen. Aber wenn ein vermeintlicher Fehler »aufgedeckt« wird, oder wenn Politik nicht mehr für die Menschen verständlich und nachvollziehbar ist, sind Medien häufig nicht neutrale Berichterstatter, sondern Medien machen auch Meinung. So führt wahrscheinlich jeder Politiker seinen eigenen »Beziehungskampf« zu JournalistInnen: am erfolgreichsten ist es, wenn die PolitikerIn es schafft, eigene Ziele, Programmatik oder Ideen problem- und sachorientiert über Medien, insbesondere Zeitungen zu transportieren.

Neben alltäglichen Politiker-Journalisten-Kontakten mit dem Ziel der Information gibt es auch den Kampf gegen Missverständnisse, gegen Falschinterpretation oder bewusste Lügen. Oft genug sind sie geschickt in Interviews oder Geschichten aus »zweiter Hand« eingebettet, um juristisch unangreifbar zu sein. Und wenn tatsächlich eine Gegendarstellung Tage oder Wochen später erscheint, dann nicht auf Seite eins, sondern unter ferner liefen – wer nimmt diese schon wahr? Medien haben also durchaus die Macht, ein Image zu prägen. Positiv, so lange es der Chefredaktion gefällt – aber dies ist natürlich ohne Bestandsgarantie. Dennoch ist klar: Medien sind ein nicht mehr wegzudenkendes Instrument der Politik und in der Politik. Und ohne wenn und aber: die Pressefreiheit ist ein sehr hohes Gut unserer Demokratie!

Angst, Unsicherheit und Furcht sind eine Gemengelage, die jeder Mensch fürchtet. Angst, das ist jenes Unbehagen vor Unsteuerbarem und Unbekanntem. Insofern wird jeder Politiker auch irgendwann während seiner Tätigkeit »Angst vor den Medien« erfahren oder erfahren haben. Vor allem vor jenen Zeitungen und Magazinen, die davon leben, reißerische Schlagzeilen zu formulieren, die im Text keine Entsprechung finden. Schlagzeilen brauchen kein Niveau, sie sollen zum Kauf reizen und die Auflage erhöhen. Dennoch: Meinung machen eine Bunte, ein Stern, eine Neue Revue uvm., die oft wochenlang in allen Arztpraxen, bei Friseuren ausliegen. Diese Magazine, die Dichtung und Wahrheit in Artikeln vermischen, führen durchaus dazu, dass der eigene Blick jeden Donnerstag über die »Aufmacher« der neuesten Ausgabe huscht, um wenigstens zu wissen, was über einen selbst oder über den Partner geschrieben wird. Auch das ist eine Form der Angst vor Unbekanntem und nicht Ausdruck des Willens oder gar des Wunsches, in diesen Medien zu erscheinen.

Es gibt – und das sollen nachstehende Beispiele versuchen aufzuzeigen – eine Vielzahl von »Beziehungen« zu Medien und Journalisten. Es gibt eigentlich keinen Grund, Angst vor den Medien zu haben. Vielmehr gilt es zu versuchen, deren Rolle – immer wieder neu – zu verstehen und vor dem Sensationsjournalismus, der Angst hervorrufen kann und oft auch will, nicht zu weichen. Also nicht vor einem Faktor Unbekannt oder Unbeherrschbar oder Unvorhersehbar wegzuducken, sich nicht Illusionen hinzugeben, sondern immer bestrebt sein zu transportieren, was der politische Wille ist und seine eigenen Ziele – unabhängig von der Presselage – weiterzuverfolgen.

Die Medienrepublik Berlin

Es galt und gilt: Medien leben von der Politik und Politik von den Medien. Es hat einen nicht zu leugnenden Stellenwert, wenn es gelingt, wichtige Ideen, Projekte, Utopien über die Medien auch öffentlich zu transportieren. Die Zeit der Flugblätter und Parteiprogramme pur ist vorbei. Gleichwohl gab es in früheren Situationen Zeit zum Luftholen und zum Nachbessern. Diese Zeit ist vorbei. Jedes Wort ist auf die Goldwaage zu legen, um zu verhindern, dass mit einem nicht perfekten Wort oder Halbsatz der Interpretation Tür und Tor geöffnet wird. Der Reichstag in Berlin ist nicht mehr das Wasserwerk in Bonn: über das Fernsehen werden weltweit blitzschnell Kommentare und Meinungen zu Interpretationen geschaltet und ohne Verzug verbreitet. Das abends Gedruckte ist am nächsten Tag meist schon überholt. E-Mail, Internet und Handy setzen Politik wie auch Medien unter Zeitdruck und der Kampf um die Quoten wird in Berlin rücksichtsloser als zu Bonner Zeiten geführt.

Die harte Konkurrenz der Medien hat das Tempo der Politik beschleunigt: wer hätte nur vor wenigen Jahren gedacht, dass es eine Boulevardzeitung ist, die – durchaus mit Erfolg – versucht die Politik zu einem bestimmten Handeln zu treiben? Dass sie Steuerorden verteilt oder wie bei der Ausnutzung der Sozialhilfe, gegen die wir seit Jahren kämpfen, durch eine live Reportage aus Kalifornien auf einmal alle Verantwortlichen zum Handeln bringt und Gesetzesänderungen erzwingen kann?

In diesem Umfeld gibt es auch ein neues »Verhältnis« oder besser Nichtverhältnis zwischen einzelnen Politikern und einigen Medien. Hierbei darf man nicht den Fehler machen, Journalisten generell für das in Haftung zu nehmen, was dann unter Federführung der Chefjournalisten erscheint. Dennoch, auch Journalisten, die in Zeiten sinkender Abos und des Internets ihren Job behalten wollen, werden oft weniger wegen guter Recherche als vielmehr wegen der Schlagzeile des nächsten Tages eingestellt.

Grüne Politik und Medien

Die Kriege in Bosnien und Herzegowina sowie im Kosovo haben zu kontroversen Debatten in unserer Gesellschaft geführt. Die Medien haben durch ihre Berichterstattung zu einem großen Teil zur Akzeptanz des militärischen Eingreifens im Kosovo beigetragen. Als Bündnis 90/Die Grünen haben wir den unauflösbaren Grundsatzkonflikt zwischen Wahrung der Minderheitenrechte einerseits und der Anwendung militärischer Gewalt andererseits offen ausgetragen. Die Medien haben diese Debatte, die fast die Spaltung unserer Partei bedeutete, dokumentiert und kommentiert. Begriffe, die während dieses Grundsatzkonfliktes fielen, wurden von den Medien dankbar aufgegriffen: Aus den Zweiflern, die sich zu einem Ja aus humanitären Gründen durchrangen und zu denen auch ich gehörte, wurden Kriegsbefürworter. Wie absurd! Nicht einer von uns oder in meiner Partei würde jemals einen Krieg befürworten. Auch diese Entwicklung wurde in den Medien personalisiert: Der gegen mich vielfältig vorgebrachte Vorwurf, ich sei eine Kriegstreiberin, diente manchem Journalisten als »Steilvorlage«, um mir ein neues Image zu verpassen. Weil ich SoldatInnen im Einsatz besuchte und mir in Krisenregionen ein eigenes Bild machte als Grundlage für meine politischen Entscheidungen als Verteidigungspolitische Sprecherin wurde ich die »Olivgrüne«. Das war später, als die Beziehung zu meinem jetzigen Mann bekannt wurde, durchaus steigerungsfähig und hat mich selbst manchmal nur noch ungläubig lesen lassen.

Der Mensch und die Medien: Rückblick und Stationen

Der Ausbau des Atomkraftprogramms hat mich in den 70er Jahren nicht nur auf die Straße getrieben, sondern auch politisiert. Damals, als wir nach Brokdorf, Grohnde oder auch ins französische Malville oder das dänische Bärsebek zogen, um zu demonstrieren, war den meisten von uns die Medienberichterstattung zunächst ziemlich schnuppe. In der Regel wurde gewarnt vor den potentiellen Terroristen, die laut Springerpresse eine Gefahr für die Bauern in der Marsch seien. Spannungen mit der Bevölkerung wurden vorsätzlichproduziert und genährt u.a. durch die in der Regel einseitigen Berichte über Zusammenstöße mit der Polizei. Die friedlichen Formen des Protestes waren keine Schlagzeile wert. Doch letztlich ist es der Antiatom-Bewegung gelungen, ein Umdenken herbeizuführen gegen die Mehrheit der veröffentlichten Meinung. Auch wenn sich das Klischee der Linksextremisten lange hielt – heute ist der Atomausstieg von der Bevölkerung getragene deutsche Regierungspolitik!

In die damalige Zeit gehörte auch die Organisierung von Blockaden gegen den Springerkonzern in den 70er Jahren. Das war eine Form von aktivem Widerstand im Kampf gegen die reißerischen Schlagzeilen und einseitigen Darstellungen. Es war die Zeit, wo die Geschichte von Heinrich Böll »Die verlorene Ehre der Katharina Blum« zum Bestseller im Alternativen Spektrum gehörte und Wallraff in geheimer Mission die Methoden der Springerpresse dokumentierte und veröffentlichte. Das war reine Reaktion und Antwort; mit Angst vor der Springerpresse hatte das nichts zu tun. Doch das Bild der »linken Aktivistin«, die gegen den Staat und die Pressefreiheit steht, wurde damals geprägt und Ängste in der Bevölkerung vor Menschen wie mir geschürt. Der »Bildzeitungsboykott« reichte bis in die Zeit der ersten Grünen Bundestagsfraktion hinein. Es gab Beschlüsse, dass Grüne Abgeordnete Bild keine Interviews geben. Die Zeiten ändern sich bekanntlich – und die Grüne Praxis auch. Der Boykott gegen Bild hat dennoch im Jahr 2004 neue Schlagzeilen gemacht, weil der Bundeskanzler verkünden ließ, der Bild-Zeitung keine Interviews mehr zu geben.

Grüne im Bundestag: Auch nachdem wir die Rotation abgeschafft hatten, und uns als politische Kraft behauptet hatten, waren wir immer noch die Chaoten in Strickpulli, Turnschuhen und mit Sonnenblumen. Selbst heute reicht es noch, wenn ein einzige/r Delegierte/r auf einem Bundesparteitag sitzt und strickt. Das Bild kommt mit Garantie in allen Medien. So sind die Grünen, das ist das Bild, das ist das Vorurteil und das wird gepflegt!

Der Zopf bleibt dran!

Lissy war wohl eine der besten Freundinnen, die ich je hatte. Lissy war unter den allerersten Journalistinnen, mit denen ich kurz nach meiner ersten Wahl in den Bundestag 1987 zu tun hatte. Sie stellte mir direkte und kritische Fragen, warum ich als Grüne im Verteidigungs-

sausschuss nicht auch die Frage der Rüstungsexporte und die Frage der Menschenrechte in der Türkei, insbesondere die Unterdrückung der Kurden, thematisieren wolle. So entspannen sich rege Diskussionen – bis hin zu gemeinsamen Fahrten in die Türkei und den Irak. Wir waren Mitglieder der Untersuchungsdelegation über die Ermordung von Vedat Aydin, beobachteten den Prozess gegen die bis vor kurzem inhaftierte kurdische Politikerin Leyla Zana, hinterfragten den Einsatz von Panzern der ehemaligen NVA gegen die Kurden im Südosten zum kurdischen Neujahrsfest Newroz. Dies alles und die Grausamkeit des Giftgaseinsatzes durch Saddam Hussein gegen die Kurden in Halabjah haben wir gemeinsam versucht, international anzuklagen. Leider mit wenig Erfolg.
Was hat das alles mit dem Zopf zu tun, den ich seitdem trage? Lissy schenkte mir vor Jahren, als wir die Entlassung von Mehti Zana, Leylas Mann, aus dem Gefängnis feierten, rot-grün-gelbe Bänder. Das sind die Kurdischen Farben. Kurz nachdem ich mit Lissy das letzte Mal im Südirak war, erreichte mich an einem Ostertag die Nachricht: Lissy ist tot, erschossen. Seitdem flechte ich in meinen Zopf Bänder in den gleichen Farben. Ein persönlicher Entschluss, ein Zeichen der Erinnerung. Dieser Zopf sorgte dann für unterschiedlichste Erfahrungen: So nahmen Türkische Sicherheitsbehörden ihn im Jahr 2001 zum Anlass, mich des Landes zu verweisen, weil ich angeblich für die terroristische PKK agitierte.

Ein anderes Beispiel – die Harald Schmidt Show – macht deutlich, dass Stereotype ebenso reizen und herausfordern wie Unwissenheit. Anlaß war meine neue Beziehung zu meinem Mann. Dadurch wurde ich mehrfach zum Inhalt der Sendung. Ständig auf der Suche nach der Sensation oder um mich lächerlich zu machen. Als registriert wurde, dass ich mich nicht wehrte, denn das wäre nur Wasser auf die Mühlen dieses »Entertainers« auf niedrigem Niveau gewesen, blieb nur der Zopf. Dieser wurde plötzlich zur Zündschnur, die Zuschauer lachten.

Die positive Überraschung war Anfang 2004 ein Bericht in der Bildzeitung, die den Zopf »ins rechte Licht« rückte. Sie erläuterte den LeserInnen den Hintergrund und bestätigte, dass er echt sei. Die Fragen hat das natürlich nicht beendet. So bleibt der Zopf also dran und machte ein kleines Stück Geschichte, als das Oldenburger Heimatmuseum Bänder meines Zopfes in eine Ausstellung über Erkennungszeichen von Politikern und Prominenten aufnahm.

Privatspäre Die Abgeordnetenarbeit im ehemaligen Regierungssitz Bonn glich etwa der Situation unter einer Käseglocke. Alles war irgendwie greifbarer, intimer Aufmerksame Besucher des Parlaments und Regierungssitzes empfanden das Geschehen im Wasserwerk als »jenseits des realen Lebens«. Und zahlreiche Politikerreden mit der Formulierung »Die da draußen...« beförderten diesen Eindruck. Gleichwohl: Es gab dort auch so etwas wie ein Tabu: der politische Gegner war der politische Gegner, aber zugleich gab es zwischen Journalisten und Politikern so etwas wie eine allgemeine »Schutzzone des Privaten«. Mit dem Wechsel nach Berlin hat sich das in vielerlei Hinsicht geändert. Durchaus auch positiv: ein schwuler Politiker, der dies zum richtigen Zeitpunkt, am richtigen Ort und in der richtigen Zeitung bekannt gibt, wird hierfür nicht mehr verurteilt, sondern unsere demokratische Gesellschaft reagiert positiv darauf oder sieht das mit Gelassenheit. In Bonn wiederum wäre das »die Story« gewesen. Dieser Mief ist zum Glück aufgebrochen.

Dennoch gibt es Entwicklungen im Privatleben und in der Politik, die offensichtlich mit Schlagworten der Vergangenheit kollidieren: die Olivgrüne, die Kriegsbefürworterin im Kosovo, die für Viele verantwortlich für den Austritt zahlreicher Grüner aus der Partei war, die als Verteidigungspolitische Sprecherin ein »merkwürdig« freundschaftliches Verhältnis zur Bundeswehr hat, ausgerechnet die verliebt sich in einen Soldaten! Gut, das hätte in Bonn vielleicht Getuschel gegeben, aber in Berlin war mir klar, dass die Verheimlichung der Beziehung Stoff für zahlreiche Schlagzeilen geboten hätte, z. B.: Grüne Verteidigungspolitikerin hat ein heimliches Verhältnis mit einem Offizier auf dem Balkan. Oder: Grüne missbraucht Dienstreisen zur Truppe auf den Balkan, um ihren heimlichen Geliebten zu treffen. Grüne Befürworterin der Abschaffung der Bundeswehr liebt einen Berufsoffizier. Was tun? Ganz bewusst und gezielt habe ich mit einem Journalisten, dem ich vertraue, eine Kurzmeldung vereinbart, bevor ich zu meinem damaligen Gefährten und heutigem Mann gefahren bin. Wie naiv von mir zu glauben, damit sei es getan! Spätestens das sofortige Erscheinen eines Journalisten der bunten Presse auf dem Balkan hätte alle Alarmglocken auslösen müssen. Er versuchte Privatadressen zu recherchieren bzw. für Tausende zu erkaufen, um seine Story zu machen. Schlagzeile über Schlagzeile folgte, oft frei erfunden. Egal ob Stern, Neue Revue oder Bunte. Wir lasen über uns mit Erstaunen, als man uns mit Humphrey Bogart und Casablanca verglich: Schau mir in die Augen Kleines… (Richtig heißt die Textzeile: Ich schau Dir in die Augen, Kleines!) Oder verärgert, wenn die Parallele zu Petra Kelly und Gerd Bastian gezogen wurde und der dahinter stehende Gedanke nicht geschrieben aber offensichtlich war: wer erschießt wen? Bilder wurden befördert, die in den Köpfen von Menschen hängen blieben, nur leider herzlich wenig mit unserer Realität zu tun hatten.

Wühlen in den Familienverhältnissen, in meiner Kindheit, Schuldzuweisungen, Tränengeschichten wie grüne Ehebrecherin… nur ignorieren? Berichte mit einer Mischung von Wahrheit, Halbwahrheit und Lüge als Versuch der Boulevardpresse, als vierte Instanz im Staat Meinung zu machen und gezielt Einfluss zu nehmen. Ignorieren, obwohl die Zeitpunkte der Veröffentlichungen gezielt gewählt waren, um mir in meinem Beruf als Politikerin und als Mensch zu schaden? Zum Beispiel wenige Tage vor meiner erneuten Kandidatur zum Bundestag und erneut vor meiner Kandidatur zum Europaparlament. Dieses ständige »Nachkarten«

bestimmter Magazine und der damit verbundene Versuch, massiv Einfluss auf Partei und Delegierte zu nehmen kostet viel Kraft. Auch wenn er zum Glück bei den meisten nicht den erhofften Erfolg erzielte. Manchmal geht es eben um jede Stimme.

Schlagzeile gegen Inhalt

Angst vor den Medien? Vielleicht doch. Manchmal auch Wut. Nämlich das Gefühl, dass über Jahre erarbeitetes Fachwissen und Kompetenz besonders in bestimmten Printmedien zu Gunsten einer Schlagzeile über den Haufen geworfen wird. Das für mich drastischste Erlebnis liegt einige Jahre zurück. Ich hatte lange an einem Bündnisgrünen Konzept zur Reform der Bundeswehr gearbeitet. Am Vorabend der Pressekonferenz zur Veröffentlichung des Konzeptes wurde ich gewaltsam angegriffen. Es war die erste und letzte Nacht meines Lebens, in der ich überlegte, einen Strich unter das Kapitel Politik zu ziehen. Aufgeben. Weglaufen? Ich habe es nicht getan, ich habe mich der Situation gestellt. Ich entschloss mich, an dem Pressetermin festzuhalten und Inhalte zu transportieren. Zu viel Arbeit hatte ich in das Konzept gesteckt. Und die Pressekonferenz zusammen mit unserem Fraktionsvorsitzenden war enorm wichtig: das lange umstrittene Konzept war mehrheitlich von der Fraktion verabschiedet worden. Der Pressesaal war völlig überfüllt. Ich versuchte, mich auf mein Statement zu konzentrieren und erläuterte unser Konzept der Freiwilligenarmee der Zukunft. Was passierte dann? Keine Frage zum Thema, kein Kommentar! Lediglich unzählige Kameras und Fotoapparate schwirrten um mich herum, nahmen mir die Sicht in den Raum, versperrten den Ausgang… offensichtlich überzeugt davon ein Recht auf dezidierte Schilderung des Vorfalls am Vorabend zu haben. Ich war entsetzlich enttäuscht und deprimiert darüber, denn mein Konzept war und ist gut.

Beispiele minder bedeutender Art gibt es genug: Da wird dann in Radio Interviews nicht mehr nach der Analyse eines bestimmten Konfliktes gefragt, wie z. B. Afghanistan, sondern der Interviewpartner stellt überraschend die Frage: Können sie den Einsatz der Bundeswehr besser als andere verstehen, weil sie mit einem Soldaten liiert sind? Es ist schlechter Stil in einem Live-Interview Wut zu zeigen oder flapsig zu reagieren. Die Konsequenz kann dennoch nicht sein, keine Fachinterviews mehr zu geben, weil Privates mit Politischem höchster Brisanz vermischt wird. Auch wenn ein anderer Journalist, mitten in einem Live-Interview zu unserem Widerstand gegen das Bombodrom fragt, was denn mein Gefährte, bekanntlich Soldat, von meinen Aktivitäten hält? Nein, keine wütende Antwort, nur den korrigierenden Hinweis, dass ich mit diesem Gefährten Soldat verheiratet bin. Es bleibt ein bitterer Beigeschmack: Offensichtlich geht es nicht um die Sache, sondern um das Ziel, politische Glaubwürdigkeit zu erschüttern, indem vermeintliche Schwächen in den Vordergrund gerückt werden. Dann kommt der Zweifel, ob eine freche Antwort nicht besser gewesen wäre, nämlich dass mein Mann gerade neben mir steht, weil wir zusammen bei der Veranstaltung gegen die Inbetriebnahme des Bombodrom waren? Es ist positiv sich in diesem Moment daran zu erinnern, dass die Menschen, die Initiativen vor Ort sehr gut in der Lage sind, gemeinsame Ziele in den Vordergrund zu stellen. Sie kennen mich, wir kennen unser Ziel: Verhinderung der Wiederinbetriebnahme des Bombenabwurfplatzes. Punkt. Aus. Das führt dann in der Konsequenz nicht selten dazu, dass nun wiederum die Eigenständigkeit meines Mannes in Frage gestellt und spekuliert wird, seit wann er Mitglied der Grünen Partei ist…

Privatleben gibt es doch!

Zu unserer Hochzeit haben wir unser Persönlichkeitsrecht gewahrt: geheiratet haben wir geheim, im engsten Kreis, und zur Hochzeitsfeier haben wir circa 100 Freunde und Bekannte eingeladen mit der Bitte, Vertraulichkeit zu wahren. Es hat geklappt! Keine Presse, keine heimlichen Photos. Das war unsere Feier. Die Information sickerte später durch, doch ehe es eine unkontrollierte Schlagzeile geben konnte, habe ich einen zuverlässigen Journalisten – die gibt es eben auch –

gebeten, eine Kurzmeldung über unsere Hochzeit zu drucken. Die einen Tag später gedruckte Schlagzeile mit einem alten Bild von uns war damit keine Sensation mehr. Für diese Herstellung unseres Persönlichkeitsrechtes haben wir mit dieser Information einen vertretbaren Preis gezahlt. Gleichwohl: Viel lieber wäre es mir gewesen, eine riesige Party zu feiern und offen und auch öffentlich zu zeigen, dass ich glücklich bin.

Von der Ex-Abgeordneten zur Bundesvorsitzenden

Die gerade während des Kosovokrieges gemachte Erfahrung, dass eine Politikerin aus Sicht Einiger automatisch Objekt des öffentlichen Interesses sei und es kaum eine Grenze oder Schutz der Privatsphäre gibt, war nicht einmalig. Im Jahr 2002 wurde ich nicht nur zu meiner sondern auch zur Überraschung meiner Partei und der Medien als Vorsitzende von Bündnis 90/Die Grünen gewählt. Ich selbst hatte vollkommen andere Pläne nach achtjähriger Abgeordnetenzeit. Aber Politik ist nie berechenbar. Und ich entschied mangels anderer Kandidatinnen, diese schwierige Aufgabe, die zugleich eine der schönsten ist, zu übernehmen.

Es kam der berühmte »Morgen danach« und der Blick in die Presse: Die »Verlegenheitsvorsitzende«! Ein neues Klischee war gefunden. Es folgte Häme pur wie z. B. »Die lässt nicht einmal der Pförtner in das Bundeskanzleramt«. Dann ein verpatzter Fernsehauftritt, und die Boulevardpresse hatte zwei Tage später ihren Aufmacher. Ignorieren? Ja, denn man wollte nicht mich hören, nicht die Inhalte, sondern eine Schlagzeile veröffentlichen. Auch ich habe daraus gelernt: Wenn es einem richtig schlecht geht, ist es besser gegen einen eigenen Grundsatz zu verstoßen und sogar einen fest zugesagten Medientermin kurzfristig abzusagen, als sich durch die Sendung zu quälen. Pflichtbewusstsein an falscher Stelle lohnt sich nicht.

Zu Beginn meiner Amstzeit lernte ich schnell, was ein erfahrener Journalist, der mich in der entscheidenden Nacht vor meiner Wahl vor dem »Haifischbecken« warnte, wohl meinte. Das hat überhaupt nichts mit der Angst vor Medien zu tun sondern mit der Tatsache, dass es ihnen immer wieder gelingt Stimmen aus dem »Off« zu finden. Stimmen, die aus welchem Grunde auch immer gern bereit sind, sich anonym zitieren zu lassen und denen der Mut zu offener Kritik fehlt. Daraus wird schnell ein Teufelskreis, der schwer zu durchbrechen ist. Das belastet – aber andererseits merkt man gerade in einer solchen Situation, wie unverzichtbar Menschen sind, denen man vertraut: Freunde, Kollegen, Mitarbeiter, Weggefährten – und auch Journalisten.

In einer solchen Situation, in der offensichtlich auch alte Rechnungen beglichen werden, muss jede und jeder seinen eigenen Weg suchen. Da gibt es kein Patentrezept. Ich habe mich damals dafür entschieden, mir einen absolut ungewöhnlichen Luxus zu erlauben: Zwei Wochen weg, weit weg, ganz allein, nicht erreichbar, sich nur auf sich selbst und die eigenen Ziele und Absichten konzentrieren. Diese 14 Tage haben mir nicht nur die notwendige Ruhe gebracht, sondern auch die Freiheit, »Ja« zu sagen: zu mir, zu meiner EntscheidungVorsitzende dieser Partei zu sein und später für die Europawahl zu kandidieren. Zudem gewann ich meine Art der Gelassenheit als Voraussetzung, um möglichen weiteren Angriffen mit Ruhe und Sicherheit zu begegnen… Ruhe und Sicherheit, weil nach diesen zwei Wochen voller Besinnung auf das Wesentliche vollkommen klar war, dass ich wie in meinem bisherigen Leben auch versuche einen Weg zu bahnen, der sich vor Brüchen nicht scheut, solange die für mich fundamentalen Werte dadurch nicht verletzt werden.

Tage später sprach mich ein mir unbekannter Mitfahrer im Zug auf dem Weg nach Berlin an: Es sei doch eine Schweinerei gewesen, was da neulich über meinen Mann und mich geschrieben wurde und was ich denn nun juristisch dagegen mache? Ich glaube, er hat nicht verstanden, als ich fröhlich lächelnd antwortete: Nichts! Ignorieren!

Medien verändern Menschen, oder?

Doch es bleiben Spuren. Misstrauen und Vorsicht haben zugenommen. Dazu gehört die Aufmerksamkeit gegenüber Fotographen. Dein Bild ist Dein Bild. Aber die Überschrift wird von anderen gemacht. Du musst vorsichtig mit Empfängen umgehen. Egal ob Du allein kommst oder in Begleitung eines guten Freundes: das Gerücht, sie sei nicht mehr mit ihrem »Oberst« zusammen oder in der Ehe stimme etwas nicht mehr, ist schnell geboren. Du überlegst Dir also genau, wann Du mit wem wo gesehen werden kannst und wie die Drittwirkung ist. Diese Sensibilität hemmt die Spontaneität und verändert Dich. Das ist durchaus eine Form der Angst und lehrt, dass Mensch sein Leben nicht mehr so gestalten kann, wie er es eigentlich möchte. Wenn Du Dich dann entscheidest, den höchsten Maßstab an den Schutz Deines Privatlebens anzulegen, also das von meinem Mann und mir, dann entsteht eine neue Zeitungsüberschrift: »Angelika Beer: Konfliktscheu, kontaktscheu...« Doch ist das wichtig?

Die Alternative liegt klar auf der Hand, um das etwas sarkastisch zu formulieren: Du küsst Deinen Mann nicht in der Öffentlichkeit! Bei einem Empfang bittest Du deutlich, das Fehlen Deines Mannes zu entschuldigen! Im Zweifel musst Du unterstreichen, dass die Ehe trotzdem tadellos funktioniert! Du machst nur noch wenige Truppenbesuche im Ausland, und achtest bei Fotografen auf Distanz zu den SoldatInnen und vermeidest olivgrünen Hintergrund. Und wenn das nicht reicht, musst Du demonstrativ unterstreichen, dass Du Dich von Dir, Deinen Schwächen, Deinen Stärken, Deiner Person jederzeit bereit bist zu distanzieren. Dies allerdings musst Du unter Beweis stellen. Hierfür gibt es einen Tipp, der mit Sicherheit für die Schlagzeile auf Seite eins taugt: Mit Fotoreporter zum Friseur: Der alte Zopf muss ab!

Medien müssen Menschen nicht verändern!

Oder: man steht zu sich, bleibt Mensch und damit auch verletzlich, lernt aus den Fehlern und den Erfahrungen, verbiegt sich nicht bei allen Veränderungen oder Neuorientierungen und bei allem Druck den Medien aufbauen können, der regelmäßig Ängste bilden kann, für mich aber nicht mehr muss. Denn die Zusammenarbeit mit Medien ist unerlässlich – und sie macht Spass. Im Umgang mit ihnen muss man sich seiner Stärken und Schwächen bewusst sein und aus eigenen Erfahrungen lernen: Ehrlichkeit zählt! Nicht Offenheit um jeden Preis.

Wir können uns als Bürgerinnen und Bürger nur wünschen, dass Menschen in der Politik lernen, mit den unterschiedlichen Ängsten umzugehen. Nur so haben sie die notwendige innere Freiheit für politische Entscheidungen. Ich hoffe, dass vielen auch ihr Glaube diese innere Freiheit schenkt.

Vom Umgang mit der Angst

Vom Ende der Erde rufe ich zu dir, denn mein Herz ist in Angst! (Ps 61,3)

Mit Angst umgehen, Angst bewältigen, dazu braucht es oft professionelle Hilfe. Fünf Beispiele werden folgen, in denen Profis in Sachen Angst ihre Arbeit beschreiben.

Was Angst im Krankenhaus bedeutet, darüber reflektiert Dorothea Bobzin in Zusammenarbeit mit Christina Volkmann unter der Überschrift:

Dorothea Bobzin

»Wer hat Angst vorm schwarzen Mann…? Zum Umgang mit Angst.«

In einem altvertrauten Straßenkinderspiel geht es um die Angst.[1]

»Wer hat Angst vorm schwarzen Mann?«, sagt einer, eben der schwarze Mann. Und alle antworten, fast brüllend: »Niemand!« »Und wenn er aber kommt?« »Dann laufen wir!« In einer Spielregel fragen die Kinder: »Wie sollen wir denn laufen?« Dann gibt der schwarze Mann Schwierigkeitsgrade des Laufens an und alle versuchen, zu entfliehen entweder durch Rennen, Hüpfen, Hinken, Spreizhüpfen oder Gebeugt – Gehen, um nicht erwischt zu werden. Dabei wird gerne geschummelt. Der letzte, nicht Erwischte darf dann »Schwarzer Mann« sein, kommt in die sogenannte Machtposition.

Im Spiel wird von der Angst ausgegangen und spielerisch geschieht jenes, was hilfreich ist in Angst: mitten

---

[1] Im folgenden Beitrag wird bewusst auf wissenschaftliche Bearbeitung der Thematik verzichtet. Natürlich gibt es auch krankhafte Ausformungen von Angst, die einer therapeutischen Begleitung und Behandlung bedürfen, auf die hier nicht weiter eingegangen wird.

hindurch zu laufen. So wird der Umgang mit Angst spielerisch eingeübt, es geht eben nicht genauso weiter, wie zuvor, sondern die Gangart ändert sich, wenn es um Bewältigung von Angst geht. Im Spiel wird »Leben eingeübt«: sich mutig zu zeigen ist eine Seite. Eine andere Aufgabe ist es, in, mit und gegenüber der Gruppe seinen eigenen Platz zu suchen, zu finden und zu behaupten.

Angst ist ein Grundgefühl der Menschen. Angst kommt in der Wortbedeutung her von eng, schmal, Beengung, Bedrängung. Angst ist die Reaktion auf eine Gefahr. So ist die Angst ein Schutzmechanismus, ein Abwehrgefühl, ein ernst zu nehmendes Gefühl, welches der Beachtung bedarf. Erkenne ich keine Gefahr oder Bedrohung, lassen diese sich auch schwer abwehren oder mindern, bewältigen und überwinden. »Gefahr erkannt – Gefahr gebannt«, sagt der Volksmund. Wer Gefahren und Bedrohungen weder hören noch sehen, über seine Sinne nicht erkennen kann, ist der Welt schutz- und hilflos ausgeliefert. In unserer Kindheit üben wir auf spielerische Weise Strategien zum Umgang mit Angst und zu ihrer Überwindung ein. Wir entwickeln unsere Fähigkeiten und Fertigkeiten und gewinnen dadurch Selbst-Vertrauen. So entsteht eine Grundlage für unser Vertrauen in die Welt, je nach Erziehung möglicherweise in Gott und die Welt. Insbesondere aus unserer Kindheit ist uns aber auch eine andere Erfahrung vertraut. Wir gehen aus Situationen unversehrt und heil hervor, die wir nicht hätten übersehen und bewältigen können. Dann sagen wir: »Die hat aber einen Schutzengel gehabt!«

Angst verändert die üblichen Verhaltensweisen. Unsere Sprache hat einen Reichtum, emotionale Befindlichkeiten zum Ausdruck zu bringen. In und aus Angsterleben sagen wir zum Beispiel:

Mir sitzt die Angst im Nacken.
Es ist zum Kopflos-Werden.
Die Angst lässt keinen klaren Gedanken mehr zu.
Es schnürt mir die Kehle zu.
Das Wasser Steht mir bis zum Halse.

Das geht mir unter die Haut.
Mir dreht sich der Magen um.
Es verschlägt mir die Sprache.
Mir steht der Angstschweiß auf der Stirn.
Ich bin wie angewurzelt.
Ich bin wie gelähmt vor Angst.
Das geht mir an die Nieren.
Mir rutscht vor Angst das Herz in die Hose.
Das wirft mich nieder.
Mir schlägt das Herz bis zum Halse.
Da bleibt mir das Herz stehen.
Blind vor Angst sein.
Ich habe vor Angst auf den Ohren gesessen.
Ich fühle mich in die Enge getrieben.
Die Angst kommt über mich.
Sich vor Angst einigeln.
Vor Angst in sein Schneckenhaus kriechen.
Ich bin nicht mehr Herr meiner Sinne.

All diese Ausdrucksformen geben deutlich an, wie Angst sich körperlich niederschlagen, breit machen, einnisten, festsetzen kann. »Du brauchst keine Angst zu haben«, »Das ist doch nicht so schlimm«, »Nun mach' Dir mal nicht ins Hemd«..., diese Sätze sollen oder wollen wohlmeinend über die Angst hinweghelfen. Manchmal hilft das auch, aber es besteht dabei die Gefahr, die Angst nicht ernst genug zu nehmen. Im Kinderspiel, Dreht euch nicht um, der Plumpsack geht um, heißt es am Ende: »Wer sich umdreht oder lacht, kriegt den Buckel blau gemacht.« Es geht darum, die Spannung bis zum rechten Zeitpunkt zu halten, nach vorne zu schauen, sich nicht lustig zu machen, sondern die Situation ernst zu nehmen.

Angst nehmen können wir nicht. Wir können jedoch Bedingungen schaffen, die Angst nicht zu verstärken, sie zu mindern. Wir können uns gegenseitig helfen, Angst auszuhalten und zu überwinden. Es geht im Leben darum, der Angst zu begegnen, ihr gegenüber zu treten, damit nicht die Angst die volle Macht über uns einnimmt.

Die Märchen schildern uns das Angstmachende. Das Beängstigende wird beleuchtet und die Beteiligten bekommen Ideen und Kraft, wie sie sich »durchschlagen«können, um ihren Weg zu finden. Die Mutigen der Geschichten trotzen der Angst den Raum ab. Sie stellen sich der Angst.

Die Angst im Leben bedarf eines Gegenübers. Angst braucht einen Gegenpol, eine Gegenbewegung. Die Redensarten lassen den Prozess der äußeren und inneren Bewegtheit erkennen. In einem alten Fangen- Spiel geht es darum, dass man nicht gefangen werden kann, sobald man sich zu zweit zusammentut. Wer also einen anderen zur Seite hat, ist weniger angreifbar.

Was hilft in Angst?

Durch Krankheit und Klinikaufenthalt, aber auch in anderen Situationen werden Menschen aus ihren bisherigen Bezügen herausgerissen. Der Boden unter den Füßen wankt. Unsicherheit und Angst erobern das Feld. In meinem Alltag als Klinikseelsorgerin erlebe ich, wie verschiedenartig die Menschen, je nach persönlicher Prägung, mit ihren Ängsten umgehen:

Umgehen, vermeiden.
Sich verstecken, sich zurückziehen.
Sich ablenken.
Sich etwas vormachen.
Den »starken Max« herauskehren.
Die Angst »weg-managen« wollen.
Andere umsorgen, nicht um sich selbst und für sich sorgen.
Die Angst rationalisieren, sich kundig machen.
Reden, reden, reden.
Entwickeln ungeahnter Kräfte, »über sich Hinauswachsen«.
Verantwortung übernehmen.
Bewusst leben.
Die Geschäfte regeln, Laufendes regeln.
Termine absagen, neue Termine machen.
Nachdenken, sich erinnern.
Bilanz ziehen.
Schuldsuche.

Grübeln und Selbstzweifel.
Klagen, Fragen stellen.
Weinen.
Schweigen.

Im Krankheitsfall werden Fragen aufgeworfen wie:
Werde ich wieder gesund?
Werde ich etwas zurückbehalten?
Werde ich womöglich eine bleibende Belastung für meine Lieben?
Muss ich sterben?
Muss ich meine Angehörigen verlassen und zurükklassen?
Was wird aus ihnen werden?
Wie soll ich das alles ertragen?
Loslassen und Abschiednehmen, wie geht das?

Den einen hilft es, über die Angst sprechen zu können, sich jemandem anzuvertrauen, Vertrauen zu gewinnen und menschliche Nähe zu erfahren. Andere brauchen Raum, um allein sein zu können. Was also hilft in Angst? Einen Gegenpol zur Angst bildet die Sicherheit für Leib und Leben und für die Seele, das heißt, sich gut aufgehoben zu fühlen. Sich anvertrauen zu können. Das geht, wenn Angehörige und Freunde die Treue halten, sich nicht zurückziehen aus eigener Angst. Hilfreich ist es, wenn in fremder Umgebung dennoch ein menschliches Zugehörigkeitsgefühl erhalten bleibt.

Ich denke an eine junge Mutter von drei kleinen Kindern. Ihre Erkrankung war so schwer und so weit fortgeschritten, dass für sie selbst (sie war Krankenschwester) klar war: ihr Leben ist begrenzt. In vielen Gesprächen, die wir hatten, war ihr voll bewusst, dass sie die Zeit sinnvoll nutzen und gestalten wollte, besonders die Zeit, in der es ihr noch etwas besser ging. Wir überlegten und sammelten, wie sie das tun wollte und was ihr wesentlich war. Zunächst lag ihr am Herzen, ihren Ehemann und Partner, den Vater ihrer Kinder zu stärken und zu stützen. Das ginge nur mit Offenheit und Klarheit, wie sie meinte. Dazu gehörte, wie die Alten sagten, »das Haus zu bestellen«. Mühevoll ist es, in jungen Jahren ein Testament zu verfassen, Not - wendig aber. Weiterhin schwer fiel es der jungen Frau, ein Patiententestament zu schreiben. Es gelang ihr, dies auf Gegenseitigkeit mit ihrem Mann zu tun. Das war anrührend zu erleben, wie liebevoll und einfühlsam sie daran arbeiteten. Die Frau empfand es nicht als selbstverständlich, dass ihr Mann bei der vielen Autofahrerei für die Kinder und für die Besuche im Krankenhaus zu ihr, alltäglich unversehrt und verschont blieb. Sie sagte, ihm könne auch etwas zustoßen, so wolle sie auch für ihn klar handeln können und sorgen.

Besonders am Herzen lagen der jungen Mutter aber auch ihre drei kleinen Kinder. Wie sollten die damit leben, wenn sie als Mutter ihnen einerseits sagte, dass sie sie liebe und sie andrerseits doch verlassen müsse, wenn ihre Stunde gekommen sei? Wann immer sie Kraft dazu hatte, verbrachte sie viel Zeit mit ihren Kindern. Und im Anschluss an deren Besuche schrieb sie unermüdlich. Sie schrieb jedem Kind eine eigene Geschichte. Das war tief bewegend mitzuerleben. Welch wundervolle Idee, ihren Kindern etwas mit auf den Weg zu geben, das sie wieder und wieder würden hervorholen und lesen können. Eine Botschaft ganz allein für jedes Kind, etwas Besonderes, das die Kinder sich für ihr Leben zueigen machen könnten.

Zwischendurch hatte die Mutter Berg- und Talfahrten der Gefühle. Wut und Zorn und Unverständnis, Angst und Bange, was sie noch zu durchleiden hätte. Es tat ihr gut, alles zuzulassen und zum Ausdruck zu bringen. Sie benutzte gerne Kraftworte, was sonst nie ihre Art war und sie war erstaunt, dass ich ihr als Seelsorgerin in allem zuhörte. Ich bot ihr eine Trommel an, die sie nach Maßgabe ihrer schwächer werdenden Kräfte gerne bearbeitete. Eines Tages erstaunte mich die Frau: sie sagte, alle fragen immer: warum ich? Die Frage: warum nicht ich? stellt keiner.

Ich besuchte sie täglich. In den Gesprächen ging es immer um ihre Sehnsucht danach, dass es allen gut gehen möge. Sie sagte: »Ich werde es eines Tages gut haben und mich um nichts mehr zu kümmern brauchen – aber mein Mann und meine Kinder…« Wenn man sich auf eine längere Wanderung begibt, packt man seinen Rucksack, macht unterwegs Rast und schaut in den Rucksack. Was lassen wir hier, was nehmen wir mit und was verzehren wir jetzt. So gingen unsere Gespräche. Wegzehr nehmen und Wegzehr geben. Ich erzählte ihr vom Abendmahl. Wir feierten zusammen mit den Kindern und ihrem Mann Abendmahl. Im Wort und Zeichen will Gott dem Menschen nahe sein. Worte und Zeichen brauchen wir Menschen.

Dann wurde sie immer schwächer. Eine unendliche Kraft der Liebe entwickelte sie. Sie kleidete in Gedanken ihre Kinder zur Einschulung und Konfirmation ein und ihre Tochter sogar zur Hochzeit. Sie sagte ihrem Mann, dass sie ihm erlaube, ja ihn sogar darum bitte, eine neue Beziehung einzugehen, wenn er bereit dazu sein würde.

Wir bereiteten vor, nach ihrem Wunsch, dass die Kinder, auch wenn sie schwächer würde, immer wieder einzeln zu ihr zu Besuch kommen konnten und einfach still auf ihrem Bett liegen durften. Als sie starb, war ihr Mann bei ihr. Er verweilte eine Zeit alleine und eine Zeit mit mir bei ihr. Durch regelmäßige Gespräche mit dem Ehemann war klar, dass wir auch die Kinder ins Krankenhaus holen würden, um gemeinsam mit dem Vater den Tod der Mutter zu begreifen. Ein gemeinsames Ritual schloss diesen letzten Besuch im Krankenhaus ab.

Sollen die Kinder mit auf die Beerdigung der Mutter? Diese Frage wurde in der Familie unterschiedlich bewegt. Warum sollten die Kinder nicht bei der Beerdigung ihrer Mutter dabei sein? Sie hatten doch den langen Weg der Krankheit miterlebt! Der Vater konnte sich durchsetzen und nahm die Kinder zur Beerdigung mit. Ich versprach ihm, sowie ich es auch seiner Frau versprochen hatte, seine Kinder und ihn zu begleiten. Die Gemeindepastorin hielt die Trauerfeier und ich saß neben den Kindern. Als die Erwachsenen sich am Ende der Beerdigung schon vom Grab entfernten, begannen sich die Kinder mit ihren Freunden dem Grab zu nähern. Sie schauten hinein, knieten sich nieder, legten sich auf den Bauch, sprachen, was sie sahen und stellten Fragen über Fragen. Ich setzte mich zu ihnen auf die Erde und beantwortete eine Frage nach der anderen. Inzwischen wandten sich die Erwachsenen der Kinderrunde am Grab zu, sie hörten zu und sahen, was geschah. Einer nach dem anderen hockte sich zu uns und hörte aufmerksam zu. Ich verstand, dass die Erwachsenen jetzt Fragen beantwortet bekamen, die sie als Kinder nicht stellen konnten.

Im Kindermutmachlied[2] heißt es:

Wenn einer sagt, ich mag dich, du
Ich find' dich ehrlich gut,
dann krieg' ich eine Gänsehaut und auch ein bisschen Mut.

Wenn einer sagt, ich brauch' dich, du,
ich schaff' es nicht allein,
dann kribbelt es in meinem Bauch,
ich fühl' mich nicht mehr klein.

Wenn einer sagt, komm', geh' mit mir,
zusammen sind wir was, dann werd' ich rot,
weil ich mich freu', dann macht das Leben Spaß.

Gott sagt zu dir, ich hab' dich lieb und wär' so gern dein Freund.
Und das, was du allein nicht schaffst, das schaffen wir vereint.

Größter Wunsch und größte Sehnsucht von Menschen in Angst ist es, dass einer käme und sie daraus befreite. So einfach, wie es im Buch Hiob heißt: »... und auch dich lockt er aus dem Rachen der Angst in weiten

---

2 Wenn einer sagt, ich mag Dich (Kindermutmachlied). Text: Andreas Ebert © Hänssler Verlag, D-71087 Holzgerlingen

Raum, da keine Bedrängnis mehr ist und an deinem Tische voll alles Guten wirst du Ruhe haben…« (Hiob 36,16) Aus der Enge in die Weite kommen, wieder Boden unter die Füße der Seele zu gewinnen. Sich wieder bewegen können aus der Erstarrung ins Leben. Zu Vertrautem und zu Neuem.

Der für mich stärkste Gegenpol zur Angst ist die Geborgenheit und Liebe. Geborgenheit und Liebe sind da, wo wir zusammenstehen, füreinander einstehen, zueinander stehen, einander zur Seite stehen. Wir wagen wieder, nach vorne zu schauen und Schritt für Schritt ins veränderte, neue Leben zu gehen.

Im Kinderspiel vom Schwarzen Mann übten wir uns in Widerstand und Ergebung. Solange wir im Spiel blieben, hatten wir nochmals eine Chance, nach dem Verlieren wieder zu gewinnen. Es gibt noch ein anderes Kinderspiel, das Spiel von der goldenen Brücke. Die Kinder gehen Hand in Hand über die goldene Brücke. Den letzten Schritt gehen sie nicht allein, sondern lassen sich vertrauensvoll rückwärts in die Hände zweier anderer Kinder fallen, werden von diesen gewiegt, so oftmals sie es sich wünschen und werden dann sanft abgesetzt. »Durch das Rosentörlein, mein liebes Kind ade, in den bunten Garten, bis wir uns wieder sehn. Ja, ja, ja, sind wir alle wieder da…«, heißt ein anderer Kindervers, der Hoffnung und Zuversicht ausdrückt. Was wir hinter unserer Angst am Ende gewinnen, ist so neu und unbekannt, dass wir uns nur erwartungs- und vertrauensvoll hingeben können.

Die größte Angst des Menschen bleibt die vor dem Tod. Ihre Erfahrung in der Begleitung Sterbender reflektiert Hanna Kreisel-Liebermann unter der Überschrift: *»Sicher ist allein der Tod«:*

Hanna Kreisel-Liebermann

Zwei Jahre habe ich in dem palliativmedizinisch ambulanten Projekt »SUPPORT« in Südniedersachsen mit gewirkt. Das lateinische Wort für Mantel, pallium, der den Körper vor Kälte und Wind schützt und dem Menschen auf der Reise Geborgenheit schenkt, stellt das Bild für diese Arbeit. Ich war Seelsorgerin für Tumorkranke in der letzten Phase ihres Lebens. Zusammen mit zwei Ärzten und zwei Krankenschwestern versuchte ich, Schwerst- und Todkranken so wie deren Angehörigen zu helfen, sich auf das Sterben und den Tod vorzubereiten. Wir haben Alles, was erlaubt, möglich und nötig gewesen ist, dafür getan, damit sie diese Abschiedsphase möglichst frei von Schmerzen und körperlichem Leid gestalten konnten.

In den zwei Jahren haben wir mehr als 200 Frauen und Männer begleitet: die Jüngsten waren mit 13 Jahren fast noch Kinder, die Ältesten mit 100 Jahren schon Urgroßeltern. Für uns waren alle Begegnungen, viel mehr noch die gemeinsam verbrachte Lebens- und Sterbenszeit bewegend. Wir spürten, dass die auf unsere Hilfe angewiesenen wartenden Menschen uns zugleich einen oder mehrere Schritte voraus waren. Aufgebrochen auf einen Weg, zu einer Reise, an deren Ende der Tod steht.

Darum ist für alle, die Kranken, deren Angehörigen und uns, das Gefühl der Angst nahezu ständig präsent gewesen. Diese Angst war spürbar, ganz körperlich, wenn auch persönlich sehr verschieden und – je nach Situation und Zeit – in unterschiedlicher Gestalt: unsere eigene Lebensgeschichte, die die Muster zur Bewältigung formt und formte, bestimmt, wie wir mit der extremen Herausforderung, dem Sterben und Tod entgegen zu sehen, umgehen. Dabei verdrängen die meisten Menschen, gerade in modernen Industriegesellschaften, am Liebsten Alles, was mit Sterben und Tod zu tun hat. Fast niemand ist in der einen oder anderen Weise darauf vorbereitet, plötzlich mit dem nahen eigenen Lebensende konfrontiert zu werden. Oder dem der EheFrau, des EheMannes, des Sohns oder der Tochter, des Nachbarn oder der Freundin. »Alles ist unsicher, allein der Tod ist sicher«, besagt ein Wort des Kirchenvaters Augustin.

Der circulus vitiosus…

Frau M. ist an Brustkrebs erkrankt. Schnell hat sich die Nachricht in der Nachbarschaft verbreitet. Auf der

Straße, im Bus, beim Einkaufen wird über sie geredet. Aber niemand spricht mit ihr oder fragt sie direkt, wie es ihr gehe. Für die meisten ist Angst das Motiv, den Kontakt und die Begegnung zu meiden. Wohl fürchten manche sogar, uneingestanden, dass die Krankheit irgend wie ansteckend sein könnte. Andere zweifeln, dass sie »das Richtige« zu sagen vermögen. Wieder andere denken, der Konfrontation nicht gewachsen zu sein.

Oft genug fällt es eben leichter, über einen Menschen zu reden als mit ihm zu sprechen. Auf der anderen Seite sorgen sich die an Krebs erkrankten Frauen und Männer, ihre nächsten Angehörigen zu sehr zu belasten, ja, sie zu überfordern, wenn sie ihr eigenes Entsetzen, ihre Trauer, den Zorn, ihre innere Lähmung und die in ihnen aufsteigende Todesangst aussprächen. »Bitte sagen Sie auf gar keinen Fall meinem Mann, wie es um mich steht. Er hält das nicht aus«, vertraut mir eine schwer erkrankte Frau an. Nur kurze Zeit später, auf dem Flur beim Hinausgehen, nimmt mich ihr Mann beiseite und flüstert: »Ich weiß, dass es schlimm aussieht, aber ich kann nicht mit ihr darüber sprechen. Das wäre doch, als wünschte ich, dass sie bald stürbe.« Das habe ich so und ganz ähnlich oft erlebt.

Es ist ein Balanceakt und, ja, manchmal ein circulus vitiosus, der Teufelskreis, aus dem nur schwer herauszukommen ist. Eine Mischung aus Sorge, dem oder der Anderen weh zu tun und der Angst vor der Wahrheit. Aber auch der Angst, dass es, wenn die Wahrheit erst einmal ausgesprochen wurde, es kein Zurück mehr zu glücklicheren Stunden gäbe. Ein Gefühl und eine Vorstellung, der gerade zu etwas Magisches anhaftet.

Die meisten Erkrankten sind zutiefst traurig und gleichzeitig höchst zornig, dass sie an der bösartigen Krankheit leiden. Und doch behalten sie ihre Gefühle, wie sehr sie auch von ihnen hin und her gerissen werden, für sich. Nicht nur, weil es viele nicht gelernt haben, über eigene Empfindungen zu sprechen oder mit wider streitenden Emotionen umzugehen. Oder diese überhaupt wahr zu nehmen. Ohne Belang ist dabei auch das Wissen, dass in Deutschland jeder vierte

Mensch an Krebs leidet. Oder dass in der Statistik der Tod durch Herz-Kreislauf-Erkankungen in Deutschland vor dem Sterben an Krebs steht. Aber was sagt schon eine Statistik über das persönliche Leben und individuelle Schicksal aus? Nichts! Und ein Trost ist sie schon gar nicht. Denn immer trifft es Menschen mitten im Leben, ganz gleich wie alt sie sind. Die Worte Martin Luthers, »mitten im Leben sind wir vom Tod umfangen«, werden mit einem Mal ganz wahr und wirklich.

... kann durchbrochen werden.

Doch dieser Teufelskreis aus Angst, Sich-Zurück-Nehmen und einer sich daraus ergebenden Isolation kann durchbrochen werden. Frau M. kommt nach Klinikaufenthalt und Chemotherapie zurück in den Seniorenkreis. Sie wird voller Freude begrüßt: »Wie schön, dass sie wieder da sind!« Aber bei dieser Begrüßung bleibt es. Obwohl alle sehen können, dass sie ihre weiß-grauen Locken verloren und ein buntes, elegantes Tuch um ihren kahlen Kopf geschlungen hat. Niemand fragt, wie es ihr geht. Die Leiterin des Kreises durchbricht das Schweigen: »Frau M., wir alle wissen, wie krank sie waren. Wir haben für sie gebetet, hier im Kreis und im Gottesdienst. Dass sie wieder gesund werden, das liegt uns am Herzen.« Die Leiterin stockt, das Schweigen kehrt in die Runde zurück. Bis Frau M. es schafft, sich zu bedanken und, immer wieder mit den Tränen kämpfend, erzählt, wie es ihr in den letzten Wochen gegangen ist. Zuletzt fragt sie, warum niemand sie besucht habe. »Ich habe mich so allein, so ausgeschlossen gefühlt.« Eine steht auf und nimmt M. schweigend in den Arm. Die Angst weicht förmlich aus dem Kreis und macht den Raum frei für das Gespräch. Viele erzählen nun von den eigenen Erfahrungen mit Angehörigen, die an Krebs gestorben sind. Frau M. betont, »ich will nicht sterben!« Sie wolle kämpfen, so lange es irgend geht. »Erst, wenn gar nichts mehr möglich ist«, sagt sie, »will ich über das Sterben nachdenken. Vorher nicht. Ich will leben!« Sie blieb nicht allein: Damen aus dem Kreis besuchten sie, NachbarInnen halfen beim Einkauf oder luden sie sonntags zum Essen ein. Frau M. hat gekämpft und gewonnen und alle anderen mit ihr.

Leben gegen die Angst

Wohl ein jeder Mensch, dem die Diagnose gestellt wird, dass er einen bösartigen Tumor hat, steht unter Schock. Das Leben hat von einem Augenblick auf den nächsten eine ganz andere Qualität. Nichts ist mehr wie es war, selbstverständlich ist gar nichts.

Das haben mir Viele erzählt, dass sie nur wie aus weiter Ferne die Worte hörten, die ihnen »das Unheil« verkündeten. Alles, was danach gesagt wurde wie »es gibt eine Heilungschance« oder »wir haben die Möglichkeit, das Tumorwachstum aufzuhalten«, erreichte sie nicht mehr. Die Angst, dem Tod unmittelbar ganz nahe gekommen zu sein und, vor Allem, vielleicht leidvoll sterben zu müssen, sei das Alles bestimmende Gefühl, körperlich wie seelisch. Sie berichteten mir, dass ihnen »die Luft weg blieb«. Dass sie sich fragten, ob nicht vielleicht doch jemand anderes gemeint sein könnte. Und noch mehr Fragen über Fragen in den nächsten Stunden und Tagen. Gerade in dieser Zeit werden Weichen gestellt.

Auf die Fragen, die mir und meinen TeamkollegInnen immer wieder gestellt wurden, hatten wir manchmal keine Antwort: »Werde ich unter Schmerzen sterben, wie meine Mutter vor Jahren?« »Werde ich ersticken – wie mein Nachbar, der Lungenkrebs hatte?« »Kann ich zu Hause sterben? Doch wer wird für mich da sein?« »Wie viel Zeit habe ich noch?« »Was erwartet mich nach dem Tod?« »Was habe ich getan, dass Gott mich mit dieser Krankheit straft?« Wer mit der Suche nach Antworten, auch wenn keine befriedigt, auf diese elementaren Fragen allein gelassen wird, verzweifelt sehr bald. Selbst die behandelnden ÄrztInnen wissen oft nicht genau, wie lange der Krebs kranke Mensch noch leben wird. Für alle ist es schwer, die Fragen auszuhalten und den Patienten den Raum zu geben und zu lassen, den sie brauchen. Alle, auch die TherapeutInnen, haben Angst vor der Krankheit und dem Tod. Je unbewusster diese Angst ist, desto schwerer fällt es, sie auszuhalten und, wenn auch gut gemeinte, vorschnelle Antworten zu vermeiden.

Zeit und eine vertrauensvolle Atmosphäre, eine ruhige Gesprächssituation und die Wertschätzung von PatientIn und Angehörigen sind erste, Not wendende Voraussetzungen, damit die aus dem Alltag Herausgerissenen eigene Gefühle wahrnehmen, beschreiben und erzählen mögen. Herr F. fürchtete, »wenn einmal die Schleusen offen seien, gäbe es kein Halten mehr«. Er wollte sich nicht in seinem Schmerz verlieren. Als ich ihm sagte, ich hätte keinerlei Bedenken, dass sich die Schleusen auch wieder schlössen, brach es aus ihm heraus. Später stellte er mir gegenüber fest, dass das Weinen ihm eher die Kraft gegeben habe, nächste Schritte zu gehen. So habe er endlich seinen Kindern erzählen können, wie schwer es für ihn sei, dass ausgerechnet er, der sich doch immer auf seine körperliche Stärke habe verlassen können, nun so zerbrechlich sein.

Um der Angst »gerecht« zu werden, gab es für uns im Team keinen anderen Weg, als alle, auch noch so verklausuliert gestellten Fragen ernst zu nehmen und nur das zuzusagen, was wir einhalten konnten: »Wir tun alles, damit sie nicht leiden müssen. Sie werden eine effektive Schmerztherapie bekommen.« »Wir werden sie nicht allein lassen, denn wir sind für Sie 24 Stunden telefonisch erreichbar.« Die Gewissheit, immer anrufen zu können und jemanden von uns zu erreichen, hat sehr Vielen geholfen, die Angst vor Schmerzen und dem Gefühl des Ausgeliefertsein auszuhalten. Nicht nur den PatientInnen selbst, sondern auch den Angehörigen erschienen ihre Ängste leichter zu wiegen. Gerade in der Nacht, in der meistens schreckliche Angstzustände mit Atemnot und Schmerzen auftreten, wurde das Mobiltelefon zu einem »Segen«: Wenn sie unsere beruhigende Stimme am Telefon hörten und unserem Rat folgen konnten, dieses Medikament zu nehmen oder jene Maßnahme zu treffen. Oder, wenn immer es so war, wir ihnen versprachen, »gleich sind wir bei Ihnen«.

Aber es wäre falsch, nun anzunehmen, dass die meisten Schwerstkranken immer über ihre Beschwerden, ihre Nöte und Sorgen, ihre Ängste sprechen wollen. Vielmehr möchten sie die letzte Phase so intensiv wie möglich erleben. Bei aller Schwäche trägt viele die Hoffnung, doch noch ein bisschen mehr Zeit zu haben: noch einmal den Frühling erleben, noch einmal alle Kinder und Enkel um sich versammeln, noch einmal die geliebte Heimatstadt besuchen... Die wachsende Angst vor dem Sterben und Tod zwischendurch vergessen zu machen, hilft am Besten weiter am »normalen« Leben Teil zu nehmen, so wie es eben geht: an Festen, auf Spaziergängen, bei Theaterbesuchen oder Skatrunden, Gottesdiensten, Senioren- , Männer- oder Mütterkreisen, Fußballspielen... Alle, Angehörige, Behandelnde und Kranke müssen diese andere Angst, »es nicht zu schaffen«, überwinden, damit das gelingt. Denn oft führt erst die Isolation der Kranken dazu, dass ihre Schmerzen schlimmer und die Ängste noch größer werden. Wir beobachteten bei vielen PatientInnen, dass sie ihre Schmerzmittel nicht höher dosierten, obwohl sie Anstrengendes, aber Anregendes und sogar ausgelassen Heiteres mit gemacht hatten.

Lebensbilanz Meine Aufgabe als Seelsorgerin ist es vor Allem gewesen, mit den Schwerstkranken und ihren Angehörigen die religiösen Fragen, die zugleich immer Lebens wichtige Fragen waren, zu klären – wenn sie dieses wollten. Die meisten Frauen und Männer waren willens, über Bewältigtes und Unbewältigtes im eigenen Leben zu sprechen, weil es Ihnen ein Herzensanliegen war. Für sehr viele Frauen und Männer in der letzten Lebensphase war es entlastend, so sagten sie, mit »Fremden« ihr Leben zu bilanzieren. Manches, was sie an Schuld mit sich trugen, konnten sie loswerden, indem sie diese erstmalig öffentlich (d. h. unter vier Augen und vor Gott) bekannten und um Vergebung baten.

Die Angst, vor dem letzten Richter nicht bestehen zu können, bewegte eine Frau, die in einer Beichte über den wirklichen Vater ihrer über 50jährigen Tochter

Rechenschaft ablegte. Ein Mann drückte es so aus: »Es ist gut, sich einmal ungeschützt alles von der Seele zu reden. Nun sehe ich klarer, was noch zu tun ist.« Auch wenn Klärung hilft, die Ängste zu bearbeiten, bedeutet es nicht, dass sie verschwinden. Als Begleitende haben wir mit den PatientInnen und die Angehörigen sehr häufig ihre Wechselbäder der Gefühle und Stimmungen durchgestanden: zwischen Euphorie und totaler Verzweiflung. Die Krankheit Krebs weckt einerseits einen sehr großen Lebenswillen und -hunger, andererseits zieht sie den Erkankten den Boden unter den Füßen weg, weil sie so unberechenbar ist.

Die Angst vor einem strafenden Gott tragen mehr Menschen mit sich herum, als ich bis dahin vermutet hätte. Ich habe viele intensive Gespräche, oft mit Bibelarbeit – über Gott und seine Liebe, Barmherzigkeit mit PatientInnen und ihren Angehörigen geführt. Wenn wir gemeinsam z.B. den Psalm 23 *»Der Herr ist mein Hirte. Mir wird nichts mangeln…«* gebetet hatten, sagten viele Frauen und Männer, dass ihnen das Trost gegeben habe. Die Entdeckung, dass Gott in schweren Zeiten Kraft gibt, die Last zu tragen und sie nicht mutwillig oder gar strafend auferlegt, hat vielen einen neuen Zugang zu Gott und ihrem Glauben ermöglicht.

Manche Frauen und Männer litten sehr darunter, dass sie mit ihrer Lebensbilanz unglücklich und unzufrieden waren. Ungelöste Eheprobleme, das Gefühl, erfolglos geblieben zu sein, die Krankheit durch ungesunden Lebenswandel selbst bewirkt zu haben (z. B. Rauchen, übermäßiger Alkoholkonsum), oder »immer nur Arbeit« und nun endlich hätten sie den Ruhestand genießen können, waren Themen. Natürlich gelang es nicht immer, alles »aufzuräumen« und die positive Waagschale bis zur Ausgewogenheit zu füllen. Aber oft trug unser gemeinsames Sortieren dazu bei, dass das bisherige Leben in einem positiveren Licht erschien.

Angst vor dem Sterben

Ich denke, dass jeder Mensch – zumindest in den modernen westlichen Industriegesellschaften – sich vor dem Sterben fürchtet. Und Tumorkranke haben zu

Recht Angst davor, schlimmste Schmerzen erleiden zu müssen oder zu ersticken. Tumorschmerzen sind wohl am ehesten mit Wehenschmerzen zu vergleichen. Aber sie sind etwas völlig anderes als »normale« Schmerzen. Da in Deutschland noch nicht alle ÄrztInnen umfassend in einer effektiven Schmerztherapie ausgebildet sind, sollte das SUPPORT-Projekt im praktischen Vollzug eine Verbesserung in der Tumor-Schmerztherapie- und Symptomlinderung anregen. Dies ist auch in vielen Fällen gelungen.

Wenn die Schwerstkranken sich in jeder Hinsicht geborgen fühlen, nicht allein gelassen sind, ihre Bedürfnisse akzeptiert und respektiert werden: z.B. sie nicht unnötig gewaschen, zum Essen und Trinken genötigt werden. Wenn sie weitgehend tumorschmerzfrei und ohne quälende Symptome sind, ist die Angst vor dem Sterben zwar nicht verflogen, aber doch gemindert. Die Palliativmedizin und Hospizbewegung hat viel dazu beigetragen, dass Sterben unter würdigen Bedingungen als ein Menschenrecht angesehen wird.

Ich habe in dieser Projektzeit so viele Menschen sterben sehen wie nie bisher in meinem Leben. Jeder Mensch geht am Ende seines Lebens, beim Sterben, so wie der Geburt, dem Anfang seines Lebens, seinen ganz persönlichen Weg. Manche Angehörige halten mit ihrer eigenen Angst vor dem Verlust des geliebten Menschen den Sterbenden zurück. Oft bietet erst der Aufenthalt im Hospiz oder die Abwesenheit des geliebten Menschen den Sterbenden die Chance, zu gehen. Ich habe heute weniger Angst vor dem Tod, da alle Toten, die ich gesehen habe, entspannt und schön aussahen. Trotzdem trage ich die Angst vor dem Sterben in und mit mir. Ich gestehe sie mir zu, zumal sie mich daran hindert, leichtfertig lebensgefährliche Risiken einzugehen.

Die Initiativen zur Palliativmedizin, die ambulant und stationär auch im Friederikenstift ergriffen wurden, ebenso wie die Hospizbewegung tragen heute intensiv dazu bei, die Angst vor dem Tod zu bewältigen. Bei akuten Todesfällen gewinnt in den letzten Jahren die Notfallseelsorge an Bedeutung. Von den Erfahrungen als Notfallseelsorger berichtet Pastor Frank Waterstraat:

Einer muss es dem Kind sagen
– Gedanken zur Angst in der Notfallseelsorge –

Frank Waterstraat

Der Abend

Ein Herbstabend in Rodenberg, einer kleinen Stadt an den westlichen Ausläufern des Deisters. Schon wieder wurde es früh dunkel und die Vorhänge in unserem Wohnzimmer waren bereits zugezogen. Bücher, Tageszeitung, Fernsehprogramm, das schnurlose Telefon auf dem Stapel Zeitschriften, ein CD-Player mit offenem Fach und die Messingkanne fürs Blumengießen warteten darauf, benutzt oder weiterhin übersehen zu werden. Auf der Straße vor dem Haus fuhren gegen neun Uhr Abends nur noch wenige Autos und in den Büros und Geschäften auf der anderen Straßenseite war es lange dunkel. Einzelne Fußgänger und Radfahrer waren noch unterwegs. Das Pflicht-Tagesgeschäft in Beruf und Haushalt war erledigt, und meine Freundin und ich wechselten zur Kür. Wir sind beide berufstätig, so dass wir freie Abende als geschenkte Zeit für uns nicht einfach verstreichen lassen, sondern bewusst gestalten.

Unsere entspannte Suche nach gemeinsamer oder individueller Aktivität unterbrach ein schnell fahrendes Auto, das, so dachten wir, mit quietschenden Reifen gerade noch durch die unübersichtliche Kurve, an der wir wohnen, gekommen war. Wir sahen uns an, fragend, unsicher. War etwas passiert? Draußen war es still. Zu sehen war nichts, jedenfalls nicht, soweit wir die Kurve einsehen konnten. Unsere Unruhe wuchs sprunghaft, merkwürdig genug. Bisher eigentlich nur ein Autofahrer von denen, die hier jeden Tag dutzendweise zu schnell fahren. Und doch das Gefühl, das hier etwas nicht stimmte. Das Fahrgeräusch hatten wir gehört, das Quietschen auch – und noch etwas vielleicht? Ich fühte mich wie ein Hund, dem sich in einer unerklärlichen Situation das Fell sträubt. Meiner Freundin ging es genauso.

In meinem Inneren begann eine Alarmreaktion, augelöst von Verstand, Instinkt, Erfahrung aus zehn Jahren Arbeit in der Notfallseelsorge, was auch immer. Die Situation »Alarm« war nichts Neues für mich, aber dieses Mal war kein technischer Vorgang der Auslöser. Kein elektronischer Ton des Funkmeldeempfängers oder das Klingeln des Mobiltelefones hatten mich aufgestört, sondern etwas nicht Messbares, einfach ein Gefühl. Noch wusste ich nicht, was hinter der Kurve sein würde. Als ich im Flur meine Schuhe anzog, sagte meine Freundin: »Da hält jetzt die Polizei mit Blaulicht.« In diesem Moment zuckte ich zusammen. »Soll ich mitkommen?« fragte meine Freundin. Da liegt alles drin, in diesen Worten. Denn sie ist der Mensch, mit dem ich das tue, was ich in der Aus- und Weiterbildung den Seminarteilnehmern versuche beizubringen: reden. Reden mit einem Menschen des Vertrauens über eigene Gefühle angesichts extremer Belastungen in menschlichen Notsituationen. Und der Mensch, der einen versteht nach solchen Einsätzen, kann auch eine Hilfe sein davor und, wenn es sein muss, mitten darin. Auch sie zog sich um.

Vieles von solchen vergangenen Erlebnissen schoss mir durch den Kopf, als wir mit schnellen Schritten das Haus verließen und in Richtung des Polizeiautos gingen. Nach wenigen Schritten hörten wir das gedämpfte Schreien eines Menschen aus einem mittlerweile eingetroffenen Rettungswagen. Nachbarn standen auf dem Bürgersteig, ein offenbar beteiligtes Fahrzeug auf der Straße. Polizisten und Rettungsassistenten gingen hin und her und redeten miteinander. »Gut, dass du da bist«, sprach mich plötzlich einer der Rettungsassistenten an, der mich von einer Fortbildung kannte. Auf meine Frage, was überhaupt passiert sei, beschrieb er den wahrscheinlichen Unfallhergang: Viel zu schnell war der Fahrer eines Autos unterwegs – er wies über seine Schulter hinter sich – dann auf die Gegenfahrbahn geraten und hatte dort eine Radfahrerin mit seinem Wagen getroffen und sie durch die Wucht des Aufpralls in den Vorgarten geschleudert, vor dem wir beide standen. Die dort als Verzierung in den Boden eingelassenen Betonkübel hatten ihr den Schädel zertrümmert. Ich drehte mich um und sah erst jetzt schemenhaft im Dunkel, das von den kreisenden Blaulichtern immer wieder kurz durchbrochen wurde, einen zugedeckten Körper liegen. »Böser Anblick«, fügte er hinzu. »Kann ich mir denken«, sagte ich, tief Luft holend. »Und das Schreien?«, fragte ich. »Vom Ehemann«, sagte er, »der kam aus dem Haus gelaufen nach dem Schlag. Und dem Schrei. Die Frau hat noch kurz geschrieen. Die wohnen gleich da drüben.« Ich stellte mich darauf ein, mich um den Ehemann, der seit einigen Minuten Witwer war, zu kümmern. In diesem Moment fuhr der Rettungswagen mit ihm langsam los. Ich wollte wissen, warum der Mann nicht hier bleiben könne und bekam die Auskunft, der Notarzt habe entschieden, ihn ins Krankenhaus bringen zu lassen.

Ich sah mich um. Meine Freundin redete mit unseren Nachbarn, wir verständigten uns kurz, dass ich als Gesprächspartner für die Einsatzkräfte dableiben würde, zumal auch die Feuerwehr zum Ausleuchten der Unfallstelle eingetroffen war. Meine eigene Spannung hatte sich auf dem mir bekannten Niveau eingependelt. Ich suchte nach Signalen bei meinen Gesprächspartnern, die mir etwas über ihre Verfassung verrieten und hielt mich bereit. Eine mir bisher nicht aufgefallene Gruppe von Menschen redete aufgeregt miteinander. Ich trat zu ihnen, stellte mich vor und fragte, ob ich helfen könne. »Einer muss es dem Kind sagen«, sagte eine Frau. Das war es also, das ungute Gefühl von vorhin, da war der jetzt noch potenzierte Alptraum. Das hatte ich schon einmal, einem Jungen, zwölf Jahre alt, sagen müssen, dass sein Vater tot war. Meine Anspannung explodierte und schlug in regelrechte Angst um. Das Kindergesicht dieses vergangenen Einsatzes hatte ich sofort vor mir, lachend vom Fußballplatz kommend, sich mit großen Augen wundernd über das Feuerwehrauto und die beiden Männer, beide betreten, mit gequältem Gesicht, und der unvermeidliche Satz, der das Kindergesicht zum Entgleisen bringt und fast einen selbst auch.

Zum Glück war es hier dunkel, zum Glück redeten die anderen weiter, und so sahen sie die Wirkung dieses einen trockenen Satzes auf mich nicht. Mit Gewalt bekam ich mich selbst wieder unter Kontrolle, hustete, atmete ruhig, befeuchtete meine Lippen und fing an, mich nach dem Kind und der Familiensituation zu erkundigen. Zehn Jahre alt sei das Mädchen, sie sitze vor dem Fernseher, und eine Tante – sie stellte sich mir vor – wohne in der Nähe. Die anderen Verwandten schlugen vor, dem Kind den Tod der Mutter erst morgen zu sagen; nein, das sei nicht gut, sagte ein anderer, spätestens, wenn der Vater wiederkäme, wäre klar, was passiert ist. Aber sie, sie könnten es dem Mädchen nicht sagen, niemals. Ich bot mich an, sagte ihnen, es sei besser, das Kind würde für den Rest seines Lebens nicht einen von ihnen mit dieser Nachricht in Verbindung bringen, sondern einen Fremden. Ich bat sie, dabei zu sein, um in dieser für alle grauenhaften Situation das Kind schützend in die Mitte nehmen zu können. Sie sahen einander an, dann mich und stimmten zu.

Ich ging zu einem noch anwesenden Rettungsassistenten und bat ihn, mit seinem Kollegen weiterhin an der Einsatzstelle zu bleiben, falls ein älteres Familienmitglied bei dieser extremen Belastung medizinische Hilfe benötige. Auf seine Frage, worum es denn jetzt noch ginge, erklärte ich ihm, dem Kind der verunglückten Frau sagen zu müssen, dass seine Mutter tot sei. Er verzog das Gesicht, drehte sich halb von mir weg, dann wieder zurück und sagte: »Oh Gott. Viel Glück. Ach verdammt. Mann, du weißt, was ich meine.« »Ja«, sagte ich, »absolut. Danke.« Die paar Meter bis zur Wohnung waren unwirklich wie das Eintauchen in einen Film, ebenso die Suche nach dem Zimmer, in dem das Mädchen vor dem Fernseher saß. Eine Tante von ihr ging vor, sagte ihr, sie solle den Fernseher aus machen. »Warum denn?«, fragte das Kind, »das ist gerade spannend«. »Mach ihn bitte aus«, sagte ihre Tante, »da ist ein Pfarrer, der möchte mit dir reden«. Ich hatte das Gefühl, Adrenalin statt Blut in den Adern zu haben. Blitzartig dachte ich an die Kreuzigungsszene, wie sie Grünewald gemalt hat. Ich räusperte mich, fragte ob ich mich zu ihr setzen dürfe und sagte meinen Namen. Fragte, ob sie wüsste, was ein Pfarrer ist. Sie sah mich unverwandt an, nickte, ihre Augen fragten: *Was ist eigentlich los?*

Ich zerstörte die bis zu diesem Moment einigermaßen intakte Welt dieses zehnjährigen Kindes und fragte, ob sie wüsste, dass ihre Mama einen Unfall mit dem Fahrrad gehabt habe? »Ja«, sagte sie, das habe ihr eine Nachbarin erzählt. Ihr Vater sei aber schon bei der Mama. Ich sah sie an, auf den Boden und wieder in ihr Gesicht und sagte es ihr: »Deine Mama hatte einen furchtbaren Unfall. Keiner konnte ihr mehr helfen. Sie ist tot.« Ihre Augen wurden immer größer, dann entglitt ihr die Kontrolle über ihr Gesicht. Sie schrie in die entstandene Todesstille hinein. Ihre Tante hielt sie, vor ihr kniend. Auch die anderen Familienmitglieder gingen zu ihr, zueinander, umarmten, trösteten, hielten einander. Ich fühlte mich so leer wie der Raum zwischen den Sternen. Ich sagte nichts, dann wenige Worte, in denen ich die enge Bindung der Menschen dort zu unterstützen versuchte. Nach einiger Zeit kam der Vater des Mädchens dazu – im Krankenhaus wusste man nicht, was man mit ihm anfangen sollte – und wurde in den Kreis der Trauer mit aufgenommen. Es verging Zeit, bis ich wieder angesprochen wurde mit hilflosen, stammelnden Worten und Halbsätzen, die das Sinnlose, Absurde dieses Unfalls zu fassen versuchten. Ich fühlte mich diesen Menschen in ihrer Verzweiflung auf eine archaische Weise verbunden und bewunderte im Stillen, wie sie eine Gemeinschaft bildeten und sich gegenseitig Halt gaben.

Nach einer Weile fragte ich, ob wir für die verstorbene Mutter des Mädchens, für den Vater und Ehemann, für die Verwandten, für uns alle beten wollten. »Das ist gut«, sagte eine ältere Frau. Sie ging und holte ein Marienbildnis. Das gab sie dem Mädchen, brachte eine Kerze, stellte sie auf den Wohnzimmertisch und zündete sie an. Es war eine christliche, aber keine evangelische Familie, und Deutsch war nicht ihre Muttersprache. Die Frau, die Marienbild und Kerze geholt hatte, sagte: »Herr Pfarrer, Sie sind hier evangelisch, wir sind orthodox, aber wir glauben doch an denselben Gott. Sie sprechen unsere Sprache nicht, aber unsere Lieder in unserer alten Sprache geben uns Kraft. Lassen Sie uns die jetzt singen, und dann beten Sie mit uns – wollen Sie das tun?« Natürlich wollte ich, und dann hörte ich auf ihr Singen, sah das Mädchen und seinen Vater in den Armen der Verwandten, sah Kerze und Marienbild. Nach einer Weile sahen sie mich an. Ich sprach ein freies Gebet, das Vaterunser mit allen gemeinsam und einen Segen. Eine kurze Zeit blieb ich noch, dann fragte ich, ob ich noch etwas tun könne. Sie sahen einander an, dann mich und schüttelten die Köpfe. Ich ging zu ihnen allen, gab ihnen die Hand und sagte ihnen, wie sie mich erreichen könnten, einfach ein paar Häuser weiter. Draußen untersuchte die Polizei die Unfallstelle und die Feuerwehr leuchtete alles aus.

Ich war müde, fertig, zerrissen. Bekannte von der Feuerwehr standen am Rüstwagen, ich stellte mich dazu, viel gesprochen wurde nicht. »Große Scheiße«, sagte einer. Dem war nichts hinzuzufügen. Ich nahm meinen Rest Energie zusammen um herauszufinden, wie es denen ging, die noch an diesem Unfallort arbeiten mussten und ob es vielleicht nötig wäre, einen Kollegen der Notfallseelsorge als Ablösung für mich zu holen. Es ging auch ohne, sagten sie, sie hätten »das hier«, wie sie es nannten, und sich im Griff. Und wenn nicht, sie wüssten ja, wie sie einen von uns erreichten. Zu Hause wartete meine Freundin, und der Abend dauerte bis spät in die Nacht. Zu Ende war er erst nach einigen Tagen, wie mancher andere Einsatz auch.

Theologische Ideen

Wie reagiert man als Theologe auf diese plötzliche, direkte Konfrontation mit offensichtlich absurdem Leid, das die Betroffenen und den Seelsorger auf einen Schlag mit der Frage nach Sinn oder Unsinn unserer Existenz konfrontiert? Ich habe selbst die Erfahrung gemacht, dass es eine existenzielle Grundangst im Kontext notfallseelsorgerlichen Handelns geben kann, die der absurden Bodenlosigkeit bestimmter Lebenssituationen ausgesetzt ist – und die schwankt zwischen dem existentialistischen Protest, wie ihn z. B. Albert Camus in »Die Pest« formuliert hat, und dem Glauben an den gekreuzigten Gott, der als selbst Leidender den Schmerz dieser Welt in seine Erlösung einhüllt, wie es Kazoh Kitamori in seiner »Theologie des Schmerzes Gottes« gedacht hat. Ich habe dabei die Erfahrung gemacht, meine eigene Verzweiflung, meine Wut, meine Angst vor Gott bringen zu können. Ich habe vor solchen Einsätzen, mittendarin und danach immer wieder im kurzen Gebet oder in schlaglichtartiger Erinnerung an bestimmte Bilder – wie den Isenheimer Altar von Matthias Grünewald oder die Statue der trauernden Maria von Tilman Riemenschneider – die Kraft gefunden, dem Übel den Glauben entgegenzusetzen. Der aufsteigenden Angst konnte ich begegnen, ja, begegnen lassen durch diese Kraft, weil ich geglaubt habe, gerade jetzt nicht alleine zu sein. Gerade in diesem Moment eigener Schwäche habe ich erlebt, dass Gott mich eben nicht verlassen hat, sondern im besten Sinn Vater oder Hirte gewesen ist.

Ich habe es erfahren, der Zusage Gottes, dass er mich in der Taufe zu seinem Eigentum gemacht hat, vertrauen zu können, sich an ihm und seinem Wort auch auf bösem Weg regelrecht festkrallen zu dürfen. Oft war ich draußen, mit Feuerwehr, Polizei, Notärzten, Rettungsdienst, Bestattern, immer und immer wieder an den Grenzen menschlicher Möglichkeiten. Beim Aussteigen aus dem eigenen oder dem Einsatzfahrzeug wollte ich überall, nur nicht dort sein, wo ich sein musste. Ich sah in Gesichter voll Angst, Verzweiflung, Leere und Entsetzen. Dann, wenn mir selbst nichts mehr blieb, außer, wenn überhaupt, auf der Basis meiner Ausbildung als Pfarrer und Feuerwehrmann und meiner Erfahrung als Notfallseelsorger die Einsicht, das hier alles grauenhaft war, wusste ich mich dennoch nicht alleine. Wenn ich vor dem, was dort auf mich sicher wartete, einfach nur noch Angst hatte, konnte ich dennoch hingehen. Konnte ertragen, was mir an Leid, Trauer, Schmerz, Hass, Anklage entgegen schlug. An geschrieenem Zweifel. An stummem Widerstand. Ich konnte das Wenige tun, was in diesen Situationen Not tut und manchmal ein bisschen wendet: da sein, hören, halten, äußerst sparsam reden oder agieren, beten. Und immer wieder habe ich erlebt, dass Menschen die Kraft zum nächsten, oft so kleinen Schritt haben, einen Weg finden. Am Ende aller meiner eigenen Möglichkeiten – auch denen der hochqualifizierten Einsatzkräfte – kann der gekreuzigte Gott erfahren werden. Als Mitleidender, als Weinender in Gethsemane, als geschlagener Gottesknecht, der in all seinem Schmerz dennoch bei Gott ist und Gott bei ihm. Natürlich gegen alle Logik, gegen allen Augenschein, gegen meine oder eines anderen Verfügbarkeit. Hier ist das Wort angebracht: das ist Gnade, nichts von Menschen Gemachtes, nichts ihnen einfach Bereitliegendes.

Natürlich bleibt ein Stachel, bleibt eine bohrende Frage, die nach dem Warum. Eine logisch widerspruchfreie Antwort auf dieses Problem der Theodizee – der Rechtfertigung Gottes angesichts des Übels in der Welt – gibt es nicht. Es ist formallogisch gedanklich nicht miteinander ausgleichbar, dass es auf der einen Seite den Glauben an den guten und allmächtigen Gott gibt, und auf der anderen Seite das Böse existiert. Der griechische Philosoph Epikur hat diese Fragestellung vor 2 500 Jahren klar formuliert. Die Frage ist, ob dieses Verständnis von Wirklichkeit, dass nur ein Entweder — Oder kennt und meint, logische und empirische Erfassung der Wirklichkeit sei allumfassend, tatsächlich das einzig mögliche ist. Oder greift man zu kurz, wenn Zählen, Messen, Wiegen als einzige ernstzunehmende Erkenntnisweisen deklariert werden? Gerade die moderne Atomphysik hat in der Heisenbergschen Unschärferelation gezeigt, dass wir nur Ausschnitte von Wirklichkeit wahrnehmen: im Gegensatz zu unserer Alltagswelt, in der wir bei der Berechnung einer Wegstrecke klar vorhersagen können, wann sich z. B. ein Auto wo befinden wird, können wir das im Bereich unterhalb der Größe von Atomen nur mit Hilfe von Wahrscheinlichkeitsaussagen, z. B. im Teilchenbeschleuniger. Diese physikalische Einsicht hat eine allgemeine hermeneutische Konsequenz: Nur das, was wir in Raum und Zeit – sagt bis heute in unübertroffener Klarheit Kant – beschreiben und erfassen können, ist beweisbar. Sein Spitzensatz aus der Vorrede zur zweiten Auflage seiner »Kritik der reinen Vernunft« lautet: »Ich musste also das Wissen aufheben, um zum Glauben Platz zu bekommen«. Aufzuhebendes Wissen war das, was jahrhundertelang als Gottesbeweis transportiert wurde und sich z. B. vor dem Hintergrund menschlicher Leidenserfahrungen als so nicht tragfähig erwiesen hat. Aber das war für Kant nicht das Ende des Glaubens an Gott – im Gegenteil. Jetzt erst ist es möglich, gewissermaßen befreit auf die Sprache der heiligen Schriften und ihre Bilder zu hören. Das logisch nicht Denkbare wird möglich, wie z. B. das Ineinanderfallen für uns unversöhnlicher Gegensätze, formuliert von dem mittelalterlichen Theologen Nikolaus von Kues.

Was heißt das für unser Thema? Meines Erachtens vor allem dies: Das Ende menschlicher Möglichkeiten ist nicht das Ende der Wege Gottes. Die Auferstehung der Toten ist eine Möglichkeit. Es ist möglich zu glauben, dass die manchmal innerhalb von Sekunden zerstörten Lebensträume von Männern, Frauen und Kindern bei Gott aufgehoben und geborgen sind. Es ist denkbar und begründet zu hoffen, dass es eine letztendliche Überwindung alles Bösen und des Todes durch Gott gibt, und dass davon Spuren in unserer Welt durch Jesus Christus erfahrbar sind. Natürlich macht das niemanden an der Unfallstelle lebendig. Natürlich ist die akute Situation alles, nur keine Gelegenheit zu vordergründiger Missionierung. Aber ich nehme als Christ in diese Einsätze den Glauben an die dem Tod die letzte Spitze abbrechende Macht Gottes mit. Zuallererst hilft es *mir*. Dann vielleicht denen, die mir begegnen, weil durch mich etwas von dieser unsere Wirklichkeit einhüllenden Wirklichkeit Gottes hindurchscheint. Diese Gedanken anderer machen mir selbst Mut. Und etwas anderes: ich konnte mit großer Dankbarkeit menschliche Solidarität und Hilfe annehmen. Da war der sonst eher ruppige Polizist, der sich neben die weinende Frau setzt und sie in den Arm nimmt, der ich gerade die Nachricht vom Tode ihres Mannes überbracht habe. Oder die Streifenwagenbesatzung, die mich, ohne ein Wort darüber zu verlieren, morgens um vier in der Wache mit Keksen, Kaffee und Zigaretten füttert, nachdem wir den zweiten Suizidkandidaten an diesem Tag gemeinsam betreut haben und mich anschließend bis vor die Haustür bringt. Oder der Feuerwehrmann, der mich nach der Rückkehr von Eschede einfach umarmt und sagt: »Du brauchst das jetzt«. Es gibt das Gefühl, gedanklich und menschlich nicht alleine zu stehen.

Auch dadurch kann aus Angst Furcht werden und damit die Chance entstehen, dieser emotionalen Dynamik einen Teil ihrer Dramatik zu nehmen. Das heißt konkret, die Strukturen von Angst machenden Situationen zu analysieren und in sie einzudringen, sie und damit sich selbst kennen zu lernen, um der Angst präziser im Glauben zu begegnen. Ich weiß, sie wird immer da sein – aber ich hoffe sagen zu können, ich habe Angst, und nicht sagen zu müssen, die Angst hat mich. Das wäre für mich das Ziel des Umgehens mit der Angst im Kontext der Notfallseelsorge: so lange es geht, handelndes Subjekt zu bleiben, grammatisch und seelsorgerlich.

Die Praxis Das Phänomen der Angst in der Notfallseelsorge kann anhand des Einsatzbeispiels grundsätzlich deutlich werden. Die Angst davor, immer wieder mit dem kalten, frieren machenden, dem gähnenden Abgrund des Absurden konfrontiert zu werden. Wenn mich die Feuerwehreinsatzleitstelle alarmiert, dann bleibt in der Regel nicht viel Zeit zum Nachdenken. Der Disponent braucht den Seelsorger draußen an der Einsatzstelle, man redet fast formelhaft miteinander und bespricht schnell und effektiv das Nötigste: was ist wo wem passiert, wie komme ich dahin, ist Verstärkung erforderlich? Nach Jahren in dieser Tätigkeit laufen automatisierte Handlungen ab: Der Versuch, den eigenen Adrenalinschub zu steuern und in kontrollierte, wirksame Arbeit umzumünzen, der Griff nach der Einsatzjacke und anderen Utensilien wie Schreibzeug, Notizblock und Gebetbuch, gedankliche Orientierung über die Anfahrt, stilles Gebet.

An jenem Abend hatte mich gewissermaßen die unklare Lage selbst angefordert. Natürlich beeilte ich mich, aber in mir lief ein Film aneinander gereihter Sequenzen von Bildern und Gedanken ab. Jahrelang hatte ich einen Funkmeldeempfänger, »Pieper« intern genannt, als Feuerwehrmann und als Notfallseelsorger, rund um die Uhr erreichbar, wenn Menschen in Not sind, so, wie rund eine Million freiwilliger Feuerwehrfrauen und -männer und mittlerweile Hunderte von Feuerwehr- und Notfallseelsorgern in Deutschland auch. Ich kenne den Schreck bei der Alarmierung, das Horchen auf die Durchsage oder den konzentrierten Blick auf das Display, das einem Ursache und Ort des Alarms mitteilt. Als Neuling hatte ich Mühe und gebe das hier unumwunden zu, einen klaren, auch nur halbwegs einsatztauglichen Gedanken zu fassen, egal, ob als Feuerwehrmann, oder als Seelsorger alarmiert. Trotz Eschede, trotz vieler nächtlicher oder tagsüber erfolgter Einsätze, Routine im Sinn von Gleichgültigkeit stellte sich nie ein.

Ganz offensichtlich gibt es die Angst vor sehr belastenden Einsätzen wie in Eschede oder beim Überbringen von Todesnachrichten oder beim Plötzlichen Kindstod, vor der Konfrontation mit Menschen in extremen Leidenssituationen, vor der Erfahrung eigener Hilflosigkeit, gerade als Seelsorger. Seit kurzem existieren dazu qualifizierte kirchliche Angebote der Aus- und Fortbildung, so dass Seelsorgerinnen und Seelsorger im großen und ganzen die Möglichkeit haben, sich auf die besonderen strukturellen, inhaltlichen und persönlichen Anforderungen diesen Teils pfarramtlichen Wirkens vorzubereiten.

Notfallseelsorge ist eine Herausforderung. Auch, wenn menschliche Extremsituationen jederzeit im Alltag des Gemeindepfarramts vorkommen können und dort das gleiche sind: eine enorme Belastung bis an die Grenzen des Möglichen, manchmal auch darüber hinaus. Wer in der Notfallseelsorge mitarbeitet, setzt sich solchem Geschehen aber häufiger aus und wird gedanklich und real damit mehr konfrontiert. Noch wissen wir nicht, welche langfristigen Auswirkungen es hat, sich jahre- oder sogar jahrzehntelang seelsorgerlich immer wieder in besonderer Weise dem Leid anderer zu stellen. Bei Feuerwehrleuten und Rettungsdienstmitarbeitern, Polizisten und Soldaten sind die Symptome des Burn-out oder der Posttraumatischen Belastungsstörung seit längerem bekannt und werden kontinuierlich international erforscht. Bisher gibt es nichts Vergleichbares für die Seelsorgerinnen und Seelsorger, auch deshalb, weil dieses Feld kirchlichen Handelns erst seit circa zwölf Jahren gezielt bearbeitet wird. Hier gibt es eine Menge zu tun, strukturell und inhaltlich.

Die Notfallseelsorge hat sich in der Tat zu einem eigenen Fachgebiet entwickelt, in dem sich viele ehrenamtlich engagieren. Erst in diesem Jahr hat unsere Landeskirche hierfür auch eine volle Stelle geschaffen. Die Beteiligten leisten Seelsorge in akuter Not, in der Verletzte, Angehörige und Helfer verschiedensten Formen von Angst ausgesetzt sind. Auch sie müssen lernen, mit der eigenen Angst umzugehen.

Einzelne Beiträge haben sich mit der Angst mit Blick auf fremde Kulturen, in fremder Umgebung befasst. Was Beschäftigung mit Angst bei pbi bedeutet, darauf geht der Artikel der Projektpsychologin Beatriz Muñoz[1] mit dem Titel *Angst als Mittel der politischen Einschüchterung und Strategien der Verteidigung* genauer ein.

---

[1] Seit Oktober 2003 ist Beatriz Muñoz Projektpsychologin der Internationalen Friedensbrigaden (pbi) in Bogotá, Kolumbien. Davor war sie mehrere Jahre als pbi-Freiwillige in den Einsatzorten Barrancabermeja, Urabá und Bogotá in Kolumbien tätig.

Evelyn Burgmaier, Ex-pbi-Freiwillige in Medellín, Kolumbien schreibt:

»Für die Arbeit unserer pbi-Freiwilligen ist die Beschäftigung mit dem Phänomen Angst von elementarer Bedeutung. Einerseits sind es Überlebensängste, die die heute von PBI begleiteten Organisationen aufgrund von traumatischen Erfahrungen dazu bewegen, um internationale Begleitung zu bitten, und die auch dazu beitragen, dass in zunehmendem Maße Anfragen an uns gestellt werden. Diese Ängste müssen dann gemeinsam analysiert werden, um herauszufiltern, wie, wann und in welchem Umfang pbi Schutz gegenüber konkret drohenden Akteuren in bestimmten Situationen bieten kann. Andererseits ist jedoch auch ein offener Umgang pbi-Freiwilliger mit ihren eigenen Ängsten nötig, denn Begleitarbeit bedeutet auch, die Lebensumstände der bedrohten Menschenrechtsaktivisten en detail kennen zu lernen, an ihrer Seite in akute Krisengebiete zu fahren und das eine oder andere Mal auch bewaffneten Akteuren gegenüberzustehen, das heißt, gefährliche Situationen mitzuerleben, mit denen sie aus ihren Herkunftsländern nicht vertraut sind.«

Viele Workshops[2] von Peace Brigades International (pbi) über das Thema Angst beginnen mit folgendem Beispiel:

»Das Telefon läutet und ich schrecke auf.

Ich schaue auf die Uhr. Halb zehn abends. Gehe ich hin, gehe ich nicht hin? Ich hebe ab.

»Hier spricht das Kommando José Rucci. Wir sind die AAA, die Antikommunistische Allianz Argentiniens. Wir bringen euch um, ihr Scheißkerle!«

»Wir machen Sie darauf aufmerksam, dass die Uhrzeit für Drohungen von sechs bis acht Uhr ist«, antworte ich.

---

2 Neben der internationalen Begleitarbeit und der Beobachterfunktion veranstaltet pbi auch Workshops für lokale NGOs, die von ausgebildeten Spezialisten v.a. zu den Themen Trauma, Angstbewältigung und Sicherheit gehalten werden.

Ich lege auf und beglückwünsche mich. Ich bin stolz auf mich.

Ich will aufstehen, aber es gelingt mir nicht. Mir flattern die Beine.

Ich versuche eine Zigarette anzuzünden.«

Versuchen wir zunächst zu definieren, was Angst ist

Es gibt viele wissenschaftliche Definitionen von Angst, wie zum Beispiel folgende: Angst, Furcht, innere Unruhe, Beklemmung, Terror, Panik, Schrecken, Horror sind Wörter, die sich auf Erlebnisse beziehen lassen, die durch die Wahrnehmung einer gewissen oder ungewissen, gegenwärtigen oder in der Zukunft wahrscheinlichen Gefahr entfesselt werden, und die aus der Innenwelt des Subjekts oder aus seiner Umgebung herrührt. Die Gewissheit oder die hohe Wahrscheinlichkeit, dass das Angedrohte geschieht, verwandeln Unsicherheit in Angst (Merloo, 1964).

In unseren Workshops versuchen wir, mit unseren eigenen Worten und von unserer eigenen Erfahrung ausgehend eine Definition von Angst zusammenzusetzen. Denn wer von uns hat in seinem Leben noch nicht Angst gehabt?

Unser Ausgangspunkt: Angst als eine Strategie von Gewalt

Wir stellen uns öfter die Frage: Ist es Zufall, dass ich Angst verspüre? Habe ich etwa Angst, weil ich von Natur aus ängstlich bin?

Die Angst ist eine der Folgen von Gewalt. Sie ist intendiert, provoziert und sozialer Natur. Am Anfang ist Gewalt, wie auch Angst, immer etwas Privates und persönlich Erfahrenes. Das Opfer ist ein konkretes Subjekt, ein konkreter Mensch. Da aber Gewalt und Angst gleichzeitig von Tausenden von Menschen erfahren werden, verwandeln sie sich in einen sozialen und politischen Sachverhalt. Zuallererst ist es wichtig, die Erfahrung der Angst in ihrem Kontext zu verstehen. Wenn wir die Absichten der Strategie, Angst zu verbreiten, kennen, können wir uns besser mit ihr auseinandersetzen.

Die Situation von Menschenrechtsverteidiger/ innen und von afrokolumbianischen Gemeinden in Kolumbien[3]

Unser Kontext:

Die Situation von Mitgliedern von Menschenrechtsorganisationen in Kolumbien ist permanent kritisch. Sie hat sich in den letzten Jahren nicht verbessert. Menschenrechtsverteidiger/innen wurden Opfer von Verletzungen ihrer körperlichen Unversehrtheit, durch Morde, gewaltsames »Verschwindenlassen« und Folterungen, sowie von Repressalien wie schriftlichen und telefonischen Todesdrohungen und Bespitzelung. Auch wurden sie häufig Opfer von Verhaftungen. Ihre gesellschaftlich notwendige und rechtmäßige Arbeit wird öffentlich in Zweifel gezogen.

Die Kolumbianische Juristen-Kommission (Comisión Colombiana de Juristas) berichtet, dass 2003 16 Mitglieder von Menschenrechtsorganisationen ermordet oder zum Verschwinden gebracht wurden, fünf davon waren Frauen. 2002 waren es 17[4]. Das Klima für Menschenrechtsarbeit in Kolumbien verschlechtert sich zunehmend. Dabei übernahm das kolumbianische Verteidigungsministerium im Juli 2003 die Richtlinie 09, in der wiederum die Richtlinie 07 des Präsidentenbüros von September 1999 der Vorgängerregierung ratifiziert wurde. Darin werden die staatlichen Bediensteten ausdrücklich aufgefordert, Menschenrechtsverteidiger/ innen und die Arbeit ihrer Organisationen zu respektie-

---

[3] Als Menschenrechtsverteidiger/Innen werden in diesem Text Mitglieder von Menschenrechtsorganisationen bezeichnet, die sich für die Wahrung der Menschenrechte der sog. 1. Generation, der politischen und bürgerlichen Menschenrechte, einsetzen. Einige dieser nicht-staatlichen Organisationen (NGOs) werden von dem pbi-Team in Kolumbien begleitet. Jedoch ist das enorme Risiko von zivilgesellschaftlichem Engagement in Kolumbien nicht nur auf Mitglieder von Menschenrechtsorganisationen beschränkt. Basisorganisationen, wie zum Beispiel Gewerkschaften, Bauern-, Indígena- oder afrokolumbianische Organisationen, die grundlegende wirtschaftliche, soziale und kulturelle Menschenrechte einfordern, werden wegen ihres Kampfes sehr häufig Opfer von Verbrechen gegen die Menschlichkeit und von Kriegsverbrechen. Aus Mandats- und Kapazitätsgründen kann pbi-Kolumbien nicht allen Schutzgesuchen nachkommen.

[4] Comisión Colombiana de Juristas, Colombia: Veinte razones para afirmar que la situación de derechos humanos y derecho humanitario es muy grave y tiende a empeorar – Balance del año 2003, Bogotá, Marzo de 2004

ren. Gleichzeitig wird aber die positive Wirkung dieser Verordnungen konterkariert durch öffentliche Verlautbarungen von Regierungsbehörden, in denen die Natur der Arbeit von Menschenrechtsorganisationen in Zweifel gezogen und diese beschuldigt werden, im Dienste des Terrorismus zu stehen.[5] Amnesty international unterstreicht in ihrem Bericht über die Situation von Menschenrechtsverteidiger/innen in Lateinamerika vom November 2003, dass in Kolumbien »die vagen oder unbegründeten Erklärungen mit diffamierendem Charakter in der Öffentlichkeit und in der Politik ein feindseliges Klima in Bezug auf Menschenrechtsfragen erzeugen.«[6] Dies bringt das Leben von Menschenrechtsverteidigern/innen in Gefahr. Ferner stellt der UN-Menschenrechtsbericht für 2003 fest, dass »im Rahmen der Politik der demokratischen Sicherheit [der Regierung von Alvaro Uribe Vélez][7] Mitglieder von NGOs (...) willkürlich verhaftet und wegen Rebellion angeklagt wurden. Zum Zeitpunkt ihrer Verhaftung genossen mehrere von ihnen Schutz- und Präventionsmaßnahmen, die die Interamerikanische Menschenrechtskommission eingesetzt hatte, und sie waren Begünstigte des Schutzprogramms des kolumbianischen Innenministeriums.«[8] Für die Internationale Föderation für Menschenrechte (FIDH)[9] leiden im lateinamerikanischen Vergleich die Menschenrechtsverteidiger/innen in Kolumbien am meisten unter der Stigmatisierung und Kriminalisierung. Ihre Situation ist eine der Schlimmsten weltweit. FIDH zeigt sich besonders besorgt über die Tatsache, dass »die massiven willkürlichen Verhaf-

---

5 Informe de Derechos Humanos de la Oficina del Alto Comisionado de las Naciones Unidas por los Derechos Humanos, Comisión de Derechos Humanos – 60 período de sesiones, 17 de febrero de 2004, E/CN.4/2004/13, S.25

6 Amnistía Internacional, »Actores esenciales de nuestro tiempo«: los defensores de los derechos humanos en América, Noviembre de 2003

7 Text in eckiger Klammer sind Zufügungen der Übersetzerin.

8 Informe de Derechos Humanos de la Oficina del Alto Comisionado de las Naciones Unidas por los Derechos Humanos, Comisión de Derechos Humanos – 60 período de sesiones, 17 de febrero de 2004, E/CN.4/2004/13, S. 25

9 Spanische Bezeichnung: Federación Internacional de Derechos Humanos (FIDH); engl: International Federation for Human Rights

tungen von Menschenrechtsverteidigern/innen im Verlauf des Jahres 2003 und besonders unter der Regierung von Alvaro Uribe Vélez zugenommen haben.«[10]

Die indigenen Völker und afrokolumbianischen Gemeinschaften waren in Kolumbien immer schon Opfer von Diskriminierung. Ihre Situation ist besorgniserregend und ihre wirtschaftlichen, sozialen und kulturellen Grundrechte sind nicht gewährleistet. Die Lebensräume von Indígenas und Afrokolumbianern/innen, unter anderem die Küstengebiete der Karibik und des Pazifik, sind sowohl agrarwirtschaftlich als auch geostrategisch interessant und reich an Bodenschätzen und Biodiversität. In diesem Zusammenhang wird insbesondere die afrokolumbianische und indigene Bevölkerung Opfer gewaltsamer Vertreibungen, dem größten Menschenrechtsproblem in Kolumbien überhaupt.[11] Das Büro des UN-Hochkommissars für Menschenrechte in Bogotá verzeichnet eine Zunahme von selektiver Gewalt gegen traditionelle Autoritäten und Führungspersonen von indigenen und afrokolumbianischen Gemeinden: mehr Morde, Drohungen und gewaltsame Vertreibungen. Die indigenen und schwarzen Gemeinschaften werden von illegalen bewaffneten Gruppen auf ihrem Land regelrecht eingekesselt. Ihr Recht auf Autonomie wird dadurch eingeschränkt, ihre innere Organisation und die Repräsentativität ihrer Autoritäten geschwächt.[12]

---

10 Resolución sobre defensores de derechos humanos en Colombia – Congreso de Quito de la Federación Internacional de Derechos Humanos – 1 al 8 de marzo de 2004

11 Seit 1998 begleitet pbi sowohl die Friedensgemeinde San José de Apartadó in der Region Urabá im Nordwesten Kolumbiens als auch die afrokolumbianische Gemeinde des Cacarica-Flusses, die nach ihrer Vertreibung wieder auf ihr Land im Pazifik-Tiefland zurückgekehrt ist. Beide sind gewaltfreie zivilgesellschaftliche Initiativen mit dem Ziel, die im Humanitären Völkerrecht verbrieften Rechte der Zivilbevölkerung in einem bewaffneten Konflikt einzufordern und in einer von bewaffneten Akteuren beherrschten Region mit Würde zu überleben.

12 Informe de Derechos Humanos de la Oficina del Alto Comisionado de las Naciones Unidas por los Derechos Humanos, Comisión de Derechos Humanos – 60 período de sesiones, 17 de febrero de 2004, E/CN.4/2004/13, S.25

Angst als Waffe der Bedrohung Angst als funktionales Instrument von Gewalt und Bedrohung sind in Kolumbien ein permanentes Phänomen. Diese Situation, deren Auswirkungen und Dimension konkret feststellbar sind, wurde auf psychosozialer und politischer Ebene bisher nicht regelmäßig und systematisch angegangen und erscheint so als ein endloses Zurückgreifen auf Gewalt. Bei der strategisch organisierten Erzeugung von Angst handelt es sich um eine verdeckte, jedoch massive und effektive Form der Menschenrechtsverletzung, die nicht greifbar, aber deswegen um so wirksamer ist.

Angst wird oft eingesetzt, um folgende Ziele zu erreichen:

- *Gemeinschaftliche Erfahrungen und Organisationsprozesse sollen zerstört werden:* In stark repressiven Ambienten werden solche zivilgesellschaftliche Prozesse häufig kriminalisiert und als »verdächtig« eingestuft. Dadurch wird Teilnahme unterbunden, die Menschen verlieren ihre Befähigung zur Solidarität.
- *Die Bevölkerung soll eingeschüchtert werden:* Offensichtlich werden direkt bedrohte Menschen oft von Angst gelähmt. Aber die einschüchternde Botschaft ist nicht nur an sie gerichtet: Auch Menschen, die sich mit den Opfern identifizieren, sind betroffen. Wenn ein Gewerkschafter bedroht wird und ich selbst zu einer Gewerkschaft gehöre, dann ist die Drohung auch auf mich gerichtet. Letztendlich ist sie eine Botschaft an die gesamte Bevölkerung: »Haltet euch bei der Gewerkschaftsgeschichte besser raus.« »Ihr braucht euch nicht darum zu kümmern, was mit den Gewerkschaftern geschieht.« Auf diese Weise wird Solidarität vermieden und unterbunden.
- *Das Bewusstsein soll beeinflusst werden:* Es wird auch zu Gewalt gegriffen, um zu versuchen, das Denken und die Gefühle von Menschen zu verändern oder zu manipulieren. Wenn Angst chronisch wird, sind Menschen geneigter, untereinander Misstrauen zu hegen und eigene Werte in Frage zu stellen. Sie beginnen zu denken, dass es schlecht sei, sich einer Gruppe oder Organisation anzuschließen, verlieren die Wertschät-

zung für das Leben anderer, oder meinen, dass sie ja doch nichts ausrichten könnten und es am besten sei, sich der Situation anzupassen und die eigene Ohnmacht zu akzeptieren. Im Falle der Bedrohung von Menschenrechtsverteidigern/Innen verstärken sich häufig deren Zweifel, ob ihr Einsatz überhaupt die Mühe wert ist, gerade auch angesichts des Drucks, dem sie seitens ihrer Familie aufgrund des hohen Risikos ihrer Arbeit ausgesetzt sind.

Auf diesen grundlegenden Überlegungen kann eine Debatte aufbauen, die den Menschen hilft, um:

- viele Dinge zu verstehen, die in ihrer Umgebung passieren,
- zu sehen, dass die Angst eine kollektive Erfahrung aufgrund der erlebten Situation ist,
- den sozialen Charakter der Problematik wahrzunehmen.

Betrachten wir einmal näher, wie sich Angst äußert, um zu erkennen, wie wir damit umgehen können:

Körperliche Reaktionen wie Durchfall, Magenschmerzen, Herzklopfen, schnelles Atmen, Zittern u.ä. sind mögliche Anzeichen für innere Spannungszustände.

Das Nähren von Angst: Wird Angst nicht positiv angegangen, kann sie wachsen. Angst zu unterdrücken, ist keine Lösung, da dies eher die Sensibilität dämpft und Zwangsvorstellungen fördert. Ebenso wenig ist es wünschenswert, andere mit der eigenen Angst anzustecken. Es müssen Räume geöffnet werden, in denen Ängste mitgeteilt und analysiert werden können.

Impulsive Reaktionen und widersprüchliches Verhalten: Impulsive Reaktionen sind ein Abwehrmechanismus, aber sie können auch die Gefährdung erhöhen. Es ist wichtig, sich darauf vorzubereiten, gefährliche Situationen anzugehen und anhand dieser Probeerfahrungen negative Reaktionen, die durch die Angst erzeugt werden, zu vermeiden.

Realitätsverlust: Angst verändert den Sinn für die Realität, da man nicht mehr weiß, was real ist und was nicht. Die betreffende Person muss sich anstrengen, um Probleme zu objektivieren und sich nicht von der Angst wegtragen zu lassen. Deshalb ist die Gruppe sehr wichtig, um die Probleme zu analysieren und die Drohungen klarer zu identifizieren.

Die Angst hilft, das Risiko wahrzunehmen. Angst kann Verhaltensweisen hervorbringen, die in gewisser Weise Anpassungsprozesse an das sind, was als ein Unheil vorhergesehen wird. Die Angst ist ein Schutzmechanismus, wenn Gefahr droht. Also muss Angst auch als etwas Positives bewertet werden. Wenn Angst nur negativ gesehen wird, sind Menschen geneigter, Angst zu verbergen oder wollen sie sich nicht anmerken lassen. Sie versäumen es, andere um Hilfe zu bitten, doch dadurch wird die Situation nur schlimmer. Bei einem pbi-Workshop über Angst in der Gemeinde Caloto im Departement Cauca haben uns Indígenas gesagt: »Wir sind noch am Leben, weil wir ängstlich sind, und nicht etwa, weil wir wahre »machos«, besonders harte Kerle, wären.« Das ist Volksweisheit.

Und wie ist das für die Freiwilligen von pbi-Kolumbien?

»In dieser dunklen Zeit, in der wir leben
mit dieser neuen Weltordnung
ist Schmerz zu teilen eine wesentliche Voraussetzung
um wieder der Würde und Hoffnung zu begegnen (...)
und aus dieser Entscheidung entsteht Widerstand«

John Berger

Neben der politischen Dimension von Begleitung gibt es auch eine persönliche Ebene. Der politische Konflikt hat eine Reihe von psychologischen und sozialen Auswirkungen auf die Menschen, mit denen wir als Friedensorganisation arbeiten. Bei unserer Begleitarbeit begegnen wir Menschen, die mit diesen Auswirkungen konfrontiert sind. Wir müssen daher wissen, wie wir in bestimmten Situationen am Besten handeln und darauf antworten. Ebenso müssen wir die Auswirkungen kennen, die die Arbeit auf uns selbst als Freiwillige und begleitende Personen haben kann. Es geht also darum, sich die Situationen, mit denen wir als Freiwillige einer Friedensorganisation konfrontiert sind, bewusst zu machen, so dass die Begleitung eine menschliche Dimension erhält und für den oder die Begleitete/n tatsächlich eine persönliche Unterstützung darstellt. Dabei müssen wir uns der eigenen Grenzen bewusst werden. Vor diesem Hintergrund fokussieren wir bestimmte Themen während der Ausbildung der Freiwilligen.

Die pbi-Mitglieder werden selbst nicht bedroht, erleben aber sehr eindringlich die Gefährdung der Personen, die sie begleiten. »Die bedroht werden, sind sie, nicht wir.« »Ich habe Angst um sie, nicht um mich.« Zum Beispiel sagte ein ehemaliger Freiwilliger: »Ich kann mich nicht daran erinnern, Angst um mich selbst gehabt zu haben, nicht im Allgemeinen und nicht in besonderen Augenblicken; außer vielleicht einige Sekunden lang am 8. Februar, als ich zögerte und unsicher war, ob ich den Paramilitärs meinen Ausweis aushändigen oder mich weiter dagegen wehren sollte.«

Wir müssen versuchen, auf die Bedürfnisse der begleiteten Person einzugehen. Diese Bedürfnisse sind auch Folge der von ihr durchlebten Erfahrung im Umgang mit Repression, wie zum Beispiel Bedürfnisse der Aufarbeitung, der Sinngebung, das Bedürfnis, das Leben unter neuen Bedingungen wieder aufzubauen, der Legitimation des eigenen Verhaltens und nach jemandem, der oder die zuhören kann. Bei der Begleitung von Menschen gehen wir eine Vertrauensbeziehung ein und erleben wichtige Dinge gemeinsam. In diesem Sinne wird Begleitung zu einem Raum, in dem Erfahrungen geteilt werden können und in dem die begleitete Person die Möglichkeit zu reden hat. In diesem Zusammenhang wird es wichtig zu lernen und zu verstehen, wie man am besten zuhört, damit das Erzählen für die andere Person einen positiven Sinn bekommt und ihr hilft, die Situation verarbeiten zu können. Auf diese Weise tragen wir dazu bei, Ängste zu akzeptieren und damit umzugehen.

Das Zuhören

Wesentlich bei der Begleitarbeit ist also das Zuhören als eine aktive Haltung. Die Begleitung erzeugt einen Raum, in dem die begleiteten Personen Dinge und Ängste, die sie erleben, mitteilen und ausdrücken können.

Etwas auszusprechen kann helfen, das Erlebte zu verarbeiten. Die Rolle von pbi geht nicht viel weiter, als mit der Person zusammen zu sein, ihr zuzuhören und ihr diesen Raum zu geben, denn pbi-Freiwillige sind keine Experten/innen, die eine professionelle Betreuung leisten könnten. Daher kann das Zuhören uns auch Schwierigkeiten bereiten. Zum Beispiel, wenn wir nicht wissen, was wir sagen sollen, wenn wir von konkret Erlebtem erfahren. Oder wir bekommen Angst, die Person vielleicht noch mehr zu verunsichern, oder indiskrete Fragen zu stellen und unangebrachte Kommentare zu äußern.

Diesen Schwierigkeiten begegnen wir mit folgenden Strategien, die allen Freiwilligen während ihrer Einarbeitungsphase vermittelt werden:

- Die andere Person reden lassen und ihren eigenen Rede-Rhythmus respektieren
- Ihr dabei helfen zu verstehen, was ihr passiert (Zuhören ist ein Mittel, das der Person hilft, Gedanken zu verarbeiten, auszudrücken und zu ordnen)
- Der betreffenden Person dabei helfen, sich zu lockern und Blockaden aufzuheben
- Positive Erfahrungen verstärken
- Initiative ergreifen (bei einem sich wiederholenden Diskurs kann man ein anderes Gesprächsthema anbieten)
- Die Reaktionen »normalisieren« (man gibt zu verstehen, dass Ängste in schwierigen Situationen normale Reaktionen sind)

Auswirkungen der Begleitung auf die pbi-Freiwilligen

Die Begleitung von gefährdeten Menschen hat Auswirkungen auf die Freiwilligen:

- Sie verändert die Beziehung zu diesen Menschen. Wir nähern uns an, es entsteht eine gewisse Verbundenheit, die auf geteiltem Wissen basiert.
- Die Begleitung kann belasten und eine negative Grundeinstellung hervorbringen.
- Sie kann zu negativen Verhaltensweisen führen, wie zum Beispiel überbehütendes Verhalten, die Übernahme von zu viel Verantwortung für die begleitete Person, oder zu meinen, man übe Kontrolle über die Person aus.
- Möglicherweise bleibt es nur beim Reden (und man

erzeugt so eine Stagnation in der Beziehung).
- Wenn man sehr extreme Situationen oder kontinuierlichen Stress erlebt, kann es zu einem innerlichen Ausbrennen kommen.

Aber es gibt eine Reihe von Strategien, die uns helfen können:
- Unsere Erfahrungen aus der Begleitung mit anderen kommunizieren und teilen.
- Unterstützung durch die Gruppe: Wir können in Bezug auf die Begleiterfahrungen in den pbi-Teams wechselseitig als Referenz dienen und Vergleiche anstellen.
- Wahrnehmen, dass man sich rechtzeitig zurückziehen muss, wenn man zu stark einbezogen wird.[13]
- Grenzen setzen und sich der eigenen und durch das pbi-Mandat vorgegebenen Möglichkeiten und Beschränkungen bewusst sein.

Verhaltensweisen im Umgang mit Angst

Die Angst identifizieren
- Es ist wichtig, Angst wahrzunehmen, zu konkretisieren und zu benennen.
- Die real bestehenden Risiken müssen bewertet und angegangen, sowie notwendige Sicherheitsmaßnahmen ergriffen werden.[14]
- Wichtig ist in diesem Zusammenhang die Suche weiterer Informationsquellen, deren Vergleich eine objektivere Bewertung der Gefährdungssituation ermöglicht.

Strategien entwickeln, um die Angst anzugehen
- Jede/r geht anders mit Angst um. Für pbi-Freiwillige ist es deshalb wichtig zu erkennen, dass es auch bei den begleiteten Menschenrechtsverteidigern/innen unterschiedliche Verhaltensformen im Umgang mit Angst gibt.
- Wesentlich ist, dass die Menschen eine aktive Haltung bewahren und Alternativen entwickeln: indem

13 Eine Funktion der Teamarbeit ist es auch, Kollegen/innen bei ersten Anzeichen darauf hinzuweisen, dass sie sich zu stark involvieren lassen.

14 Stark repressive Situationen erzeugen Ängste, die sich zum einen auf konkrete Drohungen oder Drohsituationen stützen, zum anderen jedoch auch aus der allgemeinen Situation generiert werden. Um als Begleitorganisation konkret mit physischer Begleitung oder mittels politischem Druck präventiv tätig werden zu können, müssen daher die Ursachen der Angst analysiert werden.

sie direkt die Situation angehen und zum Beispiel Vorsichtsmaßnahmen treffen und ihre Routine verändern, und dadurch, dass sie versuchen, die Kontrolle über die Situation zu behalten (durch Entspannung, das Aufstellen eines Handlungsplans u. a.).

- Ängste müssen bearbeitet werden: Sie müssen wahrgenommen werden (die Angst anerkennen). Sie sollten analysiert werden (inwieweit entsprechen sie der Realität? Das Gleiche gilt für die Bewertung von Risiken). Ebenso sollten Ängste sozialisiert werden (die Erfahrungen miteinander teilen). Ängste müssen auseinander genommen und in ihre Anteile zerlegt werden um herauszufinden, was man im Einzelnen zu ihrer Überwindung tun kann.
- Rigide Verhaltensweisen sind möglichst zu vermeiden (wie zum Beispiel Ängste zu leugnen oder sie vor anderen Menschen zu verbergen).

Was die Arbeit von pbi beitragen kann

- Zunächst ist es wichtig zu wissen, dass *Angst ein Produkt von Gewalt* ist. Es gibt andere Folgen von Gewalt, wie Traurigkeit und Trauer um die Ermordeten und »Verschwundenen«, oder Schuldgefühle, die zuweilen die Überlebenden plagen (»Wenn ich mich nicht organisiert hätte, wäre vielleicht nichts passiert...«) Auch gibt es oft unterdrückte Wut. Wenn die betreffende Person keinen positiven Umgang mit ihren Erfahrungen findet (wie etwa sich mit anderen zusammenschließen, das Leben verteidigen, das Geschehene öffentlich machen, sich gegenseitig unterstützen, etc.), kann sich eine eher destruktive Dynamik entwickeln (z. B. aggressive Verhaltensweisen gegenüber Schwächeren, bewaffnete Rache, etc.) In Ländern, in denen es einen bewaffneten Konflikt gibt und politische Repression an der Tagesordnung ist, ist Angst eine allgemein verbreitete Erfahrung und hat viele Auswirkungen auf das Leben und den Alltag der Menschen. Wir begleiten Menschen in einer solchen Situation und müssen einen positiven Beitrag im Umgang mit ihrer Angst leisten. Es hilft uns, wenn wir mit den Ursachen und den Folgen von Angst vertraut sind.

- Angst als einen *»Normalzustand«* zu betrachten: Angst ist eine normale Reaktion, denn sie ist Folge einer bewussten Bedrohungsstrategie. Deshalb ist es wichtig, sich klar zu machen, dass Angst in Gefahrensituationen eine völlig normale Reaktion ist. Wir haben alle gelegentlich Angst. Oft reicht es zu wissen, dass »ich nicht verrückt bin«, [d. h., dass meine Reaktion normal ist] damit der Zustand innerer Unruhe abnimmt.
- *Angst annehmen und akzeptieren können:* Angst nährt sich von allein. Wenn Ängste nicht angenommen und mitgeteilt werden, werden sie tendenziell intensiver. Wenn Menschen ihre Ängste für sich behalten, fangen sie möglicherweise an, darüber zu grübeln, die Ängste werden drängender. Deshalb ist es wichtig, Räume zu öffnen, in denen Ängste mitgeteilt und analysiert werden können, und in denen man gemeinsam nach Wegen sucht.
- *Angst positiv zu bewerten:* Angst hilft uns, Risiken wahrzunehmen. Viele Menschen haben ihr Leben gerettet, weil sie Angst hatten. Wenn man Angst nur negativ sieht, so geschieht es häufiger, dass sie verheimlicht wird. Die betreffenden Personen strengen sich an, dass man ihnen ihre Ängste nicht anmerkt, anstatt bei anderen Hilfe zu suchen. Das kann zu schlimmeren Folgen führen.
- *Mit impulsiven Reaktionen umgehen lernen:* Auch impulsive Reaktionen sind eine Folge der Angst. Im extremen Fall handelt es sich um Panik. Panik ist eine sehr große Angst, die das normale Verhalten völlig durcheinander bringt. Eine impulsive Reaktion (d. h. zu reagieren ohne zu denken) kann auch ein Schutzmechanismus sein: zum Beispiel, wenn sich bei einem Schusswechsel eine Person auf den Boden wirft. Aber genau so gut kann sie die Gefahr vergrößern, wenn z. B. eine Person im gleichen Fall davon rennt. Um impulsive Reaktionen unter Kontrolle zu bringen, ist es wichtig, Antworten im voraus parat zu haben, um sie dann anwenden zu können, wenn unmittelbar Gefahr droht und keine Zeit zum Nachdenken ist. Es hilft,

zusammen mit den begleiteten Personen Verhaltensregeln aufzustellen, um Gefahrensituationen anzugehen und mögliche negative Reaktionen zu verhindern.

- *Helfen, die Angst zu benennen:* Bei unseren Sitzungen oder Konfliktanalysen der politischen Konjunktur können wir versuchen, die Ängste der von uns begleiteten Personen zu bestimmen. Wenn wir sie benennen, werden ihre Ängste konkreter. Es ist möglich, die Bedrohung objektiv zu fassen und sich besser darauf vorzubereiten. Dies ist auch wichtig, um nicht von den Ängsten angesteckt zu werden.
- *Uns den Sinn der Menschenrechtsarbeit bewusst zu machen:* Für uns ist es wichtig, uns den Sinn und Zweck der Arbeit von Menschenrechtsverteidigern/innen immer wieder in Erinnerung zu rufen.

Was pbi für die psychosoziale Gesundheit der Freiwilligen unternimmt

Psychosoziale Arbeit wird allgemein in der Entwicklungszusammenarbeit und besonders in Ländern mit bewaffneten Konflikten immer wichtiger. Bei pbi-Kolumbien nimmt die psychosoziale Arbeit einen besonderen Platz ein. Dieses Arbeitsfeld wurde verstärkt, damit wir den aktuellen Anforderungen gewachsen sind.

Es gibt verschiedene Mechanismen, die die pbi-Freiwilligen bei ihrer Vorbereitung und während des Einsatzes im Land erlernen, um mit Faktoren wie Angst umzugehen:

- Freiwillige, die sich in das Projekt eingliedern, durchlaufen eine Ausbildung, in der sie auf das Leben in einem Land mit einem bewaffneten Konflikt und das Arbeiten im Team vorbereitet werden. Themen wie Stress, emotionale Begleitung, Schwierigkeiten bei der Konsensbildung, Konfliktlösung, Kommunikation und andere werden bearbeitet. Die Freiwilligen sollen erforschen, wie sie sich in einer Gewaltsituation fühlen und wie sie mit den Schwierigkeiten, die sich von ihr ableiten lassen, umgehen werden. Obwohl es nicht dasselbe ist, über etwas zu reden und es zu untersuchen, oder es unmittelbar zu erleben, sagen Freiwillige später mit Verwunderung: »Ich wusste im voraus, dass ich Angst haben könnte, aber es hat mich dann doch überrascht, als ich wirklich Angst empfand. Ich merkte, dass es der Wahrheit entsprach, was sie uns erzählt hatten.« (pbi-Freiwillige des Teams in Barrancabermeja, 2004) Die Freiwilligen drücken aus, dass sie gelernt haben, ihre eigenen Äußerungen von Stress, Angst, Beklemmung und Frustration wahrzunehmen. Sie verbinden sie mit den Inhalten, mit denen sie sich während ihres Trainings beschäftigt haben. Allein dies hilft ihnen schon, sich damit konstruktiv auseinanderzusetzen.

- Während des Einsatzes in Kolumbien wird dies in so genannten »Wie fühle ich mich-Runden« geübt, mit denen jede Team-Sitzung beginnt. Dabei kann jedes Team-Mitglied frei ausdrücken, wie es sich fühlt, und mit dem Rest der Gruppe seine Schwierigkeiten und auch Freuden und Hoffnungen teilen. Mit dieser einfachen Übung wird das Zuhören und Annehmen des/der Anderen erleichtert, gleichzeitig werden Missverständnisse ausgeräumt. Wenn ich zum Beispiel mit jemandem eine Auseinandersetzung über eine arbeitsbezogene Angelegenheit hatte, hilft es mir zu wissen, dass die betreffende Person wegen einer familiären Situation oder wegen Angst einige Zeit sehr gestresst war. Das unterstützt mich beim Verstehen der Episode und verhindert, dass ich denke, dass »sie mich nicht leiden kann«. Auf dieses sich emotionale Öffnen muss man sich in jedem Fall einstellen. (Wir sind es nicht gewohnt auszudrücken, wie wir uns fühlen, und erst recht nicht vor einer Gruppe von Menschen!) Wenn es gelingt, bei diesen Runden persönliche Dinge ungehemmt auszudrücken und zu vertiefen, werden sie zu einem Mechanismus, der den Freiwilligen die Unterstützung durch die Gruppe zusichert.
- Es werden feste Zeiten für Ferien und Erholung vereinbart. Allen von uns sind die Vorteile von Erholungs- und Auszeiten bekannt. In Konfliktgebieten ist es besonders wichtig, wegen des dauernden Drucks infolge von Überwachung, Kriminalität, aber auch fehlendem Wasser und Licht u. ä. physisch das Gebiet, in dem man sich aufhält, regelmäßig zu verlassen.

- Mit jedem/r Freiwilligen wird ein begleitendes Follow up durchgeführt. Wenn die Freiwilligen aus dem Team ausscheiden, haben sie ein abschließendes Betreuungsgespräch. Sie werden dazu ermuntert, eine Bilanz ihrer Zeit in Kolumbien anzustellen. Manchmal kommen die Freiwilligen infolge der großen Arbeitsbelastung nicht dazu, ihr Weggehen angemessen vorzubereiten. Um sie dabei zu unterstützen, händigen wir ihnen vor der Abreise Texte von ehemaligen Team-Mitgliedern aus, die diese nach der Ankunft in ihrem Heimatland geschrieben haben. Dies hilft ihnen, sich der Schwierigkeiten bei ihrer Rückkehr bewusst zu werden. Es werden Fragen aufgeworfen, über die sie nachdenken sollen, und sie können sich danach auf die neue Situation besser einlassen.
- Nach ihrer Ankunft in ihrem jeweiligen Herkunftsland versuchen wir, die Rückkehrer/innen bei der Assimilierung ihrer Erfahrung durch einen regelmäßigen Kontakt zu unterstützen. Häufig können die Freiwilligen nicht genug Zeit aufwenden, um darüber nachzudenken, was die Auslandserfahrung für sie bedeutet hat. Wir versuchen, ihnen dabei zu helfen, dass sie sich im persönlichen Bereich (Werte, Ideen, Verhalten) über das »Vorher« und »Nachher« des Erfahrenen und Erlebten bewusst werden.
- Aufnahme durch die pbi-Landes-Gruppe und das Unterstützungsnetzwerk: Nicht in allen Ländern gibt es eine Gruppe, die ständig verfolgt, was bei pbi passiert. Falls es eine Landes-Gruppe gibt, ist sie für die Verbreitung des Erfahrenen sehr wichtig. Häufig besteht bei Rückkehrern/innen das Bedürfnis, die gemachten Erfahrungen auszudrücken und mitzuteilen. Dass diese Erfahrung die Grenze des Anekdotischen überschreitet und dazu führt, dass auch andere Menschen die Situation der Bevölkerung in Kolumbien, die Ursachen für diese Situation und die Mit-Verantwortung unserer Regierungen dafür verstehen, sowie die konkrete Arbeit der pbi-Freiwilligen kennen lernen, kann in diesem Augenblick persönlicher Veränderung eine wichtige Stütze sein.

- Im pbi-Team gibt es eine Fachkraft für den Bereich Psychosoziale Gesundheit, die persönliche Situationen, die besondere Aufmerksamkeit benötigen, professionell betreuen kann.

Übersetzung aus dem Spanischen: Bettina Reis

Und schließlich soll die Dornier-Stiftung zu Wort kommen, der fünf Prozent des Erlöses von diesem Buch zu Gute kommen. Dipl.-Psych. Fabian Schneider, Psychotherapeut und Institutsleiter der CDS in Münster erläutert die Arbeit an einem Fallbeispiel.

Behandlung einer Patientin mit einer »Panikstörung mit Agoraphobie« im Institut der Christoph-Dornier-Stiftung in Münster

Fabian Schneider

Nein, besonders ängstlich, übertrieben sorgenvoll oder empfindsam sei sie früher nie gewesen, berichtet Frau N. Eher zupackend und sich Herausforderungen stellend. Mit 16 Jahren verlässt sie ihr Elternhaus und mit 18 die DDR und geht nach Ungarn, der Liebe und der wahrgenommenen Enge zu Hause wegen. Sie heiratet und stellt sich den Herausforderungen eines Lebens in einem bisher fremden Land, das wenig später Anfang der neunziger Jahre selbst im Wandel begriffen ist. Frau N. berichtet von der großen Energie, mit der sie ihre Ausbildung verfolgt und von beruflichen Erfolgen, die sie schließlich im Alter von 29 Jahren in eine Führungsposition einer renommierten Bank führen. Sie erzählt auch von Schwierigkeiten: Der problematischen Ehe ihrer Eltern; von dem Rechtfertigungsdruck gegenüber ihren Eltern, die lange nicht verwinden konnten, dass ihre Tochter nicht studierte und nicht wie Vater und Bruder Ärztin werden wollte; von der Trennung von ihrem Mann, der nie akzeptieren konnte, warum ihr ihre Qualifikation und ihr Beruf soviel Zeit und Energie wert war. Alles in allem hat sie jedoch ihr Leben im Griff, fühlt sich möglichen Schwierigkeiten gewachsen. Bis vor anderthalb Jahren.

Zu diesem Zeitpunkt befindet sie sich in einer schwierigen Lebensphase, da ihr neuer Lebenspartner sich wie zuvor ihr Ehemann von ihr getrennt hat. Sie emotional sehr aufgewühlt, empfindet Trauer, Enttäuschung und Wut zugleich. Zudem tritt sie im selben Zeitraum eine neue Stelle an, was für sie mit großer zeitlicher Belastung und Anstrengung verbunden ist. In dieser Lebenssituation erleidet Frau N. bei der Besichtigung einer Tropfsteinhöhle zum ersten Mal einen Panikanfall. Als sie in der Höhle kurzzeitig die Orientierung verliert und für einen kurzen Augenblick nicht mehr den Weg zum Ausgang zu kennen glaubt, gerät sie in Panik. Die starken körperlichen Reaktionen (Atemnot, Schwindel, Herzrasen, flaues Gefühl im Magen) machen ihr Angst, sodass in ihr sekundenschnell die Überzeugung erwacht, einen Kreislaufzusammenbruch zu erleiden und ohnmächtig zu werden.

Von diesem Tag an ist die Angst für sie zu einem ständigen, immer mächtiger werdenden Begleiter geworden. Denn seit diesem Tag erleidet sie immer häufiger wie aus heiterem Himmel auftretende panikartige Anfälle, in denen ihr Herz unerklärlicherweise zu rasen beginnt, sie kaum noch Luft bekommt, ihr der Schweiß von der Stirn rinnt, ihr schwindelig wird und sie in Händen und Beinen ein äußerst unangenehmes Brennen und Kribbeln verspürt. Dabei erlebt sie die nackte Angst zu ersticken, die Kontrolle zu verlieren und verrückt zu werden, ja sogar zu sterben. In der Folge entwickelt sie zunehmend Angst vor diesen Anfällen. Diese Angst vor der Angst ist besonders groß in Situationen, in denen sie bei Panik nicht schnell genug fliehen oder Hilfe erreichen kann. »Gefährlich« werden für Frau N. somit alle öffentlichen Verkehrsmittel (wie Flugzeuge, Züge, U-Bahnen oder Schiffe), Menschenmengen (wie in Kinos, Theatern oder großen Kaufhäusern), enge Räume (wie Tunnel, Tiefgaragen oder eben Höhlen) oder hohe Räume (Hochhäuser, Aussichtstürme oder Ski-Gondeln). Zwei Wochen nach dem ersten Anfall in der Höhle läßt sie sich ins Krankenhaus einweisen, doch die Ärzte versicherten ihr, dass sie körperlich völlig gesund sei.

Ratlos sieht Frau N. keine andere Möglichkeit, als die gefürchteten Situationen so gut es nur geht zu vermeiden. Schon die Vorstellung, sich in eine dieser Situationen begeben zu müssen, löst mittlerweile starke Angst in ihr aus, so dass sie diese seit einem Jahr fast vollständig meidet. Mithilfe des Vermeidungsverhaltens gelingt es Frau N., Häufigkeit und Intensität der Angstzustände zu mildern, doch der Preis ist hoch: Sie lebt in permanenter Anspannung und Angst vor weiteren Angstanfällen, ihr Lebensspielraum schränkt sich immer mehr ein. Unter größtem Energieaufwand und psychischer Anstrengung gelingt es ihr gerade noch, ihrer beruflichen Tätigkeit nachzugehen, aber sie fühlt sich insgesamt immer deprimierter und hoffnungsloser. Sie lässt sich immer wieder körperlich untersuchen, wobei sie jedes Mal erfährt, dass sie körperlich gesund sei. Aber was kann dann diese starken, anfallartigen körperlichen Krisen erklären?

Schließlich erhält sie bei ihrer Suche nach Erklärung und Hilfe die Information, dass es in Deutschland eine Institution gebe, die für die erfolgreiche Behandlung von Angststörungen bekannt sei. So wendet sie sich an die Christoph-Dornier-Stiftung für Klinische Psychologie, fährt die Strecke Ungarn – Münster mit dem Auto (eine andere Möglichkeit wie Zug oder Flugzeug sind ihr unmöglich), um dort eine psychotherapeutische Behandlung aufzunehmen. Diese beginnt mit einer ausführlichen Diagnostischen Untersuchung, in der die biographische Entwicklung von Frau N. beleuchtet, ihr konkreter Umgang mit den gefürchteten Situationen analysiert und sie einer Reihe psychometrischer Tests unterzogen wird. Schließlich werden ihre Therapieziele festgehalten: Frau N. möchte in erster Linie wieder in der Lage sein, ohne Angst und Einschränkungen ihr Leben leben zu können. Hierzu möchte sie verstehen, wieso sie in Situationen, die ihr rational betrachtet nicht gefährlich erscheinen, so große Ängste entwickelt, dass ihr Verstand aussetzt und sie die Flucht ergreifen muss. Und sie möchte lernen, anders als bisher mit der Angst umgehen zu können. Nach der Diagnostischen Untersuchung bespricht der Therapeut auf der Grundlage der gewonnenen

Informationen folgende vier Punkte mit Frau N.:
- Was genau ist das Problem?
- Wie ist die Angsterkrankung entstanden?
- Warum geht die Angsterkrankung nicht weg?
- Wie kann der Weg aus der Angst aussehen?

Was genau ist das Problem?

Wie circa fünf Millionen Menschen in Deutschland leidet Frau N. an einer Angsterkrankung. Sie leidet an einer Angsterkrankung, die »Panikstörung mit Agoraphobie« genannt wird. Menschen mit Panikstörung haben große Angst davor, dass ihnen auf Grund starker körperlicher (Angst-) Symptome, wie z. B. Herzrasen, Atemnot, Schweißausbrüche, Schwindelgefühlen oder Wahrnehmungsstörungen und rasender Gedanken in körperlich anstrengenden Situationen oder in Situationen, die mit Hilflosigkeit verbunden sind, etwas Schlimmes passieren könnte: Ein Herzinfarkt, Erstickung, Ohnmacht, Verrücktwerden. Eng damit verknüpft sind agoraphobische Ängste. Diese treten typischerweise in Situationen wie z. B. Menschenmengen oder öffentlichen Verkehrsmitteln auf, in denen eine Flucht nur schwer möglich ist oder (ärztliche) Hilfe nicht sofort zur Stelle wäre. Betroffene erleben durch Vermeidung oder Flucht aus diesen Situationen häufig zunächst eine Erleichterung, leiden aber durch die starke Einschränkung in ihren alltäglichen Aktivitäten. Im Extremfall kann die eigene Wohnung nicht mehr verlassen werden. Etwa doppelt so viele Frauen wie Männer leiden unter dieser Angsterkrankung, typischerweise erkranken die meisten Patientenim Alter zwischen zwanzig und dreißig. Ohne angemessene Behandlung verläuft die Störung meist chronisch.

Neben der Panikstörung mit Agoraphobie können sich Angsterkrankungen auf verschiedene andere Art und Weise äußern: Bei sozialen Ängsten steht die Befürchtung im Vordergrund, durch auffälliges Verhalten oder durch spezifische Körperreaktionen wie z. B. Erröten, Zittern oder Schwitzen im Mittelpunkt der Aufmerksamkeit anderer Menschen zu stehen und sich dort zu blamieren. Öffentliche Reden, die Teilnahme an Konferenzen oder der Besuch eines Restaurants werden zur Qual. Bei spezifischen Phobien ruft die Konfrontation mit spezifischen Objekten (z. B. bestimmten Tieren, Spritzen) die Angstreaktion hervor. Eine weitere Form der Angststörung ist die generalisierte Angststörung, die durch übermäßiges Sorgen während des größten Teil des Tages gekennzeichnet ist, einhergehend mit starker körperlicher Anspannung, Ruhelosigkeit und schneller Ermüdbarkeit. Allen Angststörungen im Klinischen Sinne gemein ist, dass das für das Überleben eines Menschen unbedingt sinnvolle und sogar notwendige Gefühl der Angst seine Funktion als Warnung vor reeller Gefahr verloren hat. Die Angst erfasst die Betroffenen in Situationen, in denen keine reale Gefahr droht. Die mit der Angst einhergehenden körperlichen Reaktionen, in erster Linie die Steigerung der Herzrate und die Beschleunigung des Atems, haben den Sinn, den Menschen in einer gefährlichen Situation besser in die Lage zu versetzen, entweder zu kämpfen oder zu fliehen. Damit dient dieses stammesgeschichtlich uralte körperliche »Angstprogramm« dazu, die Überlebenschancen zu erhöhen. In nicht gefährlichen Situationen (z. B. in der U-Bahn oder Kino) ausgelöst, ist dieses »Angstprogramm« nicht nur nicht besonders hilfreich, sondern wird selbst zum Problem.

Die Informationen über ihre Angsterkrankung haben einen beruhigenden Effekt auf Frau N. Sie erfährt, dass sie unter einer bekannten psychischen Erkrankung leidet, zu der effektive psychotherapeutische Behandlungsmöglichkeiten bekannt sind. Sie erkennt, dass viele andere Menschen ebenfalls betroffen sind und dass sie sich nicht »bloß anstellt«, ein Gefühl, dass sie immer wieder beschlich, wenn sie die Information erhielt, dass sie körperlich völlig gesund sei.

Wie ist die Angsterkrankung entstanden?

Um zu verstehen, wie eine Angststörung entsteht, ist es notwendig, das Zusammenwirken verschiedener Faktoren zu betrachten. Dazu gehören vorausgehende Faktoren, die das allgemneine Risiko einer Angsterkrankung erhöhen. Konkret ausgelöst wird diese durch Stress. Ist die Angsterkrankung einmal etabliert, führt die Art des Umgangs mit der Angst zu einer Verfestigung und Ausweitung.

In der Familie von Frau N. sind Angsterkrankungen nicht bekannt, somit gibt es keinen Hinweis auf ein erhöhtes genetisch bedingtes Risiko. Aus ihrer sozialen Lerngeschichte lassen sich jedoch zwei Risikofaktoren erkennen:

- Frau N. hatte in ihren Eltern kein positives Vorbild hinsichtlich der Beziehungsgestaltung. Sie ist aufgewachsen in einer Familie, in der sie die Ehe der Eltern als sehr konflikthaft und problematisch erlebt hat. Auch sie selbst hat wenig positive Beziehungserfahrungen gemacht, ihre eigene Ehe ist geschieden worden, was sie als Scheitern und Versagen erlebte. Seitdem hatte sie keine Beziehungen, die länger andauerten und die sie als glücklich erlebte. Diese Situation ist nicht die von der Patientin gewünschte und angestrebte Lebensform, sondern etwas, worunter sie leidet. Deshalb ist es plausibel anzunehmen, dass die Patientin in besonderem Maße anfällig ist für Krisen, die den privaten Beziehungsbereich betreffen.
- Zudem ist Frau N. in einem Umfeld aufgewachsen, in dem viel Wert auf gute schulische Leistungen und beruflichen Erfolg gelegt wurde und hat dies verinnerlicht. Seitdem sie die Erwartungen ihrer Eltern enttäuschte, indem sie kein Studium abschloss, fühlt sie sich unter Rechtfertigungsdruck, etwas zu erreichen. Dies führt dazu, dass sie mit enormen zeitlichen Einsatz ihre berufliche Karriere verfolgt, Ressourcen zu Genuss und Entspannung erscheinen demgegenüber unterentwickelt.

Wie hängen diese beiden Punkte nun mit dem ersten Panikanfall während der Besichtigung der Tropfsteinhöhle zusammen? Bei den meisten Patienten ist zu beobachten, dass vor dem ersten Panikanfall das allgemeine Anspannungsniveau stark erhöht ist. Kritische Lebensereignisse wie Trennungen, Todesfälle naher Angehöriger oder Freunde, Verlust des Arbeitsplatzes oder andere emotional belastende Ereignisse können das Anspannungsniveau der Patienten in einem Ausmaß erhöhen, dass das Auftreten von plötzlichen Panikanfällen wahrscheinlicher macht. Bei Frau N. ist aufgrund ihrer persönlichen Lebensgeschichte nachvollziehbar, warum gerade Konflikte im partnerschaftlichen Bereich für sie besonders bedrohlich sind.

Zeitgleich steckt die leistungsorientierte Frau in einer neuen beruflichen Herausforderung. Damit ist auch immer eine gewisse Gefahr des Scheiterns verbunden, was für Frau N. aufgrund der sie prägenden Lebenserfahrung in besonderer Weise problematisch wäre. Diese emotionale Belastung führt zu einer deutlichen Erhöhung der allgemeinen Anspannung. Vor diesem Hintergrund ist zu verstehen, warum eine relativ harmlose Situation wie die in der touristischen Tropfsteinhöhle in der Lage ist, eine unangemessen starke Angstreaktion hervorzurufen. Im Rahmen eines Angstanfalls treten körperliche Angstsymptome auf (z.B. Beschleunigung des Herzschlages oder eine Veränderung der Atmung). Diese Veränderungen werden bemerkt und lösen ihrerseits ängstliche Gedanken oder Bewertungen aus (»Sind das erste Anzeichen eines Herzinfarkts? Mit mir stimmt was nicht und jetzt könnte ich noch nicht mal schnell hier raus«). So steigert sich die Angst weiter durch die Befürchtung einer vermeintlichen Katastrophe. Die zunehmende Angst verstärkt wiederum die körperlichen Reaktionen, welche ihrerseits die ängstlichen Gedanken (»Es wird immer schlimmer, ich muss sofort in die Klinik«) verstärken. Dieses sich aufschaukelnde Wechselspiel zwischen körperlich belastenden Symptomen und Angstgedanken charakterisiert einen »Teufelskreis der Angst«. Dies ist eine extrem belastende Erfahrung, in der die Patientin um ihr Leben fürchtet.

Warum geht die Angsterkrankung nicht weg?

Studien zeigen, dass sehr viele Menschen (bis zu 50 Prozent) im Laufe ihres Lebens einen einmaligen starken Angstanfall erleiden, ohne dass sich daraus eine Angststörung entwickelt. Ist eine Angststörung jedoch einmal entstanden, so verläuft diese unbehandelt in aller Regel chronisch und ist mit einer deutlichen Beeinträchtigung des Lebens verbunden. Was sind die Gründe dafür, dass Frau N. nach den ersten Panikanfällen eine »Panikstörung mit Agoraphobie« entwickelte?

Da Frau N. den ersten Anfall in der Höhle in extrem unangenehmer Erinnerung hat, befürchtet sie, dass sich dieses Ereignis wiederholen könnte. Daher beginnt sie, in ihren Körper hineinzuhorchen und auf körperliche Anzeichen eines beginnenden Anfalls zu achten. Durch diese Verlagerung der Aufmerksamkeit nach innen kommt es zunehmend zu katastrophisierenden Fehlinterpretationen von ganz normalen körperlichen Veränderungen. Natürlich sind Betroffene bestrebt, weitere Anfälle weitgehend zu vermeiden. Deshalb werden gefürchtete Situationen oder Objekte gemieden, wann immer das möglich ist, und der Rückzug an einen sicheren Ort wird angestrebt. Ist dies nicht möglich, so versuchen die Betroffenen, mit spezifischen Sicherheitsverhaltensweisen die Situation zu meistern. Menschen mit Angst vor Peinlichkeit in sozialen Situationen halten sich eher im Hintergrund, sagen wenig, tragen kühle und dunkle Kleidung (damit mögliches Schwitzen nicht auffällig wird) oder vermeiden es, in der Öffentlichkeit aus einem Glas zu trinken (damit ein mögliches Zittern der Hand nicht bemerkt wird).

Von einer Panikstörung mit Agoraphobie Betroffene wie Frau N. benutzen eher den Regionalzug als den ICE (kürzere Zeiten zwischen den Haltestellen), eher die Landstraße als die Autobahn (wo keine Haltemöglichkeit besteht) haben immer ein beruhigendes, aber abhängig machendes Medikament in der Tasche und tragen generell Sorge dafür, dass sie möglichst wenig alleine sind. Vermeidung sowie Sicherheitsverhaltensweisen sind entscheidend für die Aufrechterhaltung und Chronifizierung der Angststörungen, da der Körper nicht die Chance hat zu lernen, ob es sich um eine wirklich existierende Gefahr handelt oder um reine katastrophisierende Erwartungen. Er aktiviert das Alarmprogramm Angst, sobald man nur in die

Nähe einer gefürchteten Situation kommt. Beginnen die Betroffenen daraufhin, sich aus der Situation zu entfernen, sinkt die Angst wieder ab. Der Lerneffekt der Betroffenen ist folgerichtig, dass es richtig ist, die Situation zu vermeiden. Zugleich wird die (fehlerhafte) Einschätzung, dass es sich um eine wirklich gefährliche oder nicht zu bewältigende Situation handelt, bestärkt. Jedes Fliehen oder Vermeiden einer Situation ist kurzfristig erfolgreich, da es die Angst lindert, und somit subjektiv verständlich. Langfristig ist es der Grund für die Aufrechterhaltung des Gesamtproblems.

Wie kann der Weg aus der Angst aussehen?

Die effektivste Form der Angstbehandlung, die kognitive Verhaltenstherapie, setzt beim Vermeidungsverhalten der Patienten an: Es kommt darauf an, die alltäglichen Situationen, die die Betroffenen am meisten fürchten, gezielt aufzusuchen und die dort aufkommende Angst ohne scheinbare Hilfsmaßnahmen oder Ablenkung zu bewältigen. Nur so können die Betroffenen wiederholt die konkrete und korrigierende Erfahrung machen, dass das Angsterleben nicht in die Katastrophe führt. Im Gegenteil: Die Angst mit den belastenden Körpersymptomen lässt schrittweise und dauerhaft nach. Durch diese Gewöhnung – die Verhaltenstherapie nennt diesen Effekt »Habituation« – kann der Körper lernen, dass es sich nicht um eine gefährliche Situation handelt, und er muss dementsprechend nicht mehr mit dem Angstprogramm reagieren. Dieser Weg ist zwar enorm anstrengend und fordernd für die Patienten, weil die Angst durchlebt werden muss, aber bei weitem der effektivste. Wissenschaftliche Studien haben gezeigt, dass 80 Prozent der mit einer zwei-bis drei-wöchigen Intensivtherapie behandelten Patienten der Christoph-Dornier-Stiftung ihre Angstproblematik erfolgreich und dauerhaft bewältigen konnten. Intensivtherapie bedeutet in diesem Zusammenhang, dass ein Therapeut mit nur einer Patientin jeden Tag mehrere Stunden arbeitet.

Nachdem Frau N. diese Mechanismen und Zusammenhänge als für sie sehr zutreffend und plausibel erkannt hat, ist sie hin- und hergerissen zwischen widersprüchlichen Gefühlen. Einerseits hat sie nach einem Jahr endlich eine nachvollziehbare Erklärung für die Entstehung und Aufrechterhaltung ihres Problems erhalten und zudem die berechtigte Hoffnung, dass es eine Therapie gibt, mit der sie ihre Angsterkrankung besiegen kann. Andererseits löst die Vorstellung, sich in alle bisher gefürchteten Situationen zu begeben und sich somit ihrer Angst wehrlos auszuliefern, verständlicherweise Angst und Zweifel aus, ob sie alledem gewachsen sein wird. Wenn sie ehrlich ist, empfindet sie diesen Weg als Zumutung, allerdings ist ihr inzwischen klar, dass es der einzige Weg mit einer so großen Chance auf Heilung ist. Der Therapeut empfiehlt ihr eine Bedenkzeit von drei Tagen ohne Kontakt zu ihm, da sie die Entscheidung für die Therapie ganz alleine treffen muss und nicht dazu »überredet« werden kann. Nach der Bedenkzeit entscheidet sie sich für die vorgeschlagene Therapie, die daraufhin umgehend beginnt.

Als erste Übung steht eine Fahrt im Großraumwagen eines IC von Münster nach Köln auf dem Programm. Dabei erfährt Frau N., dass ihre »Angst vor der Angst« in Erwartung der Situation erheblich intensiver ist als die tatsächliche Angst im Zug. Die ihr bekannten Angstsymptome treten in wesentlich milderer Form auf als von ihr erwartet und klingen rasch, innerhalb von 30 Minuten, vollständig ab. Dies löst in der Patientin neben dem Gefühl der Erleichterung starke Schamgefühle aus. Sie ist zum einen besorgt, dass ihr Therapeut sie nun für eine Person halten wird, die sich bloß anstellt und zum anderen quälte sie der Gedanke, dass sie über ein Jahr ihres Lebens mit Vermeiden und Sicherheitsverhalten verschwendet haben könnte, wenn denn die Lösung so einfach ist. Der Therapeut versichert ihr, dass es nicht ungewöhnlich ist, dass Patienten, die über lange Zeit komplett die gefürchteten Situationen vermieden haben, nicht realistisch ihre Reaktionen in diesen Situationen einschätzen können und dass dieses keineswegs bedeutet, dass sie nicht wirklich unter einem relevanten Problem leidet. In

Köln sucht Frau N. am selben Tag eine hohe Brücke auf, was zu ihrer Überraschung ebenfalls keine Angstreaktion in ihr hervorruft und entscheidet sich dann aus eigenem Antrieb, die für sie in Köln schwierigst mögliche Übung zu machen, das Fahren mit der U-Bahn. Dabei durchleidet sie zwei schwere Panikattacken. Es gelingt ihr jedoch, unterstützt durch ihren Therapeuten ihre Fluchtimpulse zu überwinden, im Zug zu bleiben und nichts zu tun, um ihre Angst zu lindern. Im Gegenteil fördert der Therapeut, dass sie sich nicht ablenkt, sondern sich ganz auf die Angst einlässt. Sie schafft es, solange in der U-Bahn zu bleiben, bis sie für ihren Mut und ihre Energie mit einem deutlichen Nachlassen der Angst belohnt wird. Dabei wird sowohl die erlebte Angstintensität von Fahrt zu Fahrt immer geringer wie auch die Zeit bis zum Einsetzen der Gewöhnung. Die Rückfahrt im Zug von Köln nach Münster verbringt Frau N. alleine im Zug, ohne therapeutische Begleitung, und ist dabei so entspannt und erschöpft, dass überhaupt keine Angstreaktion mehr auftritt und sie dabei einschläft.

In der Auswertung des ersten Therapietages werden genaue Verläufe der Angst aufgezeichnet. Frau N. ist sehr erleichtert, dass sie an ihrem ersten Therapietag am eigenen Leib erfahren konnte, dass der in der Therapievorbereitung theoretisch erarbeitete Mechanismus der Gewöhnung an die Situation und das damit verbundene Nachlassen der Angst tatsächlich bei ihr eintrifft. Im Rahmen der folgenden therapeutischen Sitzung wird zudem damit begonnen, die während eines Panikanfalls auftretenden angstmachenden Gedanken zu identifizieren (»Ich kriege schlecht Luft, ich werde hier unten in der U-Bahn noch ersticken! Ich halte das nicht aus! Ich muss jetzt sofort hier raus!«) und nach realistischeren Bewertungen der Situation zu suchen (»Es ist sehr unangenehm hier, aber nicht gefährlich. Ich werde mich gleich an die U-Bahn gewöhnen und dann werde ich mich besser fühlen.«).

In den nächsten zwei Wochen werden zahlreiche für die Patientin bedeutsame Übungssituationen gewählt:

Benutzen öffentlicher Verkehrsmittel (Flugzeug, Schiffsfähren, U-Bahn, Zug), Aufenthalt über Nacht alleine auf einer Insel (Borkum) sowie in einer Großstadt (Hamburg), in einsamen Gegenden alleine spazieren gehen, Aufsuchen von Tiefgaragen, Höhlen (Bergbaumuseum Bochum), hohen Gebäuden (Kirchturm, Fernsehturm Düsseldorf), Menschenmengen (Kaufhäuser) sowie das Durchfahren von Tunneln (Elbtunnel). Im Verlauf der Behandlung zeigt sich als durchgängiges Muster, dass die Erwartungsangst zumeist intensiver ist als die tatsächlich erlebte Angst beim Aufsuchen der Situationen und dass es keine Situation gibt, die Frau N. nicht bewältigen kann. Das heißt, sie ist in der Lage, sich an jede der gewählten Situationen zu gewöhnen, auch wenn zunächst Angst auftritt.

Nach jeder Übung werden der Verlauf der Angst festgehalten sowie die begleitenden Gedanken erfasst, damit Frau N. anhand der Verläufe der Angstkurven klar den Therapieerfolg ablesen kann. Schon nach wenigen Tagen fühlte sie sich zunehmend in der Lage, angstbesetzte Situationen alleine zu bewältigen. Als schwierigste Situationen erwiesen sich genau jene, die am meisten Ähnlichkeit mit der auslösenden Situation der ersten Panikattacke in der Tropfsteinhöhle hatten, also U-Bahnen, Tiefgaragen sowie der Besuch des Bergbaumuseums in Bochum. Deshalb wird besonderer Wert darauf gelegt, diese Situationen wiederholt und an mehreren Tagen aufzusuchen.

Nach der insgesamt zweiwöchigen Therapiephase hat sich der Zustand von Frau N. so verbessert, dass sie in den bisher angstauslösenden Situationen keine oder nur in geringem Ausmaß Angstsymptome zeigt.

Um möglichen Rückfällen vorzubeugen, ist es notwendig, mit Frau N. zu erarbeiten, wie sie in Zukunft das Ausmaß ihrer Anspannung dauerhaft senken kann, damit erneute Panikanfälle unwahrscheinlich werden. Hierzu werden grundlegende Einstellungen zu Partnerschaft und beruflichem Erfolg reflektiert und kritisch hinterfragt. Es werden Strategien entwickelt, wie

Frau N. künftig mit beruflichen Anforderungen und partnerschaftlichen Belastungen besser umgehen kann.

Als der Übergang in die nächste Therapiephase sinnvoll erscheint, wird mit der Selbstkontrollphase begonnen, in der Frau N. wieder nach Hause zurückkehrt, um ihren neuen Umgang mit der Angst in ihren Alltag zu übertragen und die Fortschritte zu stabilisieren. Diese Phase begleitet ihr Therapeut mit häufigen telefonischen Gesprächen, dabei werden Übungen vorbereitet und die neuen Erfahrungen ausgewertet. So wird vereinbart, welche ehemals angstbesetzten Situationen die Patientin in allernächster Zukunft aufsuchen soll, z.B. die Höhle ihres ersten Panikanfalls, mehrere Flüge, Skiurlaub (Gondeln) sowie U-Bahnen und Tiefgaragen.

Es ist Frau N. gelungen, ihre während der Therapie gemachten Erfahrungen dauerhaft in ihrem Alltag zu etablieren. Sie kann wieder ihren privaten und beruflichen Alltag ihren Vorstellungen entsprechend gestalten, ohne Situationen vermeiden zu müssen oder unangemessene Angst zu erleben. Sie fühlt sich wieder selbstbewusst und zuversichtlich. Ihre Lebensqualität hat im Vergleich zur Zeit vor der Angsterkrankung sogar zugenommen. Ein Jahr nach dem Ende der Therapie schreibt sie: »Ich versuche ein langsameres Leben zu leben und nicht mehr 100 Dinge in einen Tag zu pressen. Das gelingt nicht immer, aber ich habe den Eindruck, insgesamt viel gelassener und entspannter zu leben. Und sollte dennoch einmal wieder ein Angstanfall auftreten, so habe ich gelernt damit so umzugehen, dass die Angst keine Macht mehr über mein Leben bekommt.«

Nachwort

Du bist mein Schirm, du wirst mich vor Angst behüten, dass ich errettet gar fröhlich rühmen kann (Ps 32, 7)

Die Arbeit an diesem Buch lässt mich mit mehr Fragen als Antworten zurück. Viele Gespräche haben mich sehr bewegt. Angst ist ein fundamentales Thema, das habe ich erst jetzt so intensiv wahrgenommen. Viele Aspekte der Angst fehlen hier noch, die fundamentale Lebensangst etwa, die viele Menschen in unserem Land jedes Jahr in den Suizid treibt. Die Angst vor dem Altern, vor der Schwäche, vor dem Versagen. Und doch zeigen diese Texte einen ungeheuren Lebensmut, der sich aus der Bewältigung von Angst, dem Umgang mit Angst, Krankheit, Verletzbarkeit, Tod und Sterben entwickeln kann.

Für mich ist der christliche Glaube ein entscheidender Lebensanker. Gott kann ich meine Angst anvertrauen, in Gott kann ich Ruhe, Frieden, Lebensmut finden. Das heißt nicht, dass es für Christinnen und Christen ein Leben ohne Angst gibt. Aber sie wissen, wo sie Halt finden können. Sie finden in der reichen Tradition von Bibel und Liturgie Gebete, Trostworte, Rituale und Ermutigung. Und ich wünsche mir, dass sie in unseren Gemeinden Menschen finden, die zuhören, beistehen, teilen. Vielleicht können die Berichte in diesem Buch dazu beitragen, dass wir miteinander offener über unsere Ängste sprechen, Angst ernst nehmen und uns doch nicht von ihr in Gefangenschaft nehmen lassen, damit wir Gott gar fröhlich rühmen können.

Anhang

Predigt am Buß- und Bettag 2002

Rundfunk-Gottesdienst Marktkirche Hannover, 20. November 2002, Mt 8, 23-27

Liebe Gemeinde,

Warum habt ihr Angst?

wir haben den Predigttext gehört als biblische Lesung. Er stammt aus dem Matthäusevangelium und spricht in eine Gemeinde, die wohl um 80 nach Christi Geburt in Angst lebt. Die Welt ist im Umbruch, die römische Armee hat Jerusalem zerstört, die kleine christliche Gemeinde sieht sich Verfolgung ausgesetzt. Da erzählt Matthäus von einer Erfahrung der Jüngerinnen und Jünger mit Jesus.

Wir hören diese Worte nun fast 2000 Jahre später in einem ganz anderen Kontext, in einer ganz anderen Zeit, als Predigttext für die Friedensdekade. Sie erinnern sich, oder? Auf Anregung der niederländischen Friedenswoche entstand in Ost- und Westdeutschland ab 1980 eine Dekade, die von Volkstrauertag bis Buß- und Bettag 10 Tage nutzte, um auf die Herausforderungen des Friedens einzugehen. Zunächst lag der Schwerpunkt auf der Nachrüstungsdebatte, aber bald schon waren Fragen der Gerechtigkeit, des Friedens und der Bewahrung der Schöpfung mit auf der Tagesordnung. Manches ist von diesen Dekaden ausgegangen, nicht zuletzt der Ruf »keine Gewalt« bei der Wende 1989, der unüberhörbar aus den Kirchen auf die Straßen getragen wurde.

In diesem Jahr steht die Friedensdekade unter dem Motto: »Warum habt ihr Angst?« Ja, hängen denn diese inhaltlichen Themen und Angst zusammen? Ich denke schon, das ist eine gute Wahl. Denn es geht in der Friedensfrage immer auch um die vielfältigen Facetten der Angst:

- die Angst vor Gewalt – ob nun in Kriegen, durch Unrecht, durch Zerstörung.
- die Angst, sich einzumischen, Stellung zu beziehen, kon-

kret einzugreifen
- Instrumentalisierung von Angst
- Ruhe und Geborgenheit als Gegenentwurf zur Angst.

Jesus stillt den Sturm

Mit dem Mann mag man schon in einem Boot sitzen! Der hat die Ruhe weg, schläft mitten in einem gewaltigen Sturm geborgen wie in Mutters Schoß. Die Angst der Jüngerinnen und Jünger können wir uns, glaube ich, gut vorstellen. Ertrinken – eine entsetzliche Vorstellung. Nicht umsonst hängt der Titanic ein Mythos an. Wie entsetzlich muss der Untergang der Wilhelm Gustloff gewesen sein, die vollbepackt mit Flüchtlingen, tausenden Kindern 1945 von einem russischen U-Boot versenkt wurde. Mehr als 6 000 Menschen ertranken. Oder in jüngerer Zeit: der Untergang der Estonia – die Untersuchungsakte wurde diese Woche geschlossen. Und täglich ertrinken heute Flüchtlinge bei dem Versuch, Europa zu erreichen. Die Angst im Sturm ist also nicht aufgesetzt, sondern ganz reale Todesangst. Panik bricht aus, die Menschen schreien.

Was passiert da auf diesem See? Ist das ein Wunder? Ja, es ist wohl ein Wunder, wenn inmitten von Angst und Gefahr einer ganz ruhig bleibt, so ruhig, dass sich, so Matthäus, offensichtlich selbst die Naturgewalten beugen. Der Sturm beruhigt sich. Erklären können wir das nicht. Aber das steht auch gar nicht im Zentrum. Entscheidend ist, ob wir mitten in den Stürmen des Lebens die Glaubensgewissheit haben, uns Gott anzuvertrauen. Jesus selbst hat das immer wieder getan. Er hat eine vertrauensvolle Gottesbeziehung aufgebaut, die ihn getragen hat bis in das Sterben und durch den Tod hindurch. Wenn die Angst vor dem Tod überwunden ist, werden andere Ängste offensichtlich relativiert…

Angst in Deutschland

Der Engländer Hyde Flippo meint, Angst sei sozusagen ein deutsches Phänomen. Er schreibt: »Das deutsche Wort Angst kam Anfang 1940 in die englische Sprache. Im englischen psychiatrischen Sinn bezeichnet Angst ein Gefühl der Unsicherheit, Beklemmung oder Besorgnis. Deshalb ist auch angebracht, dass das Wort aus dem Deutschen zu uns kommt, aus einer Sprache, die von Leuten gesprochen wird, die ständig von Angst ergriffen sind und die das beinahe zu genießen scheinen.«

Du liebe Güte, genießen wir Deutschen Angst? Sind wir angstfixiert? Das Phänomen »German Angst« meint ja eigentlich, dass wir durch die Vergangenheit des Nationalsozialismus angeblich gelähmt sind in der Wahrnehmung deutscher Verdienste und deutschen Könnens. Das wäre nun eine Angst, die ich für angemessen hielte, eine Hemmung sozusagen, die sich aus Erfahrung speist. Weil wir wissen, wie schnell antisemitische Parolen zum Völkermord führen, weil wir wissen, wie verführbar Menschen sind, schrillen frühzeitig Alarmglocken – hoffentlich! –, wenn jüdische Gemeinden bedroht, wenn deutsch-nationale Parolen skandiert werden. Eine angemessene Angst.

Und Angst ist auch heute sehr real in unserem Land. Sage mir niemand, er oder sie kenne keine Angst. Was wäre das für eine überhebliche Aussage: hier gibt's keine Angst. Was empfinden denn Aussiedler in Wittstock, die Angst haben, auf die Straße zu gehen, weil ihnen schnell mal ein Flasche über dem Kopf zerschlagen wird, sie in der Schule angepöbelt werden. Wie war das für den Familienvater Adriano in Dessau, der gejagt, zusammengeschlagen, ermordet wurde wegen seiner Hautfarbe. Wie fühlt sich jemand in unserem Land, der mitten im Alltag sich bewusst sein muss: jeden Moment könnte jemand zuschlagen?

Aber Angst kennen nicht nur Fremde in unserem Land. Da ist die Angst der Kinder, die missbraucht und geschlagen, gedemütigt werden. Und es gibt kein Entrinnen; weil die Eltern die Macht haben oder die »anderen« und es keinen Vertrauten gibt. Solche Angst gräbt sich tief in die Seele und kann nur schwer ans Tageslicht geholt werden. Wer kennt die Angst einer Frau, die vergewaltigt wird? Das Entsetzen, ausgeliefert zu sein?

Mut und Angst

Wie kommt es dazu, dass einige in der Angst verstummen vor Entsetzen, andere panisch schreien, wieder andere sie ignorieren und schließlich einige der Angst mit Mut begegnen, das Trauma der Angst durchbrechen? In der Oliner-Studie wurde untersucht, wie Menschen als Kinder aufgewachsen sind, die später Juden gerettet haben. Keine großen Heldinnen und Helden, sondern Menschen, die nicht weggeschaut haben. Das Ergebnis: Sie alle sind als Kinder nicht geschlagen worden und hatten Eltern, die partnerschaftlich miteinander umgingen.

Nun ist Erziehung gewiss nicht alles, die Debatte um ihr Verhältnis zu den Genen will ich hier nicht anfangen. Aber deutlich scheint: Zivilcourage wird auch anerzogen. Wie singt Bettina Wegener: »...gerade, klare Menschen wär'n ein schönes Ziel, Menschen ohne Rückgrat hab'n wir schon zuviel!« Unterschätzen wir nicht, was unser Verhalten gegenüber Kindern bedeutet. Erwachsene haben Vorbildfunktion.

Allerdings ist nicht alles verloren, wenn wir nur Wegschauen, nicht Hinsehen gelernt haben. Wir können von Wegsehern zu Hinsehern, von Zuschauern zu Handelnden werden! Beispielsweise gibt es Kurse für Mediation. Vermitteln lernen, alle Parteien in einem Konflikt einbeziehen. Es ist lernbar, wie ich am besten eingreife, wenn in der S-Bahn ein Mensch angepöbelt oder attackiert wird. Wir müssen begreifen, dass nicht nur der Gebrauch der Schusswaffe oder der Handgranate gelernt werden kann, sondern auch der Gebrauch der Überzeugungskraft, des Körpers zur Intervention. Wer Gewalt überwinden will, wie die Dekade des Ökumenischen Rates der Kirchen für die Jahre 2001-2010 es anregt, macht sich auf einen langen Weg, aber nicht auf einen utopischen.

Instrumentalisieren von Angst

Angst ist keine neutrale Sache. Angst kann lähmen, Leben zerstören – und sie kann instrumentalisiert werden. Wiederum können wir aus der Vergangenheit lernen. Die »bolschewistische Bedrohung« beispielsweise hat manchen Krieg legitimiert. Und heute ist es die angebliche »Überschwemmung mit Ausländern«, die Neonazis auf die Straße holt. Meist wird zuallererst Angst voreinander gesät, damit der Hass wachsen kann. Dann sagen Menschen in Ruanda oder in Serbien oder in Nordirland: wir haben doch in so guter Nachbarschaft gelebt, und plötzlich haben die guten Nachbarn uns angegriffen. Wer Angst sät, wird Hass und Gewalt ernten...

Aber Angst kann auch instrumentalisiert werden, um eigene Ziele durchzusetzen. Die Angst vor dem Terror legitimiert den »Krieg gegen den Terrorismus« des amerikanischen Präsidenten. Da stirbt eine Hochzeitsgesellschaft in Afghanistan, weil versehentlich gedacht wurde, es handele sich um

Terroristen – nichts, aber auch gar nichts kann das legitimieren. Und jene Tschetschenen, die in Moskau ein Musicalpublikum brutal zu Geiseln gemacht haben, sie haben ihrem Volke einen schlechten Dienst erwiesen. Wer schaut jetzt auf die Menschenrechtsverletzungen in Grosny? Gegen solchen Terror muss eine Armee doch konsequent vorgehen, heißt es. O ja, mit der Angst lässt sich lenken und Politik machen.

Ruhe und Vertrauen

Am Predigttext beeindruckt mich am meisten die Ruhe, die Jesus ausstrahlt. Solche Ruhe nehme ich bei Menschen wahr, die viel erlebt haben. Nehmen wir Nelson Mandela: als er nach 27 Jahren Robin Island verließ, da zeigte sich der Welt nicht das Bild eines hasserfüllten bitteren Mannes, sondern es erschien ein Mensch in ruhiger, fast heiterer Gelassenheit. Ob Menschen, die mit sich und mit Gott und auch mit der Welt im Reinen sind, die Angst und den Hass überwunden haben?

Im letzten Jahr war ich in Belfast. Mich hat erschüttert, wie angespannt die Situation ist, wie sehr mit Parolen, martialischen Hausbemalungen, Drohgesten die Atmosphäre vergiftet wird. Was Mut macht, ist ein Pastor, der furchtlos die Grenzen überschreitet, der Angst einfach widersteht. Oder nehmen wir die Situation in Israel und Palästina. Hass, Agitation, Leiden, Wut – was mir den allergrößten Respekt abverlangt, sind diejenigen, die die Hoffnung nicht verlieren, die mitten in Hass, Angst und Gewalt von Frieden und der Fähigkeit zur Versöhnung reden.

Warum habt ihr Angst? Zuallererst müssen wir zugestehen: doch, wir haben Angst. Wir sind gar nicht so selbstsichere Geschöpfe, wie wir sie gerne wären. Unsere Angst sitzt tief. Die Angst vor Ansehensverlust, vor dem Verlust von Menschen, die wir lieben, und vor allem die Angst vor dem Tod. Ich bin überzeugt, dass Menschen, die an Gott glauben, Angst überwinden können. Wenn Gott Ja zu mir sagt, muss ich nicht täglich beweisen, was ich kann. Wenn Gott mich auch über Leiden und Tod hinaus hält, kann ich Gott mein Leben und Sterben anvertrauen. So finde ich den Mut, mich selbst loszulassen und einzutreten für Gerechtigkeit, Frieden, Bewahrung der Schöpfung. Da mag ich scheitern, andere mögen mich belächeln, aber das ist für mich kein Urteilskriterium.

Auch Christinnen und Christen sind nicht immer furchtlos. Aber: »Der Herr ist mein Licht und mein Heil, vor wem sollte ich mich fürchten?« (Psalm 27,1) Eine so begründete Angstfreiheit bezeugt Jesus auf dem See. Sie kann uns ermutigen, stets aufs Neue anzutreten gegen Gewalt und Unrecht. Selbst wenn alle sagen: ihr seid doch Spinner. Die Welt lässt sich nicht verbessern. Die Friedensbewegung gibt,s doch schon gar nicht mehr. Nur Mut! Da ist viel Unrecht, viel Gewalt, die Leben zerstören. Keine Angst, packen wir,s an, so gut wir können! In kleinen Schritten, o ja. Es gibt viel mehr Verbündete als wir denken. Ja, auch in den USA wollen nicht alle den Krieg gegen Irak. Auch dort setzen Menschen sich ein für den Frieden. Und die Meinungsumfragen, sie sind manipulierbar. Die Zustimmung zum Krieg gegen den Irak sinkt in Amerika rapide, wenn deutlich wird, dass es vielleicht tote unter Amerikanern geben könnte. Wie perfide ist es aber zu meinen, es gebe einen »sauberen Krieg«, in dem ein bisschen gebombt wird, keiner kommt zu Schaden und alles ist geregelt. Dagegen stehen beispielsweise die zwei Millionen Kinder vor unseren Augen, die in den vergangenen zehn Jahren in Kriegen getötet wurden.

Bis heute sind sie die Hauptopfer der Kriege dieser Welt. Allein in den letzten zehn Jahren wurden zwei Millionen Kinder im Krieg getötet. zwei Millionen! Und sie waren nicht nur zufällige Opfer, nein, sie werden sogar gezwungen, als sogenannte Kindersoldaten zu agieren. Als lebende Detektoren werden Kinder in Minenfelder geschickt, Zehnjährigen werden Maschinenpistolen umgehängt.

Allein in Liberia gibt es 6 000 Kinder in den Armeen der unterschiedlichen Truppen des zivilen Krieges. Sie werden gezwungen, Kämpfer zu sein. Sie lernen nie, zu spielen, sie gehen nicht zur Schule, nein, sie lernen nur, wie sie kämpfen sollen.

Was macht das mit der Seele eines Kindes? Wie kann die Welt, wie können wir einfach weiterleben, ohne dagegen aufzustehen? Die Kinder der Kriege sind heute Opfer und zur selben Zeit Kämpfer mit der Waffe in der Hand. Viele von ihnen erleben zusätzlich zu ihrem Trauma auch noch Vergewaltigung. 28 Millionen Flüchtlinge bitten jedes Jahr im Ausland um Asyl. 30 Millionen Menschen sind Flüchtlinge in ihren eigenen Ländern. 50 Prozent aller Flüchtlinge sind Kinder. Aber wir wissen selbst sehr gut, dass sie nicht unbedingt willkommen sind in den reichen Ländern des Nordens.

O ja, wir brauchen die Friedensbewegung, und wir brauchen die Friedensdekade. Ich stimme Präsident Bush ja zu, wenn er sagt: Irak muss entwaffnet werden. Aber das ist nur ein Schritt. Die ganze Welt muss entwaffnet werden! Damit Menschen endlich in Frieden leben können, damit Kinder in Ruhe schlafen und lernen können.

Heinrich Albertz schrieb:

Hofft immer ein wenig mehr,
als allem Anschein nach zu hoffen möglich ist.
Weicht den Realitäten nicht aus.
Fürchtet euch nicht mehr als unbedingt nötig ist.
Führt eure Hoffnungen zusammen.
Gebt niemanden auf.

Dazu sage ich: Amen.

Trauerfeier für Thomas Wiedenhöft

19. Juni 2004 in Spieskappel

Denn bei dir ist die Quelle des Lebens,
und in deinem Lichte sehen wir das Licht. (Psalm 39, 10)

Ansprache

Liebe Almut, liebe Judith, liebe Nora!
Liebe Familie Wiedenhöft, liebe Gemeinde!

Ja, wir müssen Thomas heute zu Grabe tragen und das tut weh. Er hat das erlitten, wovor fast alle von uns Angst haben. Eine Diagnose: Krebs mit gestreuten Metastasen. Dann einen Kampf und schließlich die Erkenntnis, dass alle Entschlossenheit, alle Behandlung, alle Liebe das Sterben nicht verhindern können. Und so sitzen wir heute hier in großer Trauer. Aber auch in großer Dankbarkeit. Thomas hat gesagt, wir dürften weinen an diesem Tag, aber wir sollten nicht nur weinen. Er hat in diesen vergangenen 13 Monaten eine Stärke und Größe gezeigt, die wir alle nur bewundern konnten. Er hat gesagt, er würde gerne länger leben, aber wenn er sein Leben anschaue, dann habe er das, was er wollte, gelebt, die Frau geheiratet, mit der er leben wollte, zwei wunderbare Töchter großgezogen und einen Beruf ausgeübt, der ihn ausgefüllt, ihm Herausforderungen wie Anerkennung verschafft hat. Das ist eine großartige Bilanz und wir, die hier zusammen sind, können uns nur fragen, ob es auch bei uns so wäre, wenn wir heute gehen müssten.

Aber lassen Sie uns mit dem Ende beginnen. Thomas ist am Dienstag früh verstorben. Am 15. Juni, exakt 13 Monate nach dem Montag, dem 15. Mai 2003, an dem alles mit einer zunächst scheinbar harmlosen Arztuntersuchung begann. Er konnte zu Hause sterben und das, liebe Almut, liebe Judith und liebe Nora, das ist auch eurer Kraft zu verdanken. Euch allen vieren war in der ganzen schweren Zeit wichtig, dass die Würde von Thomas nicht angetastet wird. Und dafür seid ihr wahrhaftig eingestanden, er und ihr drei. Ihr habt deinen Mann, euren Papa auch auf diesem Wegstück begleitet. Ihm die Hand gehalten, ihn gehalten, wie das wohl nur möglich ist, wenn Menschen sich lieben. Das ist auch ein Geschenk. Und das verdient großen Respekt von uns allen.

Letzte Woche Donnerstag noch hat Almut Thomas in Kassel begleitet: Er wollte eine Currywurst essen, auch wenn er gar nicht essen konnte. Aber doch, es gab Currywurst! Und letzten Freitag, da habt ihr Mädels bei ihm gesessen und mit ihm gesungen. Am Samstag war Anitas Hochzeit, hier in der Kirche, sein Patenkind. Thomas konnte nicht mehr kommen, aber er hat sich gefreut für dich, Anita. Freud und Leid liegen nah beisammen, sie schließen einander nicht aus. Aber am Sonntag, da wurde es ganz schlimm. Du hast mich am Telefon gefragt, Almut: Was kommt da noch, wie kann das gehen? Das war immer deine Angst, was wenn er stirbt, ist Gott dann da? Und ihr habt alle gesagt, Gott war da, es war nicht schwer, es ging ruhig. Da war auch Gnade spürbar, dass es ein Einsehen gab, es geht nicht weiter, alles was noch kommen kann ist noch mehr Leiden, noch mehr Quälerei. Und so konnte Thomas im Beisein seiner Frau und seiner Töchter zuhause ausatmen. Sein letztes Wort war: »Licht« mit einer Geste, die darum gebeten hat, die Gardine aufzuziehen.

Im Psalm 36 heißt es: »In seinem Lichte sehen wir das Licht.« Wer auf Gott vertraut, sieht Leben wie Sterben in einem anderen Licht, im Licht von Gottes Ewigkeit, in der Tod und Leid und Tränen und Geschrei nicht mehr sein werden... Das ist mir ungeheuer wichtig in einer Zeit, die den Tod abdrängt in Krankenhäuser und Pflegeheime und dadurch ja auch die Würde der Sterbenden antastet. Nur wenn wir ihnen einen Platz in unserer Mitte geben, ihnen Respekt erweisen, können wir auch über Sterben und Tod sprechen. Und es ist wichtig eine Sprache zu haben in all der Quasselei dieser Zeit für das, was uns alle unmittelbar angeht. Ich bin dankbar, dass Wiedenhöfts miteinander sprechen können, dass ihr euch gemeinsam Gott anvertrauen konntet und könnt in dieser schweren Zeit, singen konntet: Komm, Herr, segne uns. Das ist gerade auch der ungeheuren Kraft von Thomas zu verdanken, diesen Weg ohne Klagen zu gehen, sondern mit einer tiefen

Grundzuversicht, die ihm wohl alle abgespürt haben. An seinem 45. Geburtstag vor wenigen Wochen hat er noch mit einer Kaffeetafel gefeiert und mit einem gewissen Humor gesagt: »Nun hieß es erst, ich erlebe Weihnachten nicht, dann war ich Ostern immer noch da und jetzt werde ich auch noch 45!«

Wer glaubt, weiß, dass dieses Leben hier und jetzt nicht alles ist, sondern nur ein Bruchteil von der Wirklichkeit Gottes. Thomas hat bei den Gesprächen über das Sterben ein tiefes Gottvertrauen und einen tragenden Glauben an die Auferstehung gezeigt. Und wir haben darüber gesprochen, wie Auferstehung wohl aussehen mag, Texte dazu gelesen. Jesus Christus selbst hat ja Dunkelheit, Leid und Tod erlebt. Gerade deshalb können wir uns an ihn wenden mit unserer Angst. Er hört und versteht uns. Die Sache mit dem Grab ist der Abschluss von Sterben und Tod. Das Leben aber endet nicht in dem Grab, sondern in der Auferstehung. Thomas jedenfalls will im Baum im Ebersdorfer Garten sitzen und zusehen, was ihr so treibt. Und gerade deshalb haben wir eben auch gesungen: »Schau an der schönen Gärten Zier« ... und: »dass ich dir werd ein guter Baum...«

In seinem Lichte sehen wir das Licht. Ich habe diesen Vers für den heutigen Tag vorgeschlagen, bevor ich wusste, Nora, dass er zu deinem Konfirmationsspruch gehört. Aber das ist ja auch eine schöner Hinweis darauf, dass es Kreise gibt im Leben. Wir werden geboren, leben und sterben, wir alle. Wir sind nicht die ersten oder die letzten Menschen, sondern Teil einer Gemeinschaft, der Gott das Leben schenkt, einen Weg der leichte und schwere Zeiten kennt, bis wir aufgehoben werden in Gottes Ewigkeit. Das gilt auch für Thomas. Hier in Spieskappel ist er aufgewachsen. In dieser Kirche wurde er konfirmiert und getraut, hier wurden seine Töchter und seine Patenkinder getauft und hier nehmen wir heute auch Abschied. So bitter das ist, so ist es doch auch ein Zeichen von Zugehörigkeit und Geborgensein. Ich bin froh darüber, dass die lutherischen Bischöfinnen und Bischöfe in Deutschland gerade erst im März dieses Jahres die Gemeinden aufgefordert haben, die Trauergottesdienste in den Kirchen und in Anwesenheit des Sarges der Verstorbenen zu feiern. Ja, auch das entspricht der Würde. Und auch das ist ein Kennzeichen unserer Gemeinschaft jetzt und hier und in Ewigkeit.

Wir verabschieden uns heute vom Ehemann, vom Vater, vom Sohn, vom Bruder, Schwager und Freund Thomas Wiedenhöft. Aber er wird bei uns sein, wann immer wir ihn erinnern. Nachher im Bonhoefferhaus, in das alle im Anschluss an die Beisetzung eingeladen sind, können wir Geschichten erzählen, von Seifenkistenrennen, Hausbau, erster Liebe, Frankreichurlauben, Sylvesterfeiern. Und da kann etwas spürbar werden, von seiner Gegenwart, von Dankbarkeit für ein gutes Leben, von Liebe. Besonders die Kunst hat Thomas geliebt, ein guter Zeichner war er. So schmückt seinen Abschied das Bild von einem Fest. Picasso hat es 1954 gezeichnet anlässlich der Unterzeichnung der Genfer Verträge, die den französischen Kolonialkrieg in Indochina beendeten. »Vive la paix«, es lebe der Frieden, steht über diesem Bild. Es lebe der Frieden heißt heute für Thomas und für uns noch etwas ganz anderes. Es lebe der Frieden, in den hinein er ausatmen konnte, der Frieden Gottes, in den hinein er erlöst wurde.

Bei unserem letzten Gespräch zu viert, Thomas und Almut, Eckhard und ich, haben wir über diesen Tag heute gesprochen. Thomas hat gesagt, er wolle es nicht allzu getragen. Er mochte die Geschichte von dem Lied, das wir gleich singen werden. Shalom Ben Chorin saß in Jerusalem am Schreibtisch und blickte auf einen Mandelbaum, als er von der Vergasung der Juden in Auschwitz hörte. Er dichtet diese wunderbaren Verse: Freunde, dass der Mandelzweig sich in Blüten wiegt, bleibe uns ein Fingerzeig, dass das Leben siegt. Später musste der Mandelbaum einem Parkplatz weichen. Aber mit der Kraft eines Löwenzahns bohrte sich ein Mandelbaumsproß wieder durch den Teer. Das wurde als Fingerzeig verstanden, sie ließen ihn wachsen, heute blüht er wieder Jahr für Jahr, des Lebens Blütensieg, leicht im Winde weht. Die grüne Jacke sollte Almut deshalb als Zeichen tragen, eine grüne Jacke trägt auch Nora, Judith das gelb-weiße T-Shirt. Und grün ist auch der Sarg. Nehmen wir das als Botschaft mit von Thomas, der vielen viel gegeben hat, den viele geliebt haben, der gekämpft und gehofft hat, der uns den Mut zum Leben und die Würde im Sterben gezeigt hat. Das Leben siegt! In seinem Lichte sehen wir das Licht. Amen.